全国高等院校古籍整理研究工作委员会直接资助项目

“十三五”国家重点图书出版规划项目

中国近现代稀见史料丛刊【第五辑】

孙毓汶日记信稿奏折（外一种）

张剑 徐雁平 彭国忠 主编

孙毓汶 等著

陈丽丽 整理

本辑执行主编 徐雁平

凤凰出版社

图书在版编目（CIP）数据

孙毓汶日记信稿奏折：外一种 / 孙毓汶等著；陈丽丽整理. -- 南京：凤凰出版社，2018.6
（中国近现代稀见史料丛刊. 第五辑）
ISBN 978-7-5506-2791-8

Ⅰ. ①孙… Ⅱ. ①孙… ②陈… Ⅲ. ①孙毓汶（1834-1899）－日记②孙毓汶（1834-1899）－书信集③孙毓汶（1834-1899）－奏议－汇编 Ⅳ. ①K827=52

中国版本图书馆CIP数据核字(2018)第125040号

书　　名	孙毓汶日记信稿奏折(外一种)
著　　者	孙毓汶 等著　陈丽丽 整理
责任编辑	汪允普
装帧设计	姜　嵩
出版发行	凤凰出版社(原江苏古籍出版社) 发行部电话025-83223462
出版社地址	南京市中央路165号,邮编:210009
出版社网址	http://www.fhcbs.com
照　　排	南京凯建图文制作有限公司
印　　刷	南通印刷总厂有限公司 南通市通州经济开发区朝霞路180号,邮编:226300
开　　本	880×1230毫米　1/32
印　　张	9.625
字　　数	250千字
版　　次	2018年6月第1版　2018年6月第1次印刷
标准书号	ISBN 978-7-5506-2791-8
定　　价	54.00元

(本书凡印装错误可向承印厂调换,电话:0513-80237871)

袁行霈先生题辞

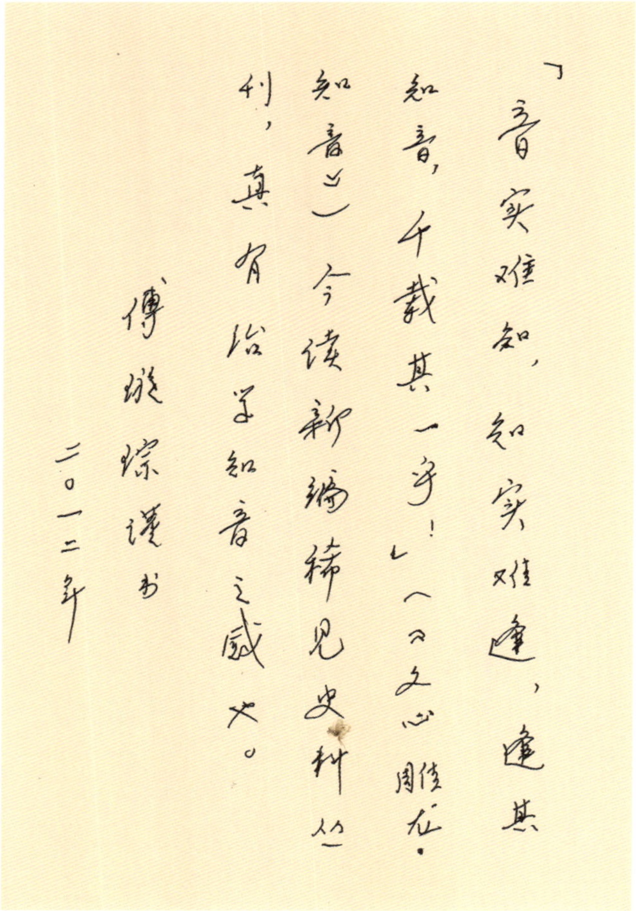
「音实难知，知实难逢，逢其知音，千载其一乎！」（《文心雕龙·知音》）今读新编稀见史料丛刊，真有治学知音之感矣。

傅璇琮谨书

二〇一二年

傅璇琮先生题辞

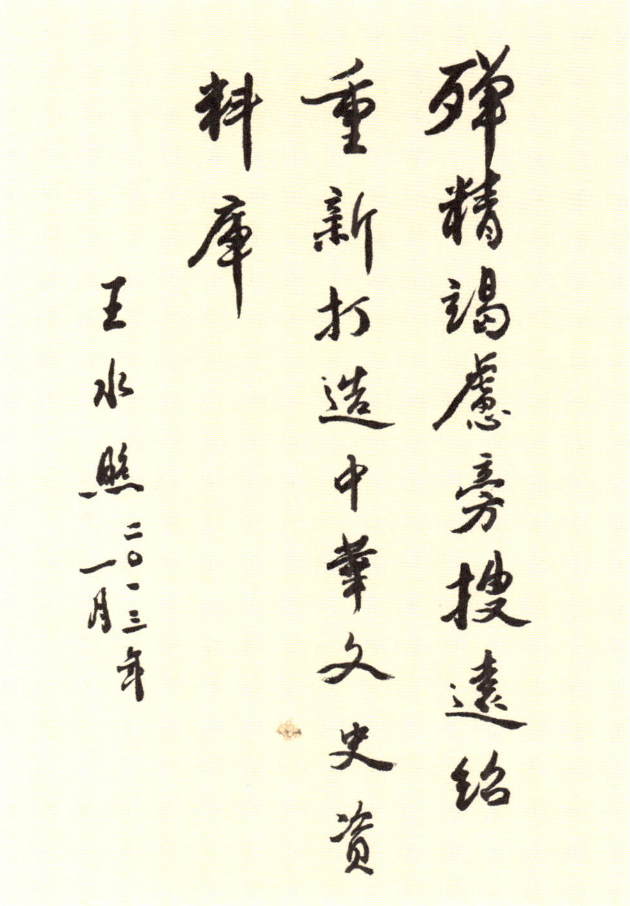

王水照先生题辞

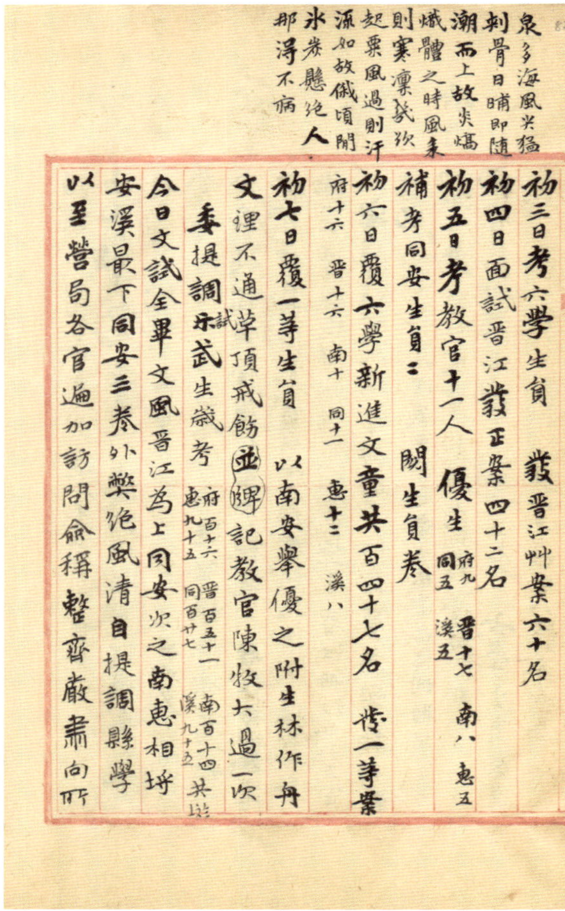

书影一：孙毓汶《使闽日记》

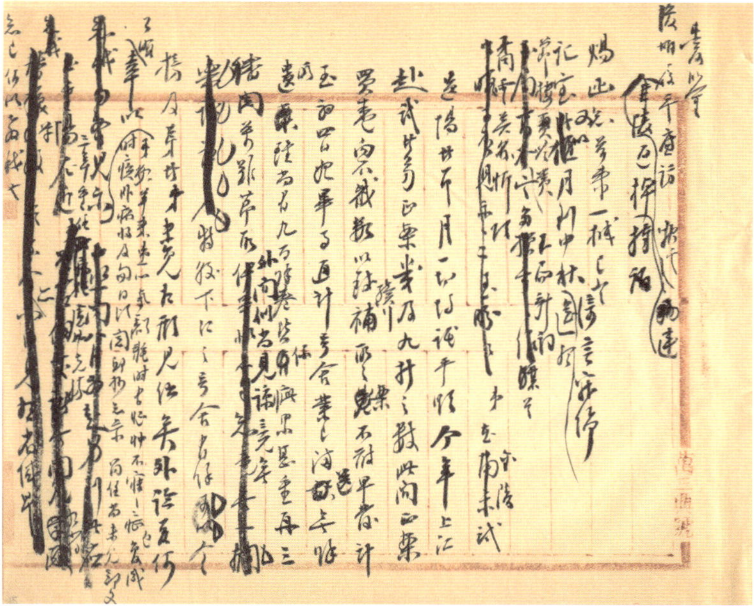

书影二：孙毓汶信稿

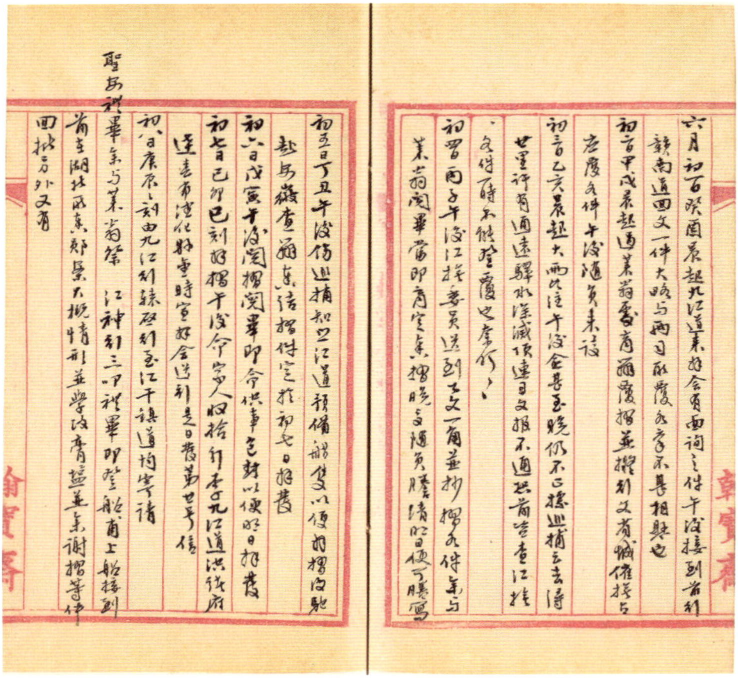

书影三：乌拉布《湖北纪程》

《中国近现代稀见史料丛刊》总序

在世界所有的文明中，中华文明也许可说是“唯一从古代存留至今的文明”（罗素《中国问题》）。她绵延不绝、永葆生机的秘诀何在？袁行霈先生做过很好的总结：“和平、和谐、包容、开明、革新、开放，就是回顾中华文明史所得到的主要启示。凡是大体上处于这种状况的时候，文明就繁荣发展，而当与之背离的时候，文明就会减慢发展的速度甚至停滞不前。”（《中华文明的历史启示》，《北京大学学报》2007 年第 1 期）

但我们也要清醒看到，数千年的中华文明带给我们的并不全是积极遗产，其长时段积累而成的生活方式与价值观具有强大的稳定性，使她在应对挑战时所做的必要革新与转变，相比他者往往显得迟缓和沉重。即使是面对佛教这种柔性的文化进入，也是历经数百年之久才使之彻底完成中国化，成为中华文明的一部分；更不用说遭逢“数千年来未有之变局”、“数千年未有之强敌”（李鸿章《筹议海防折》），“数千年未有之巨劫奇变”（陈寅恪《王观堂先生挽词序》）的中国近现代。晚清至今虽历一百六十余年，但是，足以应对当今世界全方位挑战的新型中华文明还没能最终形成，变动和融合仍在进行。1998 年 6 月 17 日，美国三位前总统（布什、卡特、福特）和二十四位前国务卿、前财政部长、前国防部长、前国家安全顾问致信国会称：“中国注定要在 21 世纪中成为一个伟大的经济和政治强国。”（徐中约著《中国近代史》上册第六版英文版序，香港中文大学 2002 年版）即便如此，我们也不能盲目乐观，认为中华文明已经转型成功，相反，中华文明今天面对的挑战更为复杂和严峻。新型的中华文明到底会怎样呈现,又怎样具体表现或作用于政治、经济、文化等层面,人们还在不断探索。这个问题,我们这一代恐怕无法给出答案。但我们坚信,在历史上曾经灿烂辉煌的中华文明必将凤凰浴火,涅槃重生。这既是数千年已经存在的中华文明发展史告诉我们的经验事实,也是所有为中国文化所化之人应有的信念和责任。

不过,对于近现代这一涉及当代中国合法性的重要历史阶段,我们了解得还过于粗线条。她所遗存下来的史料范围广阔,内容复杂,且有数量庞大且富有价值的稀见史料未被发掘和利用,这不仅会影响到我们对这段历史的全面了解和规律性认识,也会影响到今天中国新型文明和现代化建设对它的科学借鉴。有一则印度谚语如是说:"骑在树枝上锯树枝的时候,千万不要锯自己骑着的那一根。"那么,就让我们用自己的专业知识与能力,为承载和养育我们的中华文明做一点有益的事情——这是我们编纂这套《中国近现代稀见史料丛刊》的初衷。

书名中的"近现代",主要指 1840—1949 年这一时段,但上限并非以一标志性的事件一刀切割,可以适当向前延展,然与所指较为宽泛的包含整个清朝的"近代中国"、"晚期中华帝国"又有所区分。将近现代连为一体,并有意淡化起始的界限,是想表达一种历史的整体观。我们观看社会发展变革的波澜,当然要回看波澜如何生,风从何处来;也要看波澜如何扩散,或为涟漪,或为浪涛。个人的生活记录,与大历史相比,更多地显现出生活的连续。变局中的个体,经历的可能是渐变。《丛刊》期望通过整合多种稀见史料,以个体陈述的方式,从生活、文化、风习、人情等多个层面,重现具有连续性的近现代中国社会。

书名中的"稀见",只是相对而言。因为随着时代与科技的进步,越来越多的珍本秘籍经影印或数字化方式处理后,真身虽仍"稀见",化身却成为"可见"。但是,高昂的定价、难辨的字迹、未经标点的文本,仍使其处于专业研究的小众阅读状态。况且尚有大量未被影印或数字化的文献，或流传较少，或未被整合，也造成阅读和利用的不便。因此，《丛刊》侧重选择未被纳入电子数据库的文献，尤欢迎整理那些辨识困难、断句费力、裒合不易或是其他具有难度和挑战性的文献，也欢迎整理那些确有价值但被人们习见思维与眼光所遮蔽的文献，在我们看来，这些文献都可属于"稀见"。

书名中的"史料"，不局限于严格意义上的历史学范畴，举凡日记、书信、奏牍、笔记、诗文集、诗话、词话乃至序跋汇编等，只要是某方面能够反映时代政治、经济、文化特色以及人物生平、思想、性情的文献，都在考虑之列。我们的目的，是想以切实的工作，促进处于秘藏、边缘、零散等状态的史料转化为新型的文献，通过一辑、二辑、三辑……这样的累积性整理，自然地呈现出一种规模与气象，与其他已经整理出版的文献相互关联，形成一个丰茂的文献群，从而揭示在宏大的中国近现代叙事背后，还有很多未被打量过的局部、日常与细节；在主流周边或更远处，还有富于变化的细小溪流；甚至在主流中，还有漩涡，在边缘，还有静止之水。近现代中国是大变革、大痛苦的时代，身处变局中的个体接物处事的伸屈、所思所想的起落，藉纸墨得以留存，这是一个时代的个人记录。此中有文学、文化、生活；也时有动乱、战争、革命。我们整理史料，是提供一种俯首细看的方式，或者一种贴近近现代社会和文化的文本。当然，对这些个人印记明显的史料，也要客观地看待其价值，需要与其他史料联系和比照阅读，减少因个人视角、立场或叙述体裁带来的偏差。

知识皆有其价值和魅力，知识分子也应具有价值关怀和理想追求。清人舒位诗云"名士十年无赖贼"（《金谷园故址》），我们警惕袖手空谈，傲慢指点江山；鲁迅先生诗云"我以我血荐轩辕"（《自题小像》），我们愿意埋头苦干，逐步趋近理想。我们没有奢望这套《丛刊》产生宏大的效果，只是盼望所做的一切，能融合于前贤时彦所做的贡献之中，共同为中华文明的成功转型，适当"缩短和减轻分娩的痛苦"（马克思《资本论》第一卷第一版序言）。

《丛刊》的编纂,得到了诸多前辈、时贤和出版社的大力扶植。袁行霈先生、傅璇琮先生、王水照先生题辞勖勉,周勋初先生来信鼓励,凤凰出版社姜小青总编辑赋予信任,刘跃进先生还慷慨同意将其列入"中华文学史史料学会"重大规划项目,学界其他友好也多有不同形式的帮助……这些,都增添了我们做好这套《丛刊》的信心。必须一提的是,《丛刊》原拟主编四人(张剑、张晖、徐雁平、彭国忠),每位主编负责一辑,周而复始,滚动发展,原计划由张晖负责第四辑,但他尚未正式投入工作即于2013年3月15日赍志而殁,令人抱恨终天,我们将以兢兢业业的工作表达对他的怀念。

《丛刊》的基本整理方式为简体横排和标点(鼓励必要的校释),以期更广泛地传播知识、更好地服务社会。希望我们的工作,得到更多朋友的理解和支持。

2013年4月15日

目　录

前　言

孙毓汶(1834—1899)，字莱山，一作莱杉，号迟盦。山东济宁人，出身官宦之家。其祖孙玉庭，乾隆四十年(1775)乙未科进士，官至体仁阁大学士，曾任湖广总督、两江总督。其父孙瑞珍，道光三年(1823)癸未科进士，官至户部尚书，曾任工部尚书、礼部尚书兼翰林院掌院学士、上书房总师傅。堂兄孙毓溎，道光二十四年(1844)甲辰科状元，官至浙江按察使，署浙江布政使。

孙毓汶自幼受业，咸丰二年(1852)，顺天乡试中举人。六年(1856)，参加会试、殿试，考取丙辰科一甲第二名进士，授编修，该科状元为翁同龢。同治五年(1866)，擢侍讲学士，先后出任四川乡试正考官、福建学政。光绪年间，深受重用，五年(1879)，迁詹事府詹事，提督安徽学政；又擢任内阁学士、礼部侍郎衔；七年(1881)，授工部右侍郎；九年(1883)，迁左侍郎；十年(1884)，兼署刑部左侍郎，奉旨赴湖北、江西、河南查办案件，二月十三日，"甲申易枢"，奉旨在军机大臣上学习行走，旋出京查案；十一年(1885)，奉旨在总理各国事务衙门行走，任军机大臣；又协助庆郡王奕劻与英、法签约；十四年(1888)，调任吏部右侍郎；十五年(1889)，擢刑部尚书，兼户部尚书；十七年(1891)，兼兵部尚书；十九年(1893)，任兵部尚书，加太子少保；二十年(1894)，兼都察院左都御史；二十一年(1895)，因病解职；二十五年(1899)，卒，谥文恪。

在晚清政坛上，孙毓汶是一位举足轻重的人物，他历经咸丰、同治、光绪三朝，是近代许多重大事件的亲历者。孙毓汶不仅具有突出的政治地位，还拥有良好的文化素养，能诗文、工书法、好收藏。

孙毓汶现存手稿及相关文献,以影印形式收录于国家清史编纂委员会文献丛刊《近代史所藏清代名人稿本抄本》(第一辑)"孙毓汶档",有日记、信函、奏折、日用流水、诗歌、试卷及诗文点评、抄录佛经等内容,其中具有史料价值者主要有:

1.《蜀游日记》,同治六年(1867)五月至十二月赴蜀任主考所撰;

2.《使闽日记》,同治九年(1870)十一月至十一年(1872)三月赴闽任学政所撰;

3.《日用流水》,光绪十三年六月初一日(1887年7月21日)至九月二十九日(11月14日)日用消费记录;

4.信件底稿,以同治九年(1870)至十一年(1872)福建学政任职时期最为丰富;

5.奏折底稿,主要集中在光绪年间。

此外,中国国家图书馆方志库中有稿本《湖北纪程》一册,署名为孙毓汶。经辨识,应为乌拉布所撰。光绪十年(1884),孙毓汶与乌拉布奉旨前往湖北查办事件,乌拉布以日记形式记录了光绪十年二月廿七日(1884年3月24日)至十二月初三日癸酉(1885年1月18日)期间的经历,内容多与孙毓汶相关,故作为附录。孙毓汶档案中,甲戌、乙亥年,即同治十三年(1874)、光绪元年(1875)年间,返乡丁母忧,有《归田述感一百首》,又称《迟盦集杜百首》,在集杜诗史中颇有价值,与其他零散诗篇,亦附录于后。

此次整理,以《近代史所藏清代名人稿本抄本》(第一辑)"孙毓汶档"中的影印稿为底本,乌拉布《湖北纪程》以中国国家图书馆方志库稿本为底本。整理时,原稿除涉及辨义处和其他特殊情况,皆用简化字;年号及阴历所记的年、月、日之后增加公元纪年,以圆括号注其后;原稿漫漶不清或不能辨识之字,用方框符号"□"代替;有衍字者,以"【】"括出,页下注明眉批、夹批等衍出形式;原稿确为误字者,以圆括号"()"括出误字,后继以方括号"[ ]"括出改字;原稿中一些通假字、异体字，如莫为“暮”之本字，谭通“谈”，均同“韵”等，以及避讳之字，如“丘”避孔子之讳作“邱”等，考虑到清人用法，皆保留原貌；原稿中所用符号，如“〇”等，亦原样标出；原稿中部分记数为苏州码，皆改为汉字记数；原稿中有明显数目错误者，以页下注释标明；原稿夹注小字，今用小五号字体排印；原稿中尊称、敬词，整理时不再抬头、空格；前后不一致的同一人名，以页下注释标出；文中某些表达，如同治六年六月初十日“云陕省回匪正在肆扰凤岐一带”指“同治陕甘回变”，涉及民族问题，考虑到历史的复杂性，本文依照手稿原貌未作改动。为方便读者，还编制了《蜀游日记》《使闽日记》《湖北纪程》的人名索引。

信件底稿、奏折底稿以及《湖北纪程》部分内容，字迹潦草、涂抹甚多，颇难辨识。加之自己学养不厚，难免有错，敬请方家不吝赐正。

在整理过程中，佟培基教授、裴喆先生、杨亮先生在疑难字辨识方面给予帮助，王军敏协助校对、录入，谨致谢忱。

陈丽丽于 2017 年 5 月

蜀游日记

同治六年(1867)五月至十二月

同治丁卯五月二十二日(1867年6月23日) 蒙恩简放四川正考官,戒行酬酢,不暇为日记,记始于启行日。

六月初四日(7月5日) 寅正刻,过若农寓同行。若农已先往普济堂坐候,到寺略谈,即启行。巳正至长新店早饭。自出门即微雨,卯刻雨稍大。久旱得此,虽行役沾湿,亦足快也。巳刻,晴。午初三刻,至良乡,县令陈小亭名镜清,济宁同乡挹露先生族侄。差人持帖来。是日过卢沟,看西山朝爽,(致)[自]有画意。回忆庚戌秋游西山经此桥,已十八寒暑矣。晚馔颇佳,饮酒一斗,偕若翁作喜雨联句,依宋人禁体字,涉雨部、水部不用。诗载若农日记,俟补录。自京至长新店四十五里,又二十五里至良乡。【晚,县令遣人送印结一纸,廪给银三钱九分,以后日日如是,不复记。】①

初五日(7月6日) 寅初,启行,二十五里,卯初二刻,至豆店,早饭。是日晴,景甚好。日出时在睡梦中,比醒,则铜钲高挂矣。询店人,昨日得雨不及寸。辰正起身,四十五里,未初,至涿州,州牧郝君联薇字近垣,栖霞,军功。遣人持帖来。轿夫回寄家信。是日,过谢河赵五昆仲之门,以行急不及通候,小憩村旁柳阴之下,遥望其门,久无人出,不禁有"身行万里,僧卧一庵"之感。午后,甚热。晚与若农论文,投间抵隙,甚有味。

---

① 此为眉批,据上下文内容附于此。

初六日(7月7日) 晴,大热。子正刻,起身。三十五里,日出至高碑店。早饭后,行三十五里,巳初刻,定兴寓河阳书院。拟次日加站至保阳。豫嘱办差家人于本日亥刻齐集夫马。与若农戏语,自后便拟昼伏夜动,不审如愿不也。未入城,县令徐润苍名霖,江苏人,供事。遣人持帖来迎。夕,更热,眠时许。亥正刻,起身,行七十里。徐令送扇,索书。夜有风,颇凉爽。【十里,过白沟河,八人肩舆涉水过,不用舟。】①

初七日(7月8日) 卯刻,至安肃,早饭。县令程小韩名光滢,丁酉拔贡,甲辰北榜,行二。遣人持帖来送素菜数盘,甚佳。是日,晴,有风。早饭毕,又五十里,至保定西关住宿。时午末未初,刘荫渠制军、钟石帆方伯、张廉访、振声。代理县令王君兰广、香圃,行二,乙酉拔贡,河南修武人。清河道柏观察、春。保定府费太守,学曾。先后各以帖来候。作家书并寄啸庵先生,信托石帆方伯转寄。傍晚荫渠制军来拜。费太守送探信来阅,内有云文明团接传单。张宗愚一股已由荆子关窜至河南朱仙镇一带,此行由何路入川,须至正定再议矣。方荣自川假归,询以入川道路。渠自峡江至宜昌,复陆经襄樊北上,云途遇贵州、广西各典试,皆由此路而去,但是西贼未出关时情事耳。行馆系东屋,夕照酷热,溷臭逼人,苍蝇之多,竟难算数譬喻。仍嘱办差人早集夫马。若农腹小痛,旋愈。

初八日(7月9日) 丑正,起身,行六十里,辰初刻,至方顺桥。起身不数里,改由田间小路。前数日有雨,地气稍润,秋禾大半布种。一路村墟不断,林阴相接,深树鸣蝉,曲桥转马。观村中人戽水灌园,横流交络。小池积水,蒲稗有香。连日旱途焦烁,地几不毛,忽睹此境,顿觉心眼都润。途经尧母陵,在县城东门内,门扃不得入。墙宇虽剥落,树木颇盛,回忆少小时赴秦陇、豫章皆经此,今恍惚梦中曾到也。行馆在南关内,到后,县令刘芥乡名福龄,行四,河南人,丁酉举人,甲

① 此为眉批,据上下文内容附于此。

辰大挑。遣人来候。晡时更热。亥刻，集夫马。

初九日(7月10日) 子正，启程，轿夫甚健捷。夜半至清风店少憩，三十里仅一时。卯初，至定州，早饭。州牧汪君鸣和吴县人，柳门本家，号少庵，行一。遣人来候。清晨，微云蔽日，不甚热。午后，有微雨数点。复行五十里，至新乐，县令丁崇雅廉村，行二，云南人，监生。遣人持帖来。肩舆中，口占《望都道中》一首："村蹊宛转树交柯，万绿阴中策传过。官道两行高荫柳，平田百里晚栽禾。檐牙青积知烟重，犁齿黄深验雨多。诞圣中天佳气在，庆都陵寝自巍峨。"祠有纯庙御书"中天诞圣"四字额。傍晚，又微雨，旋起西北风，云渐散矣。得雨微凉，浓睡两时许。

初十日(7月11日) 丑初刻，起程。四十五里，卯刻，抵伏城驿，早饭。【是日晴，不甚热。】①先(至)[致]正定邑令郑心慈同年一书，商入川之路。冷印中令郎蕴华任正定府经历，接至伏城，延入略谈，即起身。未初刻，到正定，入城，宿风动书院，正房六间，甚轩爽。有《唐清河王李公纪功载政颂》，大书深刻，字甚遒宕，篆额亦得斯相法脉。如此胜迹而府志不载，不可解也。拟归时觅工拓之。王秋浦太守送水礼六色，留茶叶、西瓜，余璧之。冷世兄送点心、大米，受之。郑心慈来见，并送来探报三纸，云陕省猾匪正在肆扰凤岐一带，旧站断不可去，且入川一路多被贼氛，人烟稀少，官过狼行，即张逆他窜，亦难行走。遂定计南下，过河后问程前进可耳。仍嘱亥刻集夫马。以家信托心慈递。

十一日(7月12日) 丑正，起程，行十里，过滹沱河，八十里，到滦城，早饭。县令任恺堂名凯，行八，聊城人，军功。与朱实甫中表弟兄。来见，云近日河南无警报。酒馔极佳，周旋甚至。又四十五里，至赵州南关住宿。是日里数颇大，到行馆已未末申初矣。州牧刘子玉名锡縠，亦章邱同乡，戊子举人。遣人迎候。自望都以南，林木渐多，正定

---

① 此为眉批，据上下文内容附于此。

府界,井泉遂盛,大率以桔皋灌田。滦城十九、初三得雨两次,晚秋一律布种,弥望青葱,非复保阳以北枯焦景象也。是日晴,有风,不甚热。自滦城至此,多行田梗细路。

十二日(7月13日) 丑正,起程,行六十里,辰初刻到柏乡。县令邱镜山名对欣,广东人,丙辰同门。来行馆晤谈。饭毕起身,又六十里,至内邱宿。中过沙河一道,平沙细流,不过数武,六七人肩舆径涉。到店已申刻,县令赵文波名,河南新乡人,廪贡生。来见。连日大站趱行,驮骡疲乏。明日拟行六十里,住顺德,少纾人力。镜山、文波皆云河南无警信。柏乡咸丰癸丑曾经兵燹,民气未复,内邱以北多沙田石子,道路不平,墩台倾毁,遗址犹存。自京至正定八站,皆指西南;自正定赴滦城,则折而东南;滦城南指赵州、柏乡,到内邱,则又折归西南正路也。是日晴,有风,午后西山云起,微有雷声。晡后大风扬沙,继之以雨,惜少顷即止。

十三日(7月14日) 黎明起程。六十里,午初,到顺德南关住宿。太守任道镕号筱园,行二,江苏上元,己酉拔贡、代理县令梅宗望均遣人迎候。亥正,起程。

十四日(7月15日) 寅正刻,至临洺关,早饭。地属广平府永年县,县令王子范名德炳,甲辰进士,河南鹿邑人,江右臬德固之兄,铁樵胞伯。遣人持帖来。又四十五里,午初,至邯郸县宿。县令侯介屏名国藩,军功,广东人,行一。遣人持帖来。去县城二十里,道经卢生祠。【俗称“黄(梁)[粱]梦”。】[①]正殿凡三层,前钟离像,中纯阳,后卢生卧像。前殿有亭,环亭有池,无水。题壁诗句极多,无佳者。魏环溪尚书四绝差胜。联语百菊溪最多。殿宇虽未甚剥落,然了无意趣,与若农饮茶一盏而去。道士屈一膝迎候,村民观者如堵,令人不可耐也。若农有诗,余告不敏矣。两日皆晴明,雨后不甚热。亥初二刻,起程,轿夫甚趫健,与保阳不殊,行七十里。

---

① 此为眉批,据上下文内容附于此。

十五日(7月16日) 寅初二刻,到磁州驿舍,州牧王简差人迎候,送酒馔,颇可。糟蒸鸭子甚肥,有京都味。发邯郸,五十里,为杜村铺。出村不二里,肩舆梦寐中,忽闻蛙声阁阁,急起视,见夹道陂渠,连延不绝。月华如洗,荇藻交横,风露香扑鼻如芸。沿溪多老柳,屈腰临水,作危坐持钓状。余性本乐水泉,更久行黄尘坱莽中,得此不啻拱璧。询舆人以水所由来,盖滏河余流,溢而为此。磁州旧名滏阳,环城带水通流,芰荷弥目,村女捣衣溪石上,绰有水乡风味也。饭毕,复行三十五里,至丰乐镇宿,行馆颇轩敞,地属彰德府安阳县。县令瑞君名徵,字梦兰。遣人持帖来。未至镇,里许,渡彰河,船无篙桨,数人在水中推挽而过。【渡漳河而南,便为河南界。】[1]口占五言一律赠若农:"邯山忽已尽,策马渡清漳。沙转惊风白,波翻畏日黄。同舟怀李郭,夹宅叹周张。共济资良勖,幽居计未遑。"补录《出都日喜雨联句字涉水部、雨部皆不用》:"朝发京邑间,田。元阴起川陆。横林栖素烟,汶。远岫蔽初旭。微甘下纷糅,田。暗响通扑簌。枯叶鸣万蚕,汶。新葵扫千蠋。平畎尘已静,田。亢野气皆肃。高腴酌天醽,汶。下隰腻行毂。虽非依旬膏,田。差减赈饥粟。诚祈粲穆容,汶。卑听慰殷瞩。伊予奉宸眷,田。愧我缀芳躅。白贺思齐赓,汶。苏记喜共续。寸铁各能战,田。一石敢轻触。展簟夏已秋,汶。旅梦纾跼束。田。"《苦旱行补初六日作》:"呜呼皇天久不雨,蜀道遄征迫严暑。兀臬行縢困炮煮,昼伏夜动乃如鼠。自京而南日三五,不见青苗但黄土。钩针微芒号禾黍,废井尘沙埋辘轳。缩颈材鸠喑不语,道旁暍夫横枕股。西山火云赤如炬,桑干长河无线缕。涿鹿团旗光旷旷,赭背防兵荷戈弩。中原悍贼猛彪虎,西略咸秦东过鲁。河决十年不复堵,断溜平潢资御侮。畿南六军纷树羽,转运征输竭州府。绥丰无望积仓庾,何堪旱魃更为苦。茅店悲歌碎瓦釜,和以田祈喧赛鼓。安得天公收震怒,风伯雨师不龃龉。自卯及酉子及午,浃辰滂沱遍三辅。多稼芃

---

[1] 此为眉批,据上下文内容附于此。

芃原膴膴，桑林诚求慰圣主。吁嗟乎，何时此象得快睹。泥淖奔腾亦轩舞，远役沾湿何足数。”晚饭有淇水鲫鱼，甚鲜美。亥初二刻，起程，行三十五里。

十六日（7月17日）　子刻，到彰德府学使试院早饭。太守庆远亭、名钊，内阁侍读，京察放。县令瑞梦兰徵。均来晤谈，并差人迎送。又行五十里，至汤阴岳庙，稍憩。汤阴令双凤岩遣人迎送，兼备茶果。岳庙规模整肃，前殿古柏四株，果多南向枝叶。【南枝列树柏森森，故里千秋庙儿新。今日中原军垒遍，蛇矛陷阵更何人。】①中有纯庙御碑，旁列短碑甚伙夥，皆前人题咏，每一首为一碑，亦无多佳制也。又二十五里，至宜沟驿宿，地仍属汤阴。亥初，起身。

十七日（7月18日）　子刻，六十里，到淇县，县令郑晓塘名澄，山西解州夏县人差人迎候。饭毕，又五十里，至卫辉府西关行馆宿，太守杨少堂、名维翰，甘肃人。县令杨达泉九龄。均差人迎候。少顷，杨太守来见，云河南可走。以家信托太守寄京。连日皆晴，不甚热。渡漳河以来，田禾颇少，不如保阳。以南数县衙略胜于漳，然待雨亦亟。亥刻起程。

十八日（7月19日）　寅刻，行五十里，至新乡。邑令张嗣麟号仲甫。差人迎候。饭毕，行六十里。午刻，至获嘉县属之亢材驿住宿。县令郑濂号莲舫，保定人，捐班。遣人来候。是日阴晴，半夜落雨数点，少顷，浓阴密布，大雨滂沱。时将二鼓，本拟起程，因雨而止，复解装酣寝，待次日早发。

十九日（7月20日）　寅刻，雨止，起行。辰刻后，风日清美。将至河，遥望隔岸远山，苍翠万状，沿堤帆影参差，甘雨初晴，野绿弥盛，为之畅然。四十五里，至河北岸。河面二里许。巳初，渡河。午正，始抵南岸。棹工甚劣，幸遇顺风耳。又十八里，申初刻，至荥泽县城北住宿。是日泥泞难行，舆夫却好。河以南，雨泽沾足，田禾茂密。

---

① 此为眉批，据上下文内容附于此。

因泥水，次日不得早行。荥泽县令张瑛号虚谷，清苑县人。至晚遣人持帖来。文选司经承。

二十日（7月21日） 寅正，起程。荥、郑一带雨泽尤多，秋田更好。道途积水，肩舆扶掖而行，幸未倾跌。早过一河，村人不知其名，数十人以手举轿竿，头戴轿底，没肩径涉。少南，又经一水，颇湍急，有桥，（士）［土］人云是贾鲁河。四十五里，至郑州，早饭。州牧王莲塘号东香，癸丑进士，山东诸城人。遣人来候。饭毕，又行五十里，至郭店住宿。里数较大，到寓所已申正三刻矣。郭店属新郑，县令陈桂芬号秋圃，辛亥己未，山西人，已升署郑州牧。遣人来候。竟日行深蹊中，如入获鹿、井陉山路，冈陇起伏，丛木阴翳。中经两水，一支双木，一无桥，向村人借木板一片，横亘其上而过。

二十一日（7月22日） 丑初，起程。四十里，至新郑县东关，早饭。陈令来见，托其发信致沿途民寨，为夜行无阻地步。盖民寨率当孔道，寨门不启，则须绕道也。早微阴，旋浓阴。饭毕，雨作。启行后大雨如注，竟日不止。【雨中渡洧水，去县城三四里，仅数武，然须用舟。】①泥没踔，水没膝，山蹊间水流汤汤，若长江之出峡。舆夫择路而行，多蹈崖边细路，一线危途，泥滑如镜，旁碍禾黍，下临深蹊数仞，一失足不可问矣。肩舆兀臬，中心常懔懔，加以北风起寒，砭人肌骨，饥肠雷吼，无可觅食。行六十里，至石固镇，天已昏黑，疲惫已极。较前数日旱熯暑热，又易一番苦境。行路之难，可发一叹。石固属长葛，县令钟筱堂名耀南，浙江萧山人。遣人来候。此地去县五十里。

二十二日（7月23日） 天明，屡催夫马不至，至巳刻始起程。是日，虽不雨，而泥淖难行如昨。午刻，至颍水北岸，适有欧阳用甫学使随行车辆在南岸，一舟两渡，延至未刻始到颍桥行馆。去石固五十里。自备饭食，无办差人。地属襄城，亦不知县令何人也。夫马不换，亥正三刻，起程。

---

① 此为眉批，据上下文内容附于此。

二十三日(7月24日) 巳刻,行四十五里,至襄城。道途积水,深者没肩,绕路行走,步步棘涩,虽四十余里,如百里也。襄城城郭坚厚,自北门至南门五里许,人烟极盛。出南门,汝水汤汤,得雨益壮。东南一面,首山环峙如屏,洵险固之区也。行馆在汝之南岸,汝又在城南。未至城,县令罗藻舲名俊,己未进士,陕西人。来接,旋渡河,至寓所晤谈。饭毕,起程。复雨,泥淖益甚,幸微雨,旋止。民壮亦好,轿夫壮健。行过积潦数处,皆茫茫巨浸。辛店之南,尤无津涯,若农之仆曹升觅辛店村人数十,戴轿,扶驮只而过,甚赖其力。渠最后渡,而适堕水,亦赖村人救取得生也。天黑渡沙河,泥泞尤甚,又行十八里。子刻,始抵叶县住宿。【县去襄城六十里。】①县令何梦庭名鼎,甲辰庚申,贵州贵筑县人。来帖候。行馆系绸缎店。

二十四日(7月25日) 辰刻,起程。未初,行三十里至旧县,早饭,又行三十里。【是日,渡澧河在旧县北。】②酉刻,至保安驿住宿。虽止六十里,然前半日山径崎岖,轿夫虽健捷,已竭一日力矣。地仍属叶县。

二十五日(7月26日) 寅刻,起程。官道泥泞如故,曲折上下于沙田、石子间。行六十里,午刻抵裕州。【将至州城十里,大雨,逾刻止。】③州牧沈祥年号守之,吴县人。出迎,旋至行馆晤谈。饭毕,复行四十里,灯初到赵河住宿,自备饭食。自出裕州城,沙路平坦,舆夫颇轻矫。奈行不数里,大雨复作。经一时许,田水山泉汇入官道,波涛汹涌,响若奔雷。连过山溪数处,皆逆流。径涉赵河,水势尤大,湍急异常。向有小舟渡人,被水冲去。此水深处没顶,村人插标为识。亦用二十余人,舁舆径涉,奔湍激浪,上没腰膂,危险之至。一驮只连人堕水,遇救得生,余无恙,惟衣被沾湿耳。夜晚不能再行,须待晨光。

二十六日(7月27日) 卯刻,起程。行三十里,至博望,早饭,换夫马。复行六十里,至南阳府城,寓学使试院。太守刘伯瑗、名拱

---

①②③ 此为眉批,据上下文内容附于此。

宸，甲辰进士，江西人。总镇赵雪堂名鸿举。率将备出关来接，县令任恺字乐如。遣人来行馆伺候。太守旋至寓面谈，托其寄京信一件。连日道途泥淖难行，不能赶站。是晚，复雨，白河盛涨。顺水行舟，闻一两日可抵樊城，因改计舟行，嘱办差家人雇觅小船六只，官雇自发价。以缆横锁，两船并进。

二十七日(7月28日) 寅刻，起。催办差人速集船只，直至巳刻，始由行馆起身。下船后，大雨复作。未初刻，乃得开行。是日，泊瓦店南二十里苇塘下。计行八十里。夜有风，水急舟小，不能行。

二十八日(7月29日) 寅刻，开船。卯刻，过新野。午后，南风大作，虽下水而行，甚迟，晚泊三河镇下一里许。是日，计行百里。傍晚南风亦壮。【此后入湖北界。】①

二十九日(7月30日) 仍是逆风，未至樊城。三十里，唐河汇入白河，水势逾盛。东南风大作，小舟如叶，浮沉于奔湍急浪之中，时许不过数里。申刻，直不能行，遂泊于荒野。距樊城十八里。遣家人步行至襄阳，集夫马来迎。

七月初一日(7月31日) 卯刻，家人带夫役数十名至河干，因舍舟登岸。巳刻，抵樊城行馆。系假杂货店。襄阳县令王子泉名庭桢，乙卯副榜，江苏人。遣人至行馆伺候。太守恩星五名联。遣人持帖来。通判张蓉江之渊，香涛胞兄，行三。来见。以家信托王大令寄京。令随人添置行李、需用各件。与若农联《满江红》一阕。是日宿樊城。

初二日(8月1日) 侵晨起程，渡汉水，越襄阳郡城。行九十里，至宜城县宿。【傍午，误行入山溪中，几陷不测，土人皆为咋舌，幸而获济，疑鬼神之默相也。初二日午后，渡一水，宽不及丈，而须用舟。此水近通汉江，若农云来源出淮山，名淮水，与桐柏所出同名，入于汉。】②是日，无尖站。至小河村店外少憩，买米饭一碗，食之洁白香滑，胜供给十倍，非此则饥肠欲断矣。舆夫狡猾无力，几于五步回

---

①② 此为眉批，据上下文内容附于此。

头十步坐。达曙登程，黄昏落店，沿途偷惰不进，可恨之至。是日，始终行汉岸上，江流浩淼，曲折隐见于田禾村树之间。西则连山逶迤，亦随江势为曲折。杜老云："群山万壑赴荆门。"可云一字冥搜矣。行縢所历，左江右山，风日晴朗，畅极心目。县令谢荪圃名兰，四川辛酉拔贡遣人迎候。

初三日(8月2日)　卯刻起程，行九十里，至钟祥县属之丽阳驿住宿，亦无尖站。中途四十五里，地名新店，谢大令复遣人至，备茶果面食，其地亦属钟祥。【初三，新店茶尖后，旋过一水，用舟，土人不详其名。】①明日拟行百二十里至荆门州，闻山路曲折，预嘱办差人早集夫马。钟祥令孙福海号补堂，行五，癸卯举人，山东登州人。遣人伺候，此地距县城尚九十里，荒凉殊甚。

初四日(8月3日)　丑正，起程。行六十里，至荆门州属之石桥驿，早饭。州牧恩爔之名荣，己未进士。遣人伺候。饭毕后，六十里。申刻，至州城，寓学使考院。恩牧来见，因与若翁同年，坐谈良久，托其致信当阳令，预集夫马。缘正站，须由荆州多行三站，当阳乃捷径，至宜昌仅百四十里，上届川省考官即假道于此。自初一日至今日皆晴，有风，途中尚不至酷热，补作《襄阳道中》一首："群山西峙汉东流，一线峰凹驿路遒。夹涧惊泉催去马，通林旭日散耕牛。霞边人影烟中屋，树杪江声天际舟。一事蔺书惜匆促，不遑美味饱槎头。"【此后，诗皆别录一册，日记不复载。】②

初五日(8月4日)　寅初刻，起身。三十五里，至烟墩集饭店早食，恩牧遣人经理，湫溢殊甚。饭毕，行五十里，至淯溪稍憩。未至淯溪，途遇当阳代理令阮君名恩光，文远公孙。【淯溪亦一村镇，有山陕会馆一所，茶尖设此。有关帝祠，僧号慧庵，磨墨构纸求书，为书七言联语一对而去。】③此处茶尖，即阮令饬备者。过淯溪，用舟，即南漳水也。又行三十五里，至当阳书院宿。屋宇陈设颇整饬，胜于他处。此

---

①②③　此为眉批，据上下文内容附于此。

邑极富庶，禾稻盈畴，山环水抱，形势(迴)[迥]胜荆门。

初六日(8月5日) 卯刻，起程。行五十里，至双莲场，地属当阳。早饭毕，复行三十里，至龙泉铺宿，东湖所辖也。办差人未至，有县役一名，为觅民房住宿，饭食自备。自发丽阳驿便是山路，荆门以北尚平坦，当阳则崎岖矣，是日所历更险于当阳。去龙泉不十里，地名观音堂者，上下坡陀最峭削。数日以来，舁舆大半樊城旧役，既弱且恶，节节延玩，至观音堂时已昏黑。其不堕落，殆有天幸。当阳一路，非驿站必经之地，夫马极不便，虽旧役万恶，然去之则不能成行。暗记两人，皆兼领数人之食而玩惰狡黠者，拟明日至东湖，决计笞之，以泄连日愤闷。

初七日(8月6日) 卯刻，起行，夫役之可恨如故。三十里，至凤报山，早饭。代理东湖令朱景星号聚东，行三，河南光州人，廪贡。遣人伺候。饭后又行三十里，险峻大率如昨日，然询之土人，则云："自此以前皆易行，蜀道之难尚在其后也。"申初刻，至郡城。郡为古之夷陵，四面皆山，西南一带，莽莽万重，极天无际，逆计皆必由之路也。寓县署。前任县令吕宪瑞号芝岩，山东莱芜人，己未、壬戌联捷。已调江陵，眷属移出，尚未赴任。代理朱君系府经历，眷未入署，适当空闲。吕、朱两君皆来见。太守聂陶斋名光銮，甲辰同年。来见，托其由五百里飞咨川省，先期迎提，并托寄京信一件。陶斋以扇索书，因写近作《襄阳》一首应之。中书同年李菱舫名佐宸，现任新滩同知。以事至府，来寓畅谈夷陵士俗、新滩险恶，言之甚悉。自此以后程途，四人肩舆有不能行处，地主为备兜子、纤索专用夫，不用马、驮骡，令其放空自行，所载物件，皆改用夹扛，仆从皆坐兜子。督令连夜办齐，明早启行。朱聚五周旋甚至，晚间同饮，并杖责轿夫二人。

初八日(8月7日) 卯刻，出城。渡江而南，四十五里。【江水正当盛涨，中流湍急，横渡不易，到南岸已十钟。】[①]午刻，至曹家畈，

① 此为眉批，据上下文内容附于此。

早饭东湖备。饭毕后,行四十五里,至白沙驿宿,亦属东湖。曹家畈以上路极平,下午则崇山峨峨,每登降皆数十百级,无寻丈坦途矣。幸轿夫颇健,加以纤夫前导,尚不甚苦,然落店已上灯矣。办差者仍东湖夫役,非家人。

初九日(8月8日) 卯刻,起程。行三十里,至天岩坪,早饭。自发白沙,即盘山直上,石级不啻千百,行十五里,始达巅顶。此十五里皆用纤。昨因纤夫半途逃走,叩其故,皆乡民助役,并非出资雇募,终日劳苦,不获一钱,其乘隙奔窜固宜。因拟自发夫价,每段每名给钱五十。本日行之,果有明效,不但不逃,且极用力。固出于为利,然情亦可悯矣。弛纤后,便由峻坂直下,经时许,到平处。村店三间横亘当路,大道出其中间,小桥在门外,桥外又有茅棚三间,别无民居,即天岩坪也。早发即舍轿坐山兜,舁者亦四人,上下甚捷,余一人先至。天岩地属长阳,无办差人至。余独坐小桥石上,观桥下山泉,流若织纹,极饶静趣。少顷,若农亦至。饭毕,又行三十里。酉刻,抵金柱头住宿。【亦无办差人,晚饭一切自备。灯后,归州探役至。】[①]此三十里,石荦确,不成阶级,登降益峻。经十余里,无居人。穹山截业,树木阴翳,荒草乱石,间以禾黍。虽下临千仞之溪,幸稍有坡陀,多种禾黍,俯视不甚眩目。每行至山阴僻处,岚翠欲滴,幽鸟变声。小憩灌木阴森之下,观奔泉泻石磴上,或大如湍濑,或细鸣佩环,一刹那顷得大自在,蚕丛危栗,为之一涤,所谓"过去心不可得,未来心不可得"也。两日皆宜昌轿夫,矫捷轻灵,有履险如夷之致,如此道路,不辞劳亦不言劳,入楚以来,殊为创见。与若翁酌,各留数人,送至巴东。盖闻归州皆民夫,山行固习,而舁舆则绝不工。秭归州更险于夷陵,不得不作此筹画耳。

初十日(8月9日) 卯刻,起程,金柱头已是山巅村落。出村后即盘山而下,经十余里,山无土,石亦无级,峭拔千寻,茫然不辨途径。

---

① 此为眉批,据上下文内容附于此。

【此地名蛇倒退，见州志，范石湖有诗。】[1]从莽乱石中，微有一线洼隆盘旋而下，似岩泉岁久冲激而成者，即驿路也。兜舆亦不能行，只得以两人挟扶，从石罅中曲折徒步。又数里，始达山脚。深溪一道，清泉活活，对面锦屏插天，全遮晓日。若农健步前行，已至溪石上，跂足欢笑。余逾时始到，汗流浃背，亦在溪边憩息。昂首回视，但见两峰对立，仅余一线青冥，空兜倒悬，来从天际，亦奇观也。大略此间途路，皆两山一川，层见迭出，升降率十余里。甫下一山，即有深溪横亘，须乱流径涉，至彼岸，则又拾级直上。自此山至彼山，每三四十里，设以绳尺直度，不过里许耳。是早，至九湾打尖。随山万转，始见村落，天又酷热，苦不可言。地属归州，有办差人经理伺候。夫役至此全换。凡夹扛用两人抬者，皆用一人负，以道逾狭也。余与若农各择宜昌轿夫八人留用。饭毕，云起于山，濛濛作雨，冒雨行。逾时，幸复晴霁。州牧预备兜轿两乘，颇适于坐，轿夫又好。雨后山泉益盛，凡山下路皆随泉路为曲折，夹道奔流，泠泠满耳。在山顶俯视深黑，响若崩雷。自非王程匆迫，险阻萦怀，则绝好游景矣。又经一溪，见长绳横系两山之间，盖水盛无路可通，以竹筒贯索，遥递文书也。行三十里，至周坪住宿。未至二三里，雨复作，幸即到，未甚沾湿耳。行馆面山，归云溶溶，若在襟袖，轻风微来，变化倏忽，云白天青，霞红石碧，五色间作，不可端倪。今日行箧，可云富有。

十一日(8月10日) 卯刻，从周坪起程。四十五里，至观音阁早饭，亦州牧遣人预备。饭毕，渡窑湾溪，复行四十五里，渡江而北，至归州城考院宿。州牧奎联星斋，满州人。出迎，随到行馆晤谈。从周坪出村即用纤，直上一山，凡十五里，并纤道亦无之矣。纤夫、舆夫皆贴地行，碎石赤砂随足而下。至半山，见白云滃然在兜舆十丈之下，乃悟昨仰瞩者，今俯视之矣。归州之北，以此山为最高。晤奎牧，知俗名迈子坡。贵州主考廖西堐，前数日乘轿行此处，竟至蹉跌，可

---

[1] 此为眉批，据上下文内容附于此。

危矣哉！饭毕，沿江南岸行，亦多危险处。适值江水陡长，山脚一线之路多被淹没，仍须沿山脚觅路，舆夫右足半入江水，惟有委心任运而已。归州城因山起屋，万瓦鳞次，在江心可以指数，亦不过数百家，沿途村落，大率不及十室。

十二日(8月11日) 卯刻，起程。沿江北岸，行二十五里，至泄滩紫霄宫。早饭，又十五里，至石门滩。又二十五里，至牛口滩，皆一茶。【夏水、襄陵舟楫断绝，石门、牛口两滩盘涡雷转，声势尤大。】①又二十五里，至巴东县对岸江村宿。凡行九十里，皆在临江岩腹，跂足而行。秋豪细路，高下万盘，忽跻颠顶，则数十丈。忽至山足，则去江水不盈尺。悬崖陡立，滩声怒吼，更有一笏直起，仅露斜径三四寸，若断若连，即从此侧足直上，左顾千仞如削，并无寸草，一失足即葬鱼腹矣。是日，自卯及酉，皆如此行。余前数日迭经山险，皆无所动于中，今蹈此险，肝胆俱碎，亲在远游之罪无可逭矣。甫经数里，即有江水冲缺处，俗名溪沟。岸形内凹，须从其中环绕而出，此等处直无路径，皆从巉岩乱石蚁旋而上，一日间不啻数十处。每出一曲，即又岩腹斜行，在兜轿中，左扳右扯，俯仰百变。间有巨石横出山腰，须左让欹侧而过，下视漩涡怒号，正在足底。若此者，又十余处。道路至此，可云极恶，剑门云栈直康庄耳。太白咏《蜀道难》，惜未见此。巴东令李桢号介生，行五，湖南人，石梧先生侄。来见。巴东县城与归州同在山面。是日，到行馆已昏黑，遥望隔江灯火，繁如星点，匀排山腹，最上一灯在极高处，不辨其为寺塔、为民居也。江流至此稍平。

十三日(8月12日) 卯刻，起程，仍沿江岸行，虽一线，然稍平。二十五里，至西瀼口早饭，地与石门、牛口皆临江。饭毕，复行五十里，至火峰住宿皆属巴东。【至西瀼，望见巫峡双门，苍茫勃峭，为之懔然。自此沿江无路，火峰、界岭皆其后山。】②自出西瀼口，渡一溪河，即缘山而上。纤行二十五里，乃至山顶。俯视万山崱屴，龙牙交纽，

①② 此为眉批，据上下文内容附于此。

江流盘涡屈曲，出其中间，若拘束不自得者。东峰云雷交作，计其下必有雨，与此峰则势若不相及。连日炎蒸已甚，有微风，路稍平，然其险仍不减当阳。今日所经山田，林木益少，间有黍禾，亦枯淡无色，弥望多赤砂赭石，"倘火峰"所由名欤？

十四日(8月13日) 卯刻，起程。二十五里，至界岭早饭。此川、楚分界之地，【过界岭入四川境。】[①]巫山县令李咏、都司江炳文各遣兵役来迎。饭毕，复行三十五里，至官坪宿。自发火峰驿，即用纤登山，凡十五里，崖路陡绝如迈子坂。过此，仍是盘山一线之路，下临万仞深蹊，特着脚处稍平，侧足行处略少，心胆已为之一放，若初站经此，则仍骇绝也。过界岭数里，复用纤一次，即由陡(璧)[壁]直下，砂砾满山，舆夫蹑足而行，之字转折愈逼。将至官坪，复登一绝顶，山麓俗名"红斗墅"，每兜轿一乘，亦用二十余人竭力纤扳，乃得上。见前人皆伏地行，乃直立也。巨石荒沙，危崖断岸，数十人浩呼汹涌于其间，所系命者，一缕之绳，无托足地也。如是十里，乃造巅顶，则官坪驿矣。文巡捕候补吏目颜振源自省奉藩司札来接，并带省中各官拜帖十一分，各按称谓还之。

十五日(8月14日) 卯刻，起程。二十五里，至三会铺早饭，亦巫山备。又行三十五里，申刻，至巫山县城，宿财神庙。李令、号诗舫，山阴人。江都司、号蔚斋。训导师作基均出迎。李、江旋至行馆晤谈，嘱令速备夫役，拟明日百二十里到夔府。是早，登大峰口，用纤十里，坡陀多而峭壁少，转折亦不甚逼仄。午后所行虽盘山，而势稍舒缓。未至巫山十里许，山缺处微露江流一角，旋不见。

十六日(8月15日) 卯刻，起程。三十里，至朝阳洞，早饭。又六十里，到清凉河。奉节令叶用霖仲祥，广东人。遣人备宿站。日已西落，幸舆夫甚健捷。若农欲再行三十里，至夔府。询之土人，皆临江一线之路，昏暮后尚须行十余里。余心怯而壮其胆，且诡人言之未

---

① 此为眉批，据上下文内容附于此。

必尽信也。因督夫役速行。入夜后,路虽临江,尚非极险。二更,至府城,寓试院。太守文树廷、勋。协镇奎东山林。与奉节令均出城相接,并来晤。是日,早发。即沿江西上二十五里,至下马滩。转而入山,不复见江。盖三峡皆石(璧)[壁]削立,沿江无路。今日所行,乃其脊也。入山后,上下凡六十余里,其中平行约二十里俗名少麓,未至清凉河十余里,皆盘旋直下之路,多赤砂碎石,轿夫叠足累趼,其捷如风。巫山夫素少,兹所遇,拔其尤矣。晚行见白帝城,去府城不数里,皓月东上,江光如练,峡气苍茫,较晓行倍饶深秀。

十七日(8月16日)　辰刻,起程。二十五里,至观武镇,早饭。又三十五里,至安坪宿,皆奉节地。终日傍江行,险恶万状,凡山凹转折,大率仅容半足。此行所历,自发宜昌,便无一寸坦途,然以归州至巴东九十里为最险,今则更上一层矣。既无叱驭之壮怀,又乏回车之果力,俯看衣线,五内崩摧。到行馆,复询土人,则明日至三十里之托坂更恶于此。因决计江行,令巡捕预觅船数只,以待明发。

十八日(8月17日)　卯刻,登舟。【非舟行,是日不得至云阳。】[①]四十五里,至龙洞早饭,云阳令高以庄遣人预备。又四十五里,至东阳庙小憩,候若农至。又开程三十里,至云阳县城书院宿。县令、都司、训导、典史皆出迎,到寓,与高令晤。舟行甚适且速,盖凡山凹深曲之陆路皆径过,不须深入。遥望悬崖笏立,行李、人从从其上蹑足寻路,其小如豆,转眴即撇过矣。若农舵工甚劣,余至东阳庙,候时许,始至。换棹工再发,已日暮矣。将至县城十五里,舟人云:前有九子滩,不敢夜行。因候灯火至,更乘兜轿入城。方泊舟荒岸,静候人役,云容墨黑,江涛怒吼。洎登岸归陆路,则由峭(璧)[壁],数十人曳拥而上,赖石缝多生细草,稍可着足,无寸土也。【此处人役大率村夫。将至云阳不二里,沿江行。一夫持火把,横冲兜舆之前,舆夫避而左行,前一人已堕江岸下,后一人倾伏岸上,赖扶轿人多,挽住后

① 此为眉批,据上下文内容附于此。

竿，不然败矣。】[①]至行馆已三鼓，卧后，风雷大作，翻盆之雨，经两时未止。

十九日(8月18日) 卯刻，雨仍未住。山泉大至，凡山凹曲径，皆隔绝不通。高令为备船只。雨稍歇，又改陆入舟，与若农同舟。二十五里，至三板溪，晴。饭毕，又行六十里，至小江地方泊宿，皆属云阳。高令遣人两次送饭。云阳以上，山稍平，水势亦缓，沿山多平林、石洞。大雨初晴，奔泉四注，舍肩舆之兀隉，就一叶之轻逸，顿觉人间天上矣。

二十日(8月19日) 寅正，解缆。历十五里，入万县界。县令张琴字鹤侪，行一，甘肃凉州人。遣人役来迎。又三十五里，至大树溪，早饭。万县仆人送来。复行四十五里，申正刻，抵万县，寓试院。张令偕都司、训导、典史出迎，到行馆，与张令晤谈，定议由小川北一路赴城都，只十四站，尚可加站，行走川东正道，须十八站也。张令办事实心，夫马支应极为妥速。是日，江行颇速，水势平缓，小有顺风故。

二十一日(8月20日) 卯刻，由万县起程，改用四人轿，马数匹前放，放空驮骡同日到此，复留用三匹，可省夫役十余名。【自后仍有长纤夫十二名，每至界首，即同执事人役前来。】[②]张令是日随行督查夫役。早饭于佛寺铺，四十五里。在文武宫稍憩。二十里。又二十五里，至分水铺宿，时甫申刻。轿行极速，一切无费口舌，地方官认真之效也。到分水后，张令复来晤谈。自发万县，便与江别，入山而西，所历皆山间石道，上下尽石级，平坦之路居多。险阻备尝，视此如九轨矣。此地民风乐善好施，凡石道皆居人捐资修葺。山村蒙密，石径萦纡，竹树浓遮，溪流乱络，种植之茂百倍夔、巫。所见多平顶山，无锋棱角起者。一切沟塍村陌，位置多横斜曲折，行縢旋转于其中，自非举头见日，几于不辨东西。方言亦与夔、巫(迴)[迥]别，耳目之前，顿开异境。老杜诗曰："但逢新人民，未卜见故乡。大江东流去，游子去

---

①② 此为眉批，据上下文内容附于此。

日长。”余今者虽去险就夷而去亲日远,三复此诗,为之感叹。

二十二日(8月21日) 丑刻,起程。【至省尚须十三站,计初五日始可到。故必须加站也。】[1]行四十五里,天明至胡卢灞早饭,地属梁山县。县令艾鼎臣名钺,江苏上元县人。遣人伺候。饭毕,复行六十里。未初,至梁山县城中饭。艾令迎晤于二十里外,旋到行馆面谈。此地换夫马,历两时,复行四十里,至县属之老鹰场住宿,时交二鼓。【宿于禹王宫,规模宏壮,去岁新修。】[2]早,越一大山,上下凡三十里,俗名北渡亭,皆长石为梯级,虽高不险。自发梁山至老鹰场,此方圆四十里中皆平路,良田万顷,正当收获之时,丰穰气象可喜。万县多杂植,不若此地皆稻田也。晚,复与艾令晤谈,谓此地富民多于万,好善则不及耳。

二十三日(8月22日) 卯刻,起程。复越两大山,其第一山名佛儿崖,绝陡峭,然上下亦石级。过两山后,复行二十余里,共行四十五里。至袁灞驿早饭,仍梁山属。茶于石桥驿,去袁灞驿二十五里。又行五十里,至黄泥塥。越山。下山为清溪铺,自此至大竹县皆平路。又五十里,至大竹县城宿。是日,凡行百四十五里,与昨日共加一栈。黄泥塥极雄峻,上下凡五十里,竹树阴翳,崖壁耸削。自入万县境,竹便多,此山尤盛,亿万为林,高逾桧柏。盘山石径,夹涧鸣泉,其暗泻竹间者,声尤清越。终日循涧道行,秋气阴森,暝不见日,泉多作黄赤色者。既极巅顶,乃转至山阳,见西、南、北三面,仍是山峦层叠,中间平坦地近百里,则大竹全境也。舆人指西面崇山,云是九盘寺,又高于黄泥塥。盖自荆门至此,万壑连延,愈上愈高,然以九盘为最,过此无大山矣。计明晨即越九盘,拟造其颠,以观全蜀也。大竹多冈阜,梁山多平畴,万县多曲径,每至一邑,光景顿殊,不可移易也。是日行程过当,人力疲惫,大竹令王际宏号忏生,辛巳举人年七十余矣,愎而吝,不差夫役迎提。行李至天明始到。蚊声如雷,竟夜不寐,因集夫马

---

①② 此为眉批,据上下文内容附于此。

起行。

二十四日(8月23日) 卯刻,自大竹启程。行五十里,至卷洞门早饭。地属渠县,县令吕静甫烈嘉,旌德人。遣人伺候。饭毕,大雨,小歇。又行三十里,至李渡河宿,未止雨,吕令来见并宿候送。今晨出店,即登九盘,上下历五十里,未尽山脚,真入蜀以来第一崇山也。造绝顶后,从山阳盘折而下,遥望西南,众峰低小如魁磊万冢。舆人于烟际指成都,旋为云气所掩,茫茫一白,旷望无涯,惊雷破空,正在脚底盘道。竹泉喷薄,襟袖沾湿,眼界壮阔,心地清凉。盖自荆门入山,直至于此,终日在其怀抱中,钻研不出,今则却立而视其背,以后皆夷途矣,快绝快绝!吕令云:过此虽无山险,然必至顺庆后,道途始宽平,此处冈陇起伏,田间石路窄狭湾曲,雨行、夜行皆不宜,力劝按栈行走,至顺庆再加栈。余鉴于前日大竹之事,又以两日内蓬州、南充须两次换夫,遂从其说。明日九十里,住青石镇。

二十五日(8月24日) 卯刻,早发。吕令送于二十里外。自出村口,便渡渠河。行四十里,至吴家场早饭。饭毕,复行五十里。申初刻,到青石镇住宿。道途果如吕公所言,早间浓阴未雨,将至青石十里许,复雨。幸不加栈,行李未甚沾湿。渡渠河数里,忽闻雷声隆隆,少顷愈壮,乃山泉大至,汇入深溪,溪皆峭石为底,水石相激,声若巨雷。一处石梁高揭,宽约二丈,高可十余丈,红泉斗落,势若清江三闸,奔腾怒号,震荡心目。此地年谷丰熟,高原下隰,禾稻盈眸,陇畔皆有曲沟泻水,竹材横于山杪,石路绕自田间,处处水声,山山云气,又有平冈浅阜,为之映带,使人一望不尽。峡山虽奇伟,然使游子心悸,今日所历,正所云一邱一壑,自谓胜之也。到行馆后,尽撤其红绿饰窗之物,开轩看雨。凡途中所见皆在目。惜若农酣睡,呼之不起,独坐自笑,无与语耳。

二十六日(8月25日) 卯刻,起程。行四十五里,至罗家场去州城七十里,早饭。蓬州刺史李简侯名德迪,安徽太湖人,廪生。遣人预备,并亲迎送。饭毕,复行六十里,到南充县之跳登坝住宿。蓬州地僻,无夫马,仍用渠县来役。明日,换南充夫马。是日,起身,行三十五里,复遇雨。饭毕,雨更大,冒雨启行。四面山泉奔注,更盛于昨,数尺之外,尽为云海。凡登降山麓,或从千仞飞瀑中乱流直上,或踏流直下,处处惊霆震耳,悉水声也。【此等奇快境界,自非悬崖绝涧遇连日翻盆之雨不可得。事后述之,则曰壮游,当时蹈之,几为死地矣。】[①]如是者历两时许,雨势渐杀,然竟日濛濛不止。比至行馆,已亥初矣。终日行田梗细路,得雨益滑,拗折殊甚,幸两旁皆稻田,即失足亦无大碍。灯后,舆夫愈不敢放步,赖是渠县来役,颇娴习谨慎,未致倾仆。南充李令名燧,字洁泉,钱塘人。遣人备晚饭。夜复雨。

二十七日(8月26日) 卯刻,起程。浓阴不散,时复细雨。行三十里,至东关场早饭。复行六十里,渡嘉陵江。申正,至顺庆府城考院宿。李令来见。午后雨又作,竟日不止。石路较渠县界稍宽。未至府城,近十里,转过一麓,望见嘉陵江,连云一白,环绕郡城。老杜云:"嘉陵江色何所似,石黛碧玉相因依。"倘晴明时然耶。江之东岸,稻陂万顷,方罫连延,白水尽满,西岸烟树苍茫,微露城郭,雨中凭高俯视,颇饶物色。昔吴道子画三百里嘉陵山水,不可见矣,吾今者得其一角。

二十八日(8月27日) 卯刻,起程。行五十里,至五龙场早饭,仍属南充。饭毕,复行七十里,至蓬溪县宿。蓬令潘席卿调帘、名先珍,壬子同年。代理蓬令刘孟贤名仰祖,甲辰举人,赣州人。迎候,并来见。是日,晴,颇热,山路里数亦大。

二十九日(8月28日) 卯初,起程。行三十里,至槐花铺早饭,地属蓬溪。又行七十里,至太和镇宿,地属射洪。署令邵作霖号幼樵,徽州人,曾作副挥。迎至界首,并于党家铺备一茶,略谈数语即行。太和镇须换夫马,不能再进。是日,过大小金台山,皆石级,虽峻而宽。过山得平野,十余里,又渡涪江,即到太和镇。此间平野不多见,

---

① 此为眉批,据上下文内容附于此。

自梁山至老鹰场四十里后，此为再睹。特梁山多种稻，此多种柳耳。

八月初一日(8月29日) 卯刻，起程。行三十里，至高坟嘴早饭，地属射洪，邵令送至此。饭毕，复行六十里，至观音桥宿，地属三台县署。县令巴州牧陈辅臣名洪绪，湖南宝庆人。迎于界首，随至景福院去宿地三十里。稍谈，又发。连日地方官皆出城数十里，亲督夫役。盖此又小川北之僻道，较正站须入城近五十余里。晴，甚热。自发顺庆，石路较宽，仍是曲折上下，盘山而行，无平道也。

初二日(8月30日) 卯刻，起程。行三十里，至鲁般桥早饭，仍属三台。又行七十里，至大桑墩住宿，地属中江。邑令王鹤皋名翱，新城人，文简元孙，辛酉举人。迎于界首，去宿地二十里，牛镇茶尖，面谈，复至大桑墩晤谈。道途光景与昨日大略相似。

初三日(8月31日) 丑刻，起程。行五十里，天曙，至兴隆场早饭，王令至此相送。早浓阴，饭毕，雨。冒雨复行四十里，至赵家渡，换金台夫马。代理令王荫之号锡堂，许州人。迎候于此。雨竟日不止，自过三皇庙一山，在赵家渡以下二十里。直至成都，无山路。虽平坦，然石道至赵家渡而止，成都百里内皆土道，适遇大雨，胶泥滑汰，步步棘涩。直至亥正，始抵新都县属之新店子，住宿。此地去县二十余里，署邑令廷笠舟桢，满州人来行馆晤谈。行李、家人均未到。

初四日(9月1日) 卯刻，起程。细雨未止，泥水愈甚。午刻后，至一寺稍憩，复行。澧南同年、制军、将军及合城文武僚属陆续遣人持帖迎候，旋至北门外之接官亭，制军率省属跪请圣安，即入城之皇华馆。家人陆续至，行李尚未全到。是晚，鳜门相国、朴山前辈、澧南同年公送酒席。催调前十科乡试录。

初五日(9月2日) 行李全到，检点衣物，以扇对七、八言各二十五，外买七言五付，交巡捕发裱画店。江达川方伯、忠濬。冯春皋廉访、昆，杨庆伯廉访丁忧，冯以候补道署。钟仲山观察、峻，成绵兼署盐道，充文闱提调。公送酒席。两首县。署成都县双流令陈芗池，名枝莲，湖北人；署华阳县令吕柳村，名绍衣，江西人。晚以家信交督辕巡捕附便寄京。

初六日(9月3日)　巳刻后，制军、将军三次启请，赴宾兴宴。未刻，候学政先到督署，乃换朝衣，乘椅轿，续至督署大堂。是日，以斋戒期内停止筵宴，望阙谢。恩毕，入座叙茶，与麟翁、朴翁、澧南略谈片刻，复乘椅轿至贡院。先在至公堂稍坐，旋至清白堂后，上轿入闱，过严肃堂，至衡文堂东所下轿，即正考下榻处也。内监试为候补府蒋少园名若采，陕西人，辛卯同年，先时至内帘，十二房陆续入，酉刻始齐，彼此未晤。以此间向式，候房考先来，然后主考答拜，与京闱稍异。

初七日(9月4日)　辰刻，少园太守来晤，十二房均来晤。巳刻，答监试、收掌、十二房。午刻，饭毕，候祭品齐，至后殿文昌祠，行三跪九叩礼。蟒袍补服。回至衡文堂签掣房分毕，各散。录策题。

初八日(9月5日)　卯刻，至若农处，同书头场题四纸，即邀监试至，传齐书役等，吏四人、刻手十五人、刷印匠十五人。升衡文堂，封门发刻。是日竟夕，在堂上监视防范，督催人役速刻速印，计刻四板，印一万五千纸，直至初九丑正刻始毕。监临尚未请题，以点名人数过多故也。寅正开门，发题纸，监临、提调、外监试皆至，与朴翁隔门坐谈少刻。比就榻，天已曙矣。

初九日(9月6日)　午刻后，书扇对各件。

初十日(9月7日)　仍书写扇对。灯后，监试来谈，旋至监试处答候。是午，潘席卿、蓬溪县令，名先珍，江西人，壬子同年。何湘雪名亮清，庚申庶常，候补同知，知府用。来见。申刻至若农处，书写二场五题。

自十一日后，昼夜阅卷，不暇为日记。本届应试者一万三千有奇，荐卷几及二千，与若农分阅各九百之外，先与监临商定十二日揭晓，仅能蒇事，无片刻之暇。出闱后，酬应尤繁，因二十七、二十九皆忌辰，初一、初二不宜出行，遂定初三日起身，较上届胡、张两主试迟一日。

十月初三日(10月29日)　午刻，自皇华馆启程。省中各大吏皆于东门外皇华寺寄请圣安，毕，遂长行。计土道三十里，至简州北界牌自此后皆石道。又三十里，之州属龙泉驿住宿，巡检李瑞庭来见。

初四日(10月30日) 卯刻，起程。越一山，上下二十许里。至午刻，行六十里，到州属石盘铺早饭。饭毕，又四十里，至简州城内行馆宿。州牧叶庆荣号桐君，行一，仁和监生。率学正、训导、吏目迎候，旋来见。

初五日(10月31日) 卯刻，巴县门生王国江来见。旋启行，六十里，午刻至临江寺地属资阳。早饭。又行三十里，至资阳县城内行馆宿。署知县营山令濮文昇号莲生，行二，江苏人。偕教谕、训导、典史迎候城外，旋来见。两日阴未雨，石路宽约三四尺，坡陀升降，无危级峻坂，坦于小川北。小阳时序，略似中秋，山田茂密，无异夏秋时，盖此间四时无隙地，尺寸无非膏腴。禾稻既收，而红花、甘蔗、(婴)[罂]粟等参错。麦苗而起，青葱弥目，忘其为孟冬也。将至简州，经雁水左岸，亦随山曲折，询之刺史，云：合涪水，至合州入江。水碧色，颇清激，渔舟来往，其小如叶，俗呼雁江云。发水源为汶江，至此为资江，在灌口又得岷江分支，终会于岷也。【出城里许，渡雁水，仍傍右岸行，午后始不见。】①

初六日(11月1日) 卯初刻，起程。行四十里，至南津驿早饭地属资阳。饭毕，又六十里，至金带铺午饭。资州属。申初后，复行四十里，至资州考院宿，时已亥初矣。今日共行一百四十里，因自成都起身日止行半站，必加半站，乃能按日宿县城，换夫马，一切俱便也。是日午后，细雨不止，石路滑汰难行。傍晚，北风又作。灯后，复行二十余里。赖川东一路，轿夫皆健捷驯顺，不致喧哄失事耳。代理州牧李世琮号兰生，行一，湖南人。率州属迎候，旋至考院晤谈。

初七日(11月2日) 辰初刻，起程。数里，复渡资水而左行。四十里，至营山镇早饭，地属资州。内江令谭海观号晓村，行二，广东人。迎候于此。饭毕，复行五十里，至内江县城宿。此九十里颇大，

① 此为眉批，据上下文内容附于此。

到行馆已上灯，谭令偕教谕、训导、典史来见。晚，为李兰生、谭海观书扇对。资州、内江山川隐秀，清江环抱，田禾丰美，陂罫连延，蓄水尽满。盖四时杂植最繁，而稻只一收，陂塘蓄水，所以养地力。犹北俗所云：旱田虽岁仅一获而其赢三倍。

初八日(11月3日)　卯刻，由内江起程，行二十五里，复渡资水而南。【三十里柏木镇渡河，谭令送于此。双凤驿上下六十里石路，倾圮当修。】①自简州至此，凡三渡矣。六十里，至隆昌县属之双凤驿早饭，严渭春中丞亦饭于此，未相见。自綦江入省经此。复行六十里，至隆昌县城宿，县令杨昌锦号次云，贵州拔贡。率县属迎候，旋来晤。隆昌县境种植亦盛，而山川融贯，逊于资中、内江。县城居山凹，相去里许，仍不见雉齿。

初九日(11月4日)　卯刻，由隆昌起程。行五十里，午刻，至安富场俗名烧酒房。早饭，地属荣昌。邑令吴春耀号桂生，行二，浙江仁和人。迎于界首。饭毕，又四十里，至荣昌行馆宿。令偕县属来见。连日阴，未雨。

初十日(11月5日)　卯刻，由荣昌起程。六十里，至大足县属之邮亭驿早饭，县令王宝臣号石云。遣人备行馆。饭毕，复行六十里。酉刻，至永川县城内考院宿。县令方翊清号琴泉，行一，湖北人。先至界首迎候，随率县属至行馆晤谈。是日晴霁，自入成都至今两月余，竟日晴明者，只放榜一日，余皆阴，偶露日光，旋为云蔽。“蜀日越雪，自古难之”，信不虚也。今为第二日矣。自发荣昌，坡坨渐大，阶级渐高，便觉夔巫开万，气象森然来前。荆公云：“眼前有境道不得，但觉胸次高崔嵬。”又《游九华山》云：“精神去亹亹，气象来渐渐。”真善道人意中事也。

十一日(11月6日)　卯刻，由永川起程五十里，马方桥早饭，地属璧山。邑令江怀廷号兰皋，辛亥举人，癸丑进士，福建人。遣人备行馆。

---

①　此为眉批，据上下文内容附于此。

饭毕，复行四十里，至县属之来凤驿宿，令因病未来晤。永川冈阜多未能旷览，自入璧山界，山势远拓，烟树萦回，生趣盎然，使人心目开豁。将至来凤驿，峰回路转，见东北一带，巴山高矗如屏，夕阳在山，黛色金光，绵亘无际。舆人指东面一峰云：明晨须越此，即入巴县界。午后再越一最高峰，即见大江。到重庆府城，所云最高峰，不知何名，总之沿江万笏，皆巴峡也。是早微阴，傍午日光渐彻，午后云翳尽散，竟日晴明。蜀中天气，微寒必阴，薄燠必晴，风则雨，不似北方，气燥热则雨，风起则晴也。清晨即晴霁，日色亦不透，星月尤罕见。盖入夜，山气更盛，上蒸为云，达曙始渐薄，然不能遽散，且四垂近山，故云气较厚，日必当午而彻，职是故也。清风吹空，纤云四卷，此北人之谈，此间风则未有不雨者，正如瓶水满中，擎空一触即漏，至易易也。夏秋已来，稻陂积水，彼此挹注，高下皆满，经冬不冻，山气阴润，泽流通络，即方丈片石上覆寸土种植，无不活，与膏田无异。设雨少晴多，则易湿而燥，其收必歉，此又一方之自为风气耳。来凤驿去县城九十里，来往使传皆局绅代办，供应喧呼，竟夜不能成寐。

【自省至此，按站皆有纤夫十二名，每至界首更换。川中轿夫无宛叶之悍，亦无夷陵之狡，技艺轻熟，颇习规矩。其接替更换，皆有旧规，不须饶舌。纤夫身分亚轿夫一等，轿夫詈纤夫，纤夫不敢反唇，但其骂之也曰"舅子"，其称美之则曰"姐夫"，殊荒怪可笑耳。川中轿夫吸食鸦片者十有八九，故懦而无力，且土无三里平，上下坡坨，非纤不可负重致远，两分具责也。纤夫多十余龄者，童子无知，尚肯用力，若四十五十仍作纤夫，则其人去乞丐不远，断难期其少分前进矣。十二人中，参一二力长有须者，其绳必屈而不伸，不必其庞眉皓首也。】①

十二日(11月7日) 卯初刻，起程。行五十里，至百世驿早饭。县丞莫苍稜字方山，广东人来见，地属巴县。饭毕，复六十里，酉刻，至重庆府城，寓考院。镇军李得太、号岐山，湖南人。署川东道锡珮、韦

---

① 此为眉批，据上下文内容附于此。

卿。署知府李钰、号湘圃，甲午举人。署巴令霍为棻号苑史，甲辰举人，丁未进士，陕西人。偕将备府属迎于城外江北厅。同知曾定太、号阶平。霍令均来行馆晤谈。自发来凤驿，不数里即拾级而上，近十里，至山顶，竹树蓊郁，泉流清激，颇类大竹之黄泥埇。山顶累石为门，上书“老关口”字，过此门即盘山而下，东面蜿蜒如长蛇，苍茫不断，即巴峡山阴也。是日，浓阴微雨，山上人家炊烟四起，与峰凹云气相间。少顷，茫茫一白，尽掩峡山之背，仅余青痕一抹，如米画泼墨山尖。自此便行山梁上，膏腴万顷，无异平畴，四顾不复见山矣。过百世驿而东，又登一大麓，则龙洞关也。从龙洞坡陀直下，又平行四十余里，至浮图关，平畴顿尽，乃见岷江从东南曲折而下，嘉陵江西北来，亦时隐时见于关之左侧。驿路至此，蜿蜒如龙，溢出水面，直至重庆府城，乃造其首，则三面环江，陆路尽矣。城凡十八门，因山起屋，郁葱之气更胜资中。环城磊磊万家，城中比屋鳞次无隙地，巷口转侧甚逼。川省科名，渝为最盛，今见此，真形势第一，文明富庶，固其宜耳。此去陆路至万县，须八站，自万而下，则来时奇险山程矣。韦卿观察云：江水已落，舟行极稳，小渠侍郎前届使旋，亦由此路而去。遂与若农定议江行，属霍令代集船只。

十三日(11月8日)　辰刻，答拜镇道府县，王月帆及各游守道府县均晤谈。镇道复至行馆晤谈。王月帆大令正玺，辛亥举人，己未进士。来见。叶挺生来。是日阴未雨，船只未齐。韦卿观察与府属坚留多停一日，仍约十四日宴集，坚辞不获。李岐山镇军送席。

十四日(11月9日)　早，令巡捕及家人赴江口经理船只。候补道徐辅清、徐新斋制军之子，行二。庶常崔焕章重庆人。来见。申刻，赴禹王宫公局，主人为韦卿观察、湘圃太守、阶平司马、苑史大令，饮至更余归。是日，有戏剧，惟异乡之乐，不甚可解耳。船户立票来。

十五日(11月10日)　早，督饬行李下船。午刻，出太平门即东门，登舟。镇道府属先后至江干送别。未刻，开行。因船户什物未备，移舟泊江北，来日长行。

是日晴，景最好。晨起，日色朗彻，为入川来所未见。自太平门放舟，转至北岸，环绕郡城。路不数里，而对岸锦峰千叠，萦青缭白，浅深凸凹变化，隐见于紫烟合沓之中。回顾渝城，楼阁参差，匀排山腹，江光射日，峡气浮空，俯仰顾盼，使人神王。阶平司马遣人送食物数色。

【晚与若农步月江岸，江北厅与渝城对岸，中隔嘉陵江，水面不甚宽，此水至府城东北，与岷江合，泊舟处适当其地。是夜月色极明，而江气冥濛，远山仍不甚可辨。两岸灯火万家，江烟映带，时隐时见，浩然无际中遥见一星黑子，近则占人万斛舟也。】[①]

十六日(11月11日)　晨起，重雾迷江，峡山尽失，舟人不敢开行。巳正刻，日色渐显，乃解维东下。初，(冰)[水]落滩石尽出，舟行无碍，所过有名弹子石、牛膝、麻鳞、鲤鱼石、王家滩、上白坨、罗溪滩者，然皆舟人语，恐非本名，惜未携府志证之。今日行百八十里，至长寿县泊。邑令王锡号蕲生，行一，仁和甲午举人来见。渝城至长寿，陆路须两日半，今水程大半日耳。

巴峡之胜，夙昔传闻，今乃快睹。自放舟至泊舟，两岸千山，绮交绣错，迸秀攒奇，或一峰屹起，或腹岭排空，或澹远若修眉，或突兀若奇鬼。其间映日萦红，蓄云留白，苗铺新绿，树拥浓青，加以滩声如雨，舟行若风，一瞬之间，情景百变。且山随水曲，虽顺流直下，而转篙捩舵，使人不辨东西。远近山色，阴晴向背，无一处同者，非合荆、关、董、巨于设色中，间以白描，殆无能肖其仿佛。每一山必分数层，采色(迴)[迥]别。最远者，苍茫连亘，宜米法；中稍近者映日，宜大痴赭色；最近者，楼阁村墅，山田林木历历，不爽毛发，则宜石谷之密，辅以香光之润。自来写意山水与工细楼阁，各分支派，然以今日所见，则非并为一幅不可。欲得衣钵四王兼工青绿者，为吾破天荒一作。尽开两面船窗，左右迭为徙倚，顾此失彼，应接不暇。自笑徂暑入川，

---

① 此为眉批，据上下文内容附于此。

跋疐艰涩，险恶备历，盖夔巫之背，所谓厌其糟粕而遗其精华者也。

十七日(11月12日)　阴，无雾。辰刻开行，百二十里。午刻，至涪州北门外泊。涪署牧沈宝昌号鹤樵，行三，安徽甲辰举人，学正。来见，因天色早，旋与若农还拜，少顷，复至船晤谈。午后，细雨，至夜未止。

是日，所历大致如昨，惟雨山更多烟霭，倍饶隐秀。自长寿解缆后，山渐耸峭，间多巨石尖沙横出江心，皆夏日险滩也，其名不能备悉，惟黄鱼岭、磨盘两滩，盘涡犹盛，舟人捩舵急转。过黄鱼岭，为黄草峡出水口，两山错纽，杜老所云"黄草峡西船不归"，即其处也。去黄鱼数里，有剪刀峡，长石如剪，横江面二三里，亦涨盛时极险滩。

十八日(11月13日)　卯刻，开舟。百二十里，至丰都时，甫午正刻，邑令田秀栗号子实，行四，茂才，汉中人，沈文忠门下。来见。【子实之兄为文定公入学门生。】[1]王桂山通家来谒，并送食品八色。与若农入城还拜田令。

是日，早阴。午后有微雨，去涪城数里，有群猪、陡崖、高挂岭牌三滩，夏日极险恶。【"群猪、陡崖、高挂岭牌，去船莫去，来船莫来。"此地谚语，见州志。】[2]水落滩见，群猪滩形如龙牙交纽，船从其夹口捩过陡崖，则长石绵亘，斜插江心。高挂岭牌则岩石崚嶒，中有一石如丰碑屹立，夏秋水盛，漩涡怒起，动致倾覆。今则要害处，排列水面，可以指数，易于撇避矣。将至丰都，过三块石、蚕背梁两滩，形势亦陡峭。冬月无滩，然每过一处，舟人荡桨必急，浩呼汹涌，舟行如飞，两岸山形亦较平江为峻削，风景不殊昨日。"峡云行清晓，烟雾相徘徊。风吹沧江树，雨洒石壁来。"真崔灏题诗也。

晚，王桂山携酒筵入舟同饮。二更后，雨甚。重庆、长寿、涪州皆因山为城，层级上下绝陡峭。丰都则屏山后列，城在其下，平临江水，虽秋涨极盛，不至城脚，盖江水过蚕背梁而下，浩淼空阔，山势稍平

---

①② 此为眉批，据上下文内容附于此。

衍，无逼溜故。

十九日(11月14日) 卯刻开舟，行百八十里。未刻，至忠州泊宿。署州牧候补府恒泰号季安，奉天拔贡，在川年久，楫侄，乙卯来此，恒署首县。来见，旋与若农答拜。是日，仍阴，微雨，烟景如昨，惟江面渐阔。自发丰都，行过数滩，惟天门坎一滩，雪涛喷薄，盘涡满江，势甚汹涌，长年十余人竭力撑架，乃撇漩而过。又数里，入忠州界，经虎须滩北岸，石梁高揭，长可数里，横断江面，江水由北折南，激而成滩。州志云："中枯，水俱险，然稍杀于天门坎。"《水经注》云："夏断行舟。"杜诗云："瞿塘漫天虎须(恕)[怒]。"殆盛涨尤甚也。又经凤凰、鱼洞子两滩，凤凰滩不觉险，鱼洞子石梁岞崿突起，江心漩涡怒号，虽非盛涨，尚不见石，然船可从旁溜侧过，亦未若天门之震荡心目也。若农云："江滩乱石张牙欲咋人，而惊湍激浪为之缚送。"虽笑谈，实妙肖。

二十日(11月15日) 卯刻，自忠州开船。行百八十里，未刻，至万县宿。邑令仍张鹤侪。鹤侪为文定公一等补廪门生。来见，旋答拜。都司徐镲、教官陈家谟来见。

自发忠州，又经数滩，三十里，为倒脱靴滩。两岸石壁耸峭，上下错立，水自北折而西，又折而东，漩涡急溜，大水更烈。又下，则折尾滩、簸箕子、烟凑子、祥溪盘四滩为险。折尾滩亦山势回凹，石壁崭岩，类倒脱靴。簸箕、烟凑，江深浪阔，势如万马奔腾。祥溪山梁对插，层见迭出，如群猪滩形象，而江面更狭。舟从江心转旋撇避而过，舟旁漩涡怒卷，响若震霆。此滩上接烟凑子，不过里许，雪浪兼天，轻舟随而上下，幸梢工颇娴熟，捎渍撇漩，疾于一瞬。将出界，北岸孤峰突起，形直而顶方，超出万壑之上。瞥眼间船过其下，直似数十丈方石冠诸山顶，四面无路可上，而上有观宇，审视则山之左侧层楼附山，自下至上共九层。州志云："楼中有铁索、石级，游人从其中蚁旋而上。山顶有东岳庙，俯瞰江景，极壮阔。山名石宝砦，亦曰玉印山。"亟思泊舟登眺，掩卷已失所在。入万境，过湖滩，亦盛涨绝险处。【杜诗:“不是怕湖滩。”】[①]水势既落,然犹迅激北岸,石梁尽出,蜿蜒如龙,有一石长约里许,玲珑万窍,其色正黄,笏立直纹,形如钟乳。江水横冲而石纹独纵,峡石皆青而其色如蜡,且内外通明,山腰行人隔穴可见,真奇观也。州志未载。

二十一日(11月16日) 卯刻,自万启行,百八十里,午刻,至云阳泊宿。邑令仍高秀东,来见,旋答拜。

今日所经皆来时路,但来时一盛江涨,小舟逼仄,上水迟滞,今则景色顿殊矣。连日峡山皆苍茫一脉,无断续处。入万,境渐奇伟,石壁巉岩,虽万壑连延,而山自为峰,起伏益峻,两峰之间,巨壑通泉,山田村落,炊烟叠起,多于缺处见之,涨水尽落。昨夜密雨,达曙始歇,两岸更添泉韵,晴曦欲放,归云蓊然,山顶多不可见。冥濛万笏中,有一峰独红,则云开见日处也。早过徐那洞滩,峭石直插江心,四山环绕,(恕)[怒]流激而成漩,舟对石直下,将至洞心,捩舵撇过,夏秋危险可想。过此便为羊肠虎臂滩,【《水经注》:“又东径羊肠虎臂滩。”即此地,杨益州至此舟覆,故又名“使君滩”。】[②]两岸皆峭梁横亘,江面顿窄,而水深不测,其流转平,石梁之长凡十余里,两岸皆然,真有羊肠虎臂之象俗呼巴崖峡。此峡内风景尤胜,雨后奔泉,即从虎臂梁泻下,不啻数十处。连日之雨,似为此地、此景而设,真幸甚,难遇者耳。虎臂夹江对起,层岩叠嶂,皆在其外。夏秋水盛没梁,只成险滩,此妙不睹也。

二十二日(11月17日) 卯刻,自云阳解缆。行一百八十里,未刻,至夔府泊宿。文太守、叶大令来见,旋答拜。舟过安坪三十里,遇制军火牌。回得芹侄书。

早行十余里,过东洋、庙矶两滩,此为川省著名险滩,盛涨无之,中枯俱恶。云阳令劝起坎陆行十余里,余屡询舟子,皆以平水坚保无虞,遂不下船。东洋两山崱屴,江涛束起,中流漬漩,惊雷喷雪,舟人

①② 此为眉批,据上下文内容附于此。

转招架橹，行如激箭。不十里，复过庙矶，两岸山嘴环纽对插，皆峭壁巉削，江水至此，拗为数曲，其怒益甚。舟人转捩如前，亦瞥电而过。检志书，是滩南有鸡翅石横排，北有乱石堆积，两石嘴夹束，以致江窄水急，其中又有石梁一道，自南至北，横亘江心，漩折成涡，名为回水沱。北岸又有溪沟迸注入江，水石交冲，势如鼎沸，向来沉舟无算，近屡次修凿，其险稍杀。然岷江多峭石为底，凿去复生，所谓天意存倾覆，不然瞿唐、滟预不存久矣。【两滩皆列救生船只，岸上有泛房。云令备肩舆、人役于此，船人技艺颇娴，然至是亦浩呼动色。激浪吞舟，低昂眩转，御风掣电，不加疾也。此等处，使人快骇俱有。】①

巴山已去，夔峡将来，石壁渐多，山田渐少。来时山腰一线之路，亦半没于荒草，不可辨认，则行人之少，可知矣。

二十三日(11月18日) 辰刻开头。行里许，至峡关城，即瞿唐峡口。江水转而东，见夔门双崖，眼前突兀而起，万仞青苍，巉巉直削，更无寸土。滟预堆正当峡口，顶平而宽，下渐瘦削，浮水面丈许，江流拗折东向，两岸回溜，皆会于石。必从中流捩舵，船首直向此石冲去，至逼近则转招，从右侧擦过，便顺流直入峡门。余与若农船皆如此行。若农行李船迎溜过满堆，入左侧，回流急冲，横挂石角，船窗后梢一半粉碎，幸船底未破，则以此石上宽下削，仅仅让过，否则不可问矣。甫入峡门，滃然深黑，暗不见日，东风忽作，舟不敢行，乃泊于山石僻处。盖瞿唐峡三十里，只此处可暂泊，余皆千仞壁立，无系缆地。阅两时，风止，解维，天已卓午，乃半壁见日，摩天群峭，上有怪柏、丹枫横生石缝，映日弥艳。然必船头仰面，乃得见峡中水急漩多，风止稍平，两崖石色森戍奇峭，不名一状，小作謦欬，万山皆响，不徒舟人欸乃声也。曲折百转，其行倍速，转瞬已出峡。石山外耸，坡坨内环，渐有人烟村落，然其室仍附层巅。沿江红树渐多，间以绿田赭石，斜阳煊染，分外奇秀，虽尖山万笏，然比之峡中景象，已觉旷望无

① 此为眉批，据上下文内容附于此。

涯,心目交畅矣。自夔至巫滩,名甚繁,然平水无险,惟下马滩波阔(梢)[稍]壮,去巫山十五里。峡中一种阴森之气,令人可畏。波涛漩折,长年呼涌,令人可骇。至峰峰遇曲,转转增奇,勃峭盘胸,回旋眩目,又令人可快。一刹那间,七情迸露,不可名状。

是日,行百二十里。申初刻,至巫山县停泊。李诗舫大令、江都司炳文来见。夔协奎东山会哨至此,亦来见,旋答拜。县署面城,正当峡口北岸,峭壁极天,一峰独秀,李令云:"即朝云峰,为巫山十二之一。"恰当县署东南,坐厅事中可见。【夔峡三十里水急,故出峡速,巫峡百二十里水平,故出峡迟。乐府云:"巴东三峡巫峡长,猿鸣三声泪沾裳。"余谓泪沾裳不因猿鸣,只一长字,便使人欲哭,况伏涨湫涛,回天斡地时耶?】①

二十四日(11月19日)　辰刻,解缆,即向峡口放船。未入口,东风又作,乃泊于朝云峰下。【峡中行,最忌遇风,盖石壁太逼,风来则舟随漩转,一触即碎。峡中无南北风,自上而下者,西风为顺,东风逆。然危崖万曲,顺则直触,逆则回撞,总以无风为妥。此须审观风色,于未入峡时,既至其中,则无及矣。】② 至未刻,开头。行百五十里,至巴东泊宿。代理令宜昌通判武述文号华峰,云南人来见。

自入巫峡百二十里中,两岸连山,略无阙处。纯石无土,色暗如铁,崚嶒峻厉,如刀斩斧劈,千态万状,巉巉向人。江流屈曲出乎其间,更无半里直流,盘拗过甚,反平凝不动,作深绿色;石罅枫老,作深赤色。每行一曲,如堕深潭,矫首仰视,但见团团之天,四面危崖,茫无途径,黝然昏莫中随流万转,人踪尽灭,飞鸟不到,惟长年荡桨声,万壑响应而已。如是者,自未至酉,乃出峡。见西瀼口村落,夕照满山,始知日尚未堕。峡中舟行颇滞,甫出峡,江势乃纵,其流甚驶,转瞬已至巴东,三十里直一瞥耳。昔来今往,遍历巴蜀山川,如蠹钻纸,如蚁穿珠,所谓入亦复愁苦,出亦复愁苦。天险所存,使人叹绝。致

---

①②　此为眉批,据上下文内容附于此。

江远川方伯一函，交巡捕颜振源赍回。巫峡夏秋水涨，多大漩吞舟，始起如泡，渐大渐高，霎间陡起，如山行舟，遇之多随漩盘折，转至中心，四面水合而舟没矣，俗谓之插香。此患冬春无之，然每逢山曲处，仍圆涡满江，舟行至此，亦须撑架疾过。此行由陆路入川，由水程出峡，川东、川北风景土俗大致略尽，惟鹃啼猿啸两俱未闻，则以春末夏初始有之，此非其候耳。

二十五日（11 月 20 日） 辰刻，由巴东放棹，界内滩险绝少。【过石门无滩，大逊来时声势，北岸双崖对起，山腰线路，必经此门。昔先主败秭归，追兵甚急，烧铠伏堆此以当陆逊。】[①]二十五里，至牛口，入归州境。两岸石壁又逼起，掀波巨浪，下接上下巴斗两滩。船身低昂轩簸，其行如飞，转瞬已至泄滩。救生船排满山嘴，滩子如堵立岸上，巨沙峭石横起江心，从右侧激漩撇过，左岸又现石梁一道，岞崿斜插。南岸惊涛万叠，直向石梁喷送，响若崩雷，舟人皆褫衣变色，号呼推荡，压漩疾过。行数里，满江盘涡，犹不啻亿万，心摇目眩，逾刻乃定。此与新滩向称二豪，真不虚也。过泄江，势犹束缚拗（恕）［怒］，无平流。将至归城，左岸石梁嵯岈复起，右岸峭石如剑乱攒，山脚涛声大作，则黄魔庙前之叱滩也。江心向多巨漩，亦名人鲊瓮。【此处水深不测，夏多急漩吞舟，如以人作鲊，投之瓮中也。】[②]【将至归城，经流来观，南岸连山忽断，中涌一洲，上有祠宇。旧传西蜀有佛一尊，流来至此。建祠后，江流顿平，新滩遂盛。观并不高，然盛涨亦不能没。四围草木蔚秀，水盛则如孤岛浮江，亦此地之金山也。】[③]虽时值水杀，船身至此尚顺溜，一转奔流箭激，不能近城泊舟，竟越州城，过蚂蝗滩、屈公沱，三间祠在焉。直至对岸归州故城。金盘碛间，急流始杀，乃得傍岸维舟，去城已十余里矣。奎牧不在城，有办差人至，送州志一部。时甫卓午，然逆风甚厉，不能再行。船窗坐憩，见上水估船，风正帆饱，然逾刻进不能以寸，则水势之湍迅可想。计明晨

---

①②③ 此为眉批，据上下文内容附于此。

当入归峡至新滩,更不审若何奇变耳。

二十六日(11月21日)　卯刻,开船。行二百八十里,酉刻,至宜昌泊宿。聂陶斋太守、代理东湖令骆维彬、号璘士,花县相国令侄。李菱舫同年皆来见。

自金盘碛十余里,过白狗峡,在南岸,石多白色。又数里,至香溪口。【香溪为归之盛区,旧传明妃浣妆于此。】①铁铸双崖,摩空对起,洞然深黑,与瞿唐峡口无异,即兵书峡也,归之峡至此始奇。石山耸黑,高插青冥,更无侧坡寸土,罡风懔烈,砭人肌骨。三十里,至新滩本名青滩,正在峡中,铁崖外束,峭石下攒,急流中喷,向为著名极险,与泄滩并。幸际平水,恰好时谚云:"有泄无青,有青无泄。"盖青为枯水最险,此时中水,大不至没漩,浅不至触石。又到滩时,逆风顿息,舟子欢呼,刺船直下,洪涛涌送,飘瞥如电,弹指三滩新滩分头二三俱过。又下马肝峡、棺木峡、空舲峡,皆森森峭壁,遮天蔽日,出空舲口,紧接三珠石。【峡口三珠石最险,来往者必空其舲,故曰空舲。】②石梁三道,横遏江面,岸北复多乱石堆积,舟从中过,必随石数折,不可尺寸误。又十余里,过獭洞滩,两岸及江心皆峥嵘乱石,长十余里。或隐或现,涡漩极多。舟人至此,狂呼疾趁,其撇避用力,数倍新滩。此亦如医家用药,一误则牛溲、马勃皆足死人,不独鹤顶、霜砒也。自出空舲峡,江势渐拓,北岸一带,黄山迤逦,石为骨,土为衣,连延环亘,其外尚有石山围裹,与南岸青苍对插。舟至此,作大转圜。【将至南津关,过天柱山,形如仙掌,壁立万仞,奇峭甲於归峡诸峰。】③黄陵庙正对此山,红叶万株,匀排山面,朝曦晃映,如新霜乍染。过此,则黄牛峡石壁又起,其长凡四十余里,直至南津关,而峡山尽矣。意黄陵、黄牛皆名黄,即在黄山环抱处,或因土色得名,不可知。盖瞿唐为上峡,巫山百二十里为中峡,自白狗至黄牛为下峡,又名西陵,亦云归峡。皆青色石,无黄色土。今一山独黄,亦峡中变相,故取以命名耳。【杜

---

①②③　此为眉批,据上下文内容附于此。

诗“黄牛峡静滩声转”，盖水险至黄牛而平。又自西南大转东北，凡二十余里，皆黄山逶迤处也。古谚云：“朝发黄牛，莫宿黄牛，朝朝叶叶，黄牛为故。”亦谓山长水曲耳。】[①]出南津关，即下峡门，亦双崖屹立，束峡如门，非关隘名也。豁然开朗，可为左右顾。晴光远野，江村如画，入峡七百里，困闷危栗为之一扫。如是十余里，沿江雉堞连云，帆樯林立，负郭晚炊尽起，烟霭空濛，则夷陵城矣。当舟至黄陵庙，长年皆罗拜志喜，云：“自巴渝至此，险濑尽过矣。”闻此语如读鸡竿赦书，回思连日所经，真一场噩梦也。

二十七日(11 月 22 日) 卯刻，乘肩舆入城，答拜聂、李、骆三君。巳刻，回船。未刻，开行。因此去江陵皆平水，篙工至此全换，耽延半日。开船后，逆风又作，暂泊江干。申刻后风息，复行二十余里，泊于去宜昌三十里俗名白沙脑岸侧。

竟日江波浩淼，帆影夷犹，即棹歌声亦曼缓以长，非复喧豗噍杀。三杯软饱，可以伏案作书，恍觉械杻初开，身轻如叶，坡老云：“只影自怜，命寄江湖之上；惊魂未定，梦游缧绁之中。”真过来人甘苦语。回忆庚申岁杪，辞亲远戍，山行遇雪，羁泊荒村，薄酒自浇，曾泣诵此数语。今虽境遇不同，而其为远游一也。痛定思痛，不觉泫然。

午泊后，至江岸高阜上，回望西南，峡山苍莽，空舲口双峰隐约可见，江流顿阔，斜阳无际，田园村落皆位置妥帖，在人意中矣。昨见天柱山尖有茅屋两间，微闻犬吠，细审其上下两旁，石壁岩岩，直如堵，平如镜，初不知其何由登降。间有山田一二亩，在悬崖千仞上。崖壁立，田亦壁立，远若观画，亦不知其何从耕获。盖自川东、川北一线，官道外，无寸土不植；山颠水崖，无尺地不庐。利尽人满，亦隐忧也。

鲍春霆提军遣人持帖来候，因已开船，不及往还。盖回川养病，由夷陵溯江而上，在此停泊。

二十八日(11 月 23 日) 寅刻，月上，舟人解缆，余卧未起。比

---

① 此为眉批，据上下文内容附于此。

晓,行四十里。起凭船窗,两岸皆空阔无际,远岸水烟,横亘如带,朝曦渐放,烟乃渐低,平流无风,澄江如练。巳初刻,至宜都,计行六十里。因船户赴县领价,暂泊城之北岸。宜都令张景星号仰垣,湖南人。偕典史、教谕来见。午后,复行六十里,过枝江未泊。【枝江去宜都、松滋各四十五里,居两界之间。】[①]至茅家坝,日已西落,乃宿于村口,去松滋尚三十里。闻张令云钟雨臣已于昨夕住松滋,今日未遇。清江自利川东来,至宜都城东北,与大江合。今午泊舟,正当两水会合处,清江深绿,岷江深黄,两江划如刀截,虽暂为桡桨所乱,移时复判为二色,水既合而色仍分,且界画斩齐,殊不可解。午后,为若农书赏联十副。

二十九日(11月24日) 自丑正北风大作,彻晓未息,不能开船。浊浪排空,雾气四塞,巳刻始见日。午刻,风稍缓,解缆至松滋县对岸之董市泊,地属枝江,然是松滋人在此办差。松滋令吕名缙云,阁中书。遣人持帖来,因风色不顺,舟人领价后,已及晡时,遂宿于此。张春陔侍御便服来晤,始知其家即在此,旋与若农步行上岸答拜。

三十日(11月25日) 寅刻,风止。开行六十里。午刻,风又作。渝城官船舱高,入水甚浅,峡行、滩行皆宜。出峡后,江阔风壮,非所便也。自午后,竟日泊荒岸,下问渔人,去江陵尚八十余里。逆风吹浪,江豚出没,闷倚船窗,见溯流西上之船,皆拽满帆,连樯并进,鹢首浪花雪卷,其疾如驶,不觉有“肥马当风、蹇驴避路”之感。是日晴,景甚好,远岸江村如画,然愁思看春,无异荜门穷巷中风雪昼晦也。

十一月初一日(11月26日) 丑刻,风止,饬船户乘夜开头。曙后,泊玉龙口,去江陵二里,沙市尚在下游十数里,向由江陵登陆者,皆泊玉龙口也。甫泊岸,东北风大作,竟日不息,巨浪接天,脱夜间不开船,又须守风一日矣。午后,江陵令吕芝岩来见,自东湖调帘,八月到

① 此为眉批,据上下文内容附于此。

新任。荆州太守荣光来见。

初二日(11月27日) 辰刻,入城。答府县,兼拜恭振夔观察,皆晤谈。回西关外行馆,与若农同阅湖北本科闱墨。振夔来谈并送酒席。吕令有一夏姓家人,颇能事。前自东湖入川,夫马皆其经理,甚妥速,此次仍令办差。

初三日(11月28日) 辰刻,由陆路启程,行五十五里,至四方铺地方。属荆门州。【荆门人来办差。】[1]办差人未到,自备饭食。饭毕,又行三十五里,至建阳驿住宿。巡检徐焕章迎候并来见。

初四日(11月29日) 由建阳起程,行四十五里,至檀林铺早饭。复行四十五里,日落至荆门,仍在旧馆,恩牺之[2]来谈。晚饭后,署襄阳道唐时雍名协和,湖南人。查灾至此,亦来见。

初五日(11月30日) 卯刻,自荆门起程,行六十里。未刻,至石桥驿早饭仍荆门备。复行六十里,丽阳驿宿。自荆门起程,皆来时路矣,行馆及办差人役率皆旧识。

初六日(12月1日) 卯刻,自丽阳起程,行四十五里。过河,至新店早饭,自备。又行四十五里,至宜城县,仍宿书院,谢令来见。温味秋昨由水路至此停泊,一夕相候,今晨开船,可谓失之交臂矣。

初七日(12月2日) 卯刻,自宜城启行。三十里,至小河早饭,谢令遣人预备。又六十里,渡汉水,至樊城宿。连升店。来时过襄阳未入城,此次穿城过,入南门,出北门上船。八月初,汉水盛涨,城不没者三板,天门、钟祥各县被灾极重。

初八日(12月3日) 住樊城,遣人雇车。辰刻,往拜杨子鹤学使,晤谭良久,知其在滦城遇贼,换马疾驰得免,坐轿被毁,车夫被戕。留滦城数日,刘制军拨勇获送,过漳河入豫境,乃无警。此去亦拟索兵勇随行,但不知制军仍驻赵州否,需至彰德再探询耳。太守恩联、

---

① 此为眉批,据上下文内容附于此。

② 初四日(8月3日)记作"恩燨之"。

襄阳令陈光第号礼门,光州人先后来见。张蓉江来见。早答蓉江拜。申刻,偕若农渡江答拜府县。晚,徐世兄德菡,稼生师子,以从九需次襄阳。来晤,知稼生师于去冬归道山。世兄号养吾,行三,家眷在此,葬亲后,秋七月来。夜作家书,托程令由六百里速递。王桂山来,拨行馆旁舍与居,明日同行。

初九日(12月4日) 行李、车辆办齐。午刻,饭毕启行,六十里,至吕堰驿宿。自江陵登陆,始闻土气息,今日乃睹车辙,大有昌黎见蝎之喜。

初十日(12月5日) 辰刻,自吕堰起程。【过吕堰二十五里,入河南界。是日,过白河,水落,宽不过二丈。】①四十里,至新店驿。稍憩,复行三十里。未正后,至新野南关宿,因楚豫交界日前有劫案,不宜夜行,新野距瓦店驿尚六十,故宿于此。前日闻襄城县民变,今日消息乃确。盖因团首互斗伤人,县官处置,众未允服,遂至围城。南阳文武带兵前往,省中调兵未到。闻该团现有千余人窜出南境劫掠。其村名辛店,正当孔道,家属尚各在村。果尔即夏日积潦甚宽,曾用村人数十首戴肩舆而过者,曹升堕水,为村人救取得生,即其处也。向时一呼而至,皆奉公慕义之民,今皆变而为匪,可哀也哉!

十一日(12月6日) 辰刻,自新野启程。六十里,至瓦店宿。南阳令任恺遣人迎候,并备行馆。

十二日(12月7日) 卯刻,自瓦店启行。六十里,至里河店早饭。饭毕,复行三十里,至新店宿。夏日曾在此一茶,今日两飧,皆南阳备。是日,阴,东北甚厉。灯后,雨作。来时住南阳府,需两渡白河,今由府东至里河店,近十里,不渡河。

十三日(12月8日) 卯刻,启行。三十里,至博望早饭,仍南阳备饭。后行六十里,至裕州,仍寓东门外之新街。是日,轿夫甚劣,灯后始到。沈牧来见,托带寄芍亭信一封。见河南闱墨。沈牧云:辛店

---

① 此为眉批,据上下文内容附于此。

匪徒为归德镇兵击败，擒斩数十人，余四散。官道已通，前行无阻。沿途询北来人，所言略同。

十四日(12月9日) 卯刻，自裕州启行，六十里，至保安驿。叶县系代理令，不遣人办差，饭食自备。复行三十里，至旧县宿，亦自备。楚豫交界，南北千余里间，秋霖不止，几及三月，今已仲冬，而道途泥水仍未尽涸，车轿皆须绕道行，胶泥结块，间以山泉冲下碎石，棘涩难行，连日皆然，裕界尤甚，赖舆夫轻矫，尚不觉苦。

十五日(12月10日) 卯刻，自旧县启行。三十里，至叶县早饭。代理令温立斋名德懋，正定人，军功。来见，云：辛店首匪程八败退入山，归德崔镇带兵向西追捕，连日擒其党羽不少。【南阳镇军、太守皆驻此未回。】[①]饭毕，复行六十里。灯后，至襄城南关宿。襄城令罗俊因办理不善，撤任，夫马仍其支应，遣人持帖来。新令高敬爔今日到，未接篆，亦遣人通候。申刻，过辛店正道，仍多积水，村人寥落。其匪徒眷属已移入山，有一把总驻此，安辑居人。晚寓南关，仍来时早饭所。前数日，程逆率众来此，焚掠烧痕具在，荒落不堪。罗令已五日京兆，不为在城设行馆，关厢并无碉砦围护，与露宿不殊。来程去驿，险阻备尝。江陵登陆以来，心神为之一放，惟自丽阳驿以北，多经兵火，村居率余半堵炖台倾毁，砖石塞涂，又本年旱潦不时，麦苗枯澹无色，夏日尚绕野绿，今弥望黄茅白苇矣。不数日，即闻滦城之事，继以襄城寇警日近一日，沿途逢人必问。旷野中闻疾呼声，或一马横驰，即怦怦然以为贼至，中怀彳亍，不啻重过蛇倒退之惊崖、人鲊瓮之险濑也。盖自盛夏至今，无论何地何时，常有块然一物横塞于胸，往过来续，摆之不脱，此其故，不尽由于性褊薄福，人故应如是耳。

十六日(12月11日) 卯刻，自襄城启行，四十五里，至颍桥，早饭襄城备。复行五十里，日未落，至石固驿宿。邑令仍钟筱堂，遣人供具。是日，过汝、颍二水，皆有桥，汝系石桥，水落乃见，颍则土木叠

---

① 此为眉批，据上下文内容附于此。

架者。凡来时所过细水,大率皆有桥,不复用舟,故略而不载。今日道途平坦,舆人亦健捷。

十七日(12月12日) 卯刻,自石固驿启行六十里。【将至新郑,复渡洧水,仍用舟,因桥未成也。】[①]未刻,至新郑县东关早饭,署令何其杰号仲容,济南人,军功。来见。饭毕,复行四十里,灯后至郭店宿,仍来时旧馆。石固轿夫极劣,新郑轿夫极健,皆二十余少年。何令云:今日得探信,直境枭匪窜至临清,直境驿路可通。

十八日(12月13日) 卯刻,自新郑起程,五十里,至郑州,州牧陈秋圃遣人供具早饭。复行四十里,至荥泽县北关宿,县令张瑛遣人供具。此地生植以枣树为大宗,前记所云树木阴翳者,皆此物也。曩时支木板及没肩过之水,今皆有桥。旧仆陈升自汴梁来郑州候见。虎儿随味秋过此,与渠言京寓近事甚悉。晚,随至荥泽,附与荐书一函,致卞颂臣。陈升言:直匪至东昌,降而复叛,又窜定兴矣。

十九日(12月14日) 卯刻,自荥泽起程,行二十里,渡黄河。复二十里,至王禄店,早饭自备。饭后,又行二十五里,至亢村驿住宿。河水既落,沙洲横亘,自南岸至北岸,须屈曲环洲而渡。将近岸,西风忽然大作,沿堤纤行数里,通计约行十余里。渡河后,西风大作,续来之船皆不得渡。从王禄店起行,风更厉,黄沙涨天,如行朔漠。至亢村驿,乃渐息,时当申末。邑令仍郑莲舫,遣人供具,名朱升,亦旧仆,济宁人。

二十日(12月15日) 卯初刻,起程。行六十里,至新乡县东关早饭,邑令李向宸遣人供给。饭毕,复行五十里。申正,至卫辉府西关宿,仍旧馆府县。二杨复来见,旋入城答拜。候补府王珠炳行二。因差至此,亦来见。连日轿夫皆健,自新乡至此,尤好。午刻,有风,不似昨日之甚。汲令送京报来阅。

二十一日(12月16日) 卯初刻,自卫辉府启行。五十里,淇县

---

① 此为眉批,据上下文内容附于此。

早饭。淇令仍郑晓塘，遣人供具。又六十里，至宜沟驿宿。自淇至宜沟六十里中，驿路近山，多石子。中渡山溪一道，有石桥，桥下水势颇湍激。连日气候甚暖，凌晨有冰，向午即散。汤阴令仍双林，遣人供给。

二十二日(12月17日) 卯初刻，自宜沟启行。日出，至岳庙一茶。七十里，至彰德府城行馆早饭。府县庆、瑞两君遣人迎候，瑞令旋到行馆。饭毕，答拜府县，因时已未末，但投刺即行。又三十五里，至丰乐镇宿，未上灯。沿途探问北来车子，云：贼在文安一带。

二十三日(12月18日) 卯刻，启行。三十五里，至磁州城内行馆早饭。牧仍玉简[①]，遣人供给。饭毕，复行七十里，至邯郸南关住宿，邑令仍侯国藩。杜村铺以南，夹道陂渠，隆冬不涸。【出镇即渡漳河。夏只一渡，河面不过数武。今凡径陟五六次，港汊甚多，值水枯之时，且此地秋雨并不多，不可解。】[②]是日，舆人亦捷。到邯郸，日未落。

二十四日(12月19日) 卯刻，自邯郸启行。五十里，至临洺关，早饭。永年令仍王子范。饭毕，又七十里。日落，至顺德府南关宿。太守仍任筱园，邑令则赵映春，号兰亭，云南永昌人，乙卯举人，壬戌大挑。均遣人来候。筱园太守旋来晤谈，枭匪情形甚悉，据探报：自余镇败贼于定州，遂东窜河间、交河一带，渡运河而东，近日无确信。

二十五日(12月20日) 卯初刻，自顺德府启程，至府署投刺答拜。午初刻，行六十里，至内丘县早饭，县令仍赵文波，遣人供给。又行六十里，瞑时，到柏乡县，【内邱、柏乡两界中有临城地十里。】[③]邱镜山同年遣人供给，店在南关，湫隘殊甚。灯后，镜山来谈，更余而去。

---

① 六月十五日(7月16日)所记为王简。

② 此为眉批，据上下文内容附于此。

③ 此为眉批，据上下文内容附于此。

二十六日(12 月 21 日)　卯刻,答拜镜山。自柏乡启程,六十里,至赵州桥早饭。州牧仍刘子玉,遣人供具,复派勇百名护送至界。又四十五里,至滦城南关宿,署令灵沛满洲人。遣人供应。连日探询贼踪,有云在天津属者,有云在献县交河者,有云已渡运河者。总之,各县皆无确探,言人人殊。大约二十日前后在省之东北一带,西南郡县皆恃省抄,所言皆十日前事,不能确知所在也。

二十七日(12 月 22 日)　卯刻,自滦城启行。八十三里,未刻,到正定府城,宿荣泰店。府、县均遣人迎候,仍秋浦、心慈。自滦城至此,官道六十里,滦城四十里,正定二十里,而两界中有获鹿二十三里,实八十三里也。【前记云实百里,误。】[①]午初,到正定二十里铺,早饭自备,过罅沱,有桥。心慈以事出城,未晤。假省信阅看,贼至盐山,穿城过,典史被戕。二十六日,又有西窜河间、吴桥之信。觅县役一人,限其四日到京送信,家信外,致伯寅一札,托其转致崇文门监督上税从速。呼法帖店人来行馆,购得清河颂三分。白石神君碑阴向少拓本,询乔匠,在元氏县学署书室,碑阴一面,纸糊作墙,非致书广文不可得,因留一札与心慈,乞其函致元氏广文,借拓数分,并元氏汉碑全分,由乔匠拓就,统交心慈寄京。

二十八日(12 月 23 日)　卯刻,由正定起行。四十五里,至伏城驿早饭。复行四十五里,申初刻,至新乐东关宿。邑令吴士铨号蘅轩,行一,奉天庚子副车。遣人供具,据称贼在衡水东南。

二十九日(12 月 24 日)　卯刻,从新乐启行。五十里,到定州,州牧仍汪鸣和,遣人备早饭。饭毕,复行六十里,至望都南关宿,代理令吴士郊镇江人。遣人供给。是日,巳刻憩明月店,晡时憩清风店。明月店距定州二十五里,清风店距定州三十里,过清风至望都三十里较大。连日轿夫皆捷,到宿站,日未落。自江陵起程,至此皆晴,中惟南阳夜雨一次。今早浓阴,有雪意,北风颇峭。过午,云渐薄,阴晴相

---

① 此为眉批,据上下文内容附于此。

半。此处探信云：贼在文霸一带。贼之踪迹，旬日以来皆无的信，然皆不外二三百里。贼行甚速，日可二三百里，中道每闻人声、马嘶，与从皆右顾，盖恐其从东方突至也。贼一人必兼数骑，疲则易之，而沿途送差归来之马夫，亦一人兼领数骑。余与若农之来，适后常润伯一日，故日日必有送润伯之马迎面突来，不辨其为官为私也，此真事后笑柄。

三十日（12 月 25 日） 由望都起程。行三十里，至方顺桥，满城令遣人备早饭。饭毕，复行六十里，申刻，至保定府西关宿。署督官秀峰相国、钟石帆方伯、张振轩廉访[①]、费少亭观察、恩云峰太守、何峻生大令均遣人迎候，到行馆遣人持帖答候。入城拜峻生同年，晤谈。归寓，峻生复来谈。借阅邸抄至十一月。是日，阴，保阳一带十九日得雪三寸。与若农拟定复命奏稿，乞若农书之。稿附左。

四川正考官臣孙毓汶、副考官臣李文田跪奏，为恭覆恩命事。窃臣等奉命典四川省乡试，于八月初四日到省。应试士子一万三千有奇，按额取中一百九十六名，于九月十二日揭晓。旋由四川省城启程，十二月初四日到京，理合趁赴宫门，恭覆恩命，伏乞云云。同治六年十二月初五日（1867 年 12 月 30 日）

十二月初一日（12 月 26 日） 卯刻，由保定起程。行五十里，至安肃南关早饭。邑令程小韩遣人供具，并索闱墨，盖程令四川垫江人也。饭毕，又行六十里，天已昏黑，因宿于北河村店，去定兴十里，实十五里。自保阳至京师，皆得雪，地气阴润。今日昨日皆浓阴无风，不寒，雪泽消释，官道融滑，舆人多取田间路，故行较缓。

初二日（12 月 27 日） 卯刻，从北河起程。十里，至定兴书院。稍憩，换夫马，复行二十五里，至高碑店，早饭自备。饭后，又行四十里，日未落，到涿州行馆，在南关，非前寓。州牧汪镕字子陶。遣人供应。自晓及莫，西北风甚厉，宿阴尽扫。

---

① 六月初七（7 月 8 日）记为“张廉访振声”。

初三日(12 月 28 日)　卯刻,自涿州起程。行四十五里,至窦店,早饭自备。饭毕,复二十五里,至良乡,孙福迎候于此。换夫马。又二十五里,至长新店住宿。

初四日(12 月 29 日)　卯刻,起程。行四十五里,入彰仪门,至际会堂早饭,即宿于此。办请安折三分。

初五日(12 月 30 日)　丑初刻,入内,递覆命折。巳刻,回寓。

使闽日记

同治九年(1870)十一月至十一年(1872)三月

同治九年(1870)庚午冬十二月

自十一月二十四日(1870 年 1 月 14 日) 蒙恩授福建学政,戒行酬(醋)[酢],日日鲜暇,不得为日记,记始于启行日。

廿六日(1870 年 2 月 15 日) 寅正二刻,贵登天门,奉吴太夫人率眷属启程。时天未曙,至增寿寺少憩,甥黄小琴、妻弟汪剑星过寺候送。辰刻,自寺起身。午初二刻,行四十五里,至长新店早饭。饭毕,行廿五里,至良乡县住宿,县令王尔琨【字松潭,广西进士】①遣人持帖来。是日,晴。午后,西南风起,寒甚。

廿七日(2 月 16 日) 辰刻,启行。廿五里,至窦店早饭。又四十五里,至涿州南关行馆宿。州牧为同乡郝君联薇【字近垣,军功,栖霞郝兰皋先生后】②,遣人送家集十种。轿夫回京。寄楫侄一纸。晴,无风。

廿八日(2 月 17 日) 辰初,启行。三十里,至涿属之三家店,早饭仍自备。又三十里,未正,至新城县北关宿,署令吴君骏昌【字怡亭,长沙甲子举人】③来见,旋答拜。新城本瘠区,以岁除明日,街市亦颇喧哄。两日,店铺多止卖。过岁,早饭毕,遣邹成先赴白沟,豫定来日午炊处。晴,午后微有北风。晚,寒甚。

廿九日(2 月 18 日) 辰初刻,启行。三十里,至白沟早饭,店已

---

①②③ 此为眉批,据上下文内容附于此。

止卖,邹和先宿于此,令开炉备饼菜。饭毕,又行四十里,至雄县南关北大兴店宿。县令刘君松岭遣人备行馆,并自迎候。予穿城行路过县署,先往谢步,并送京食物数色。刘君【号青峰,行一】①,济阳人,颇笃乡谊,来行馆谈,并留元旦停车一日馈岁,一切周密之至。余行役重赘,使地主于岁朝元夕频烦酬酢,殊抱歉怀。雄视新城,尤瘠苦。傍晚【至三漏】② 尚无爆竹声,黎明少盛。晴,东北风甚大,南行尚不甚苦。

辛未元日(2 月 19 日) 将曙,赴县答拜贺年,与青峰谈数刻,归行馆后,青峰复来晤。青峰,己亥举人,庚子进士,于同乡为老宿矣。城内比户皆设灯竿,用绳过街穿挂方灯。余赴县衙,天已曙,灯息而绳横牵如故,肩舆须俯出绳下。午后,稍憩卧。旋为青峰书扇对,并寄荫堂一画,由县递去。以明晨将发任邱,仍豫遣邹和夜先行。元辰,晴,景尤好,竟日无风,丰乐景象也。

初二日(2 月 20 日) 辰刻,启行,青峰候送于关外。三十里,至郑州,觅村店小憩。复行四十里,至任邱西关宿。晴暖无风。晨过十二桥,西淀野水全冻,忽闻有声若雷,隆隆不已,则冰坼堕水声也。冉秋崖兄来行馆,明日同行。秋崖,名维锦,高阳选拔,与陈星垣仪部同年。【予用】③ 星垣荐,聘请襄校。秋崖先数日回高阳度岁。高阳去任邱三十里,出京时约于此会宿,秋崖见赠一律,旋次均答之。

初三日(2 月 21 日) 【任邱令马河畚遣人备行馆,而办差疲玩。寅刻催夫马,至日高,未集。】④辰正二刻,启行。五十里,至河间二十里铺早饭。县令王福谦,号纶阶,湖北人,遣人供给。又行二十里,至县西关行馆宿。连日以度岁,饭宿不便,未能按栈,明日拟百里,宿富庄驿,今夕豫令办差人夜集夫马。秋崖又以长句见答,复次韵酬之。

初四日(2 月 22 日) 卯正,启行。三十里,至商家林一茶,献县

①②③ 此为夹批。

④ 此为眉批,据上下文内容附于此。

令陆时言【陆号绶生，行六，吴县人。与潘汪为戚属。】①遣人备。又三十里，至献县早饭。陆令赴泽供应夫马，一切颇周备。其夫人遣人送水礼数色，却之。汪玉森同年岳家陆氏，疑与为姻亚也。饭毕，复行四十里，至富庄驿宿，行馆颇轩敞。是日，晴，微风，午后甚暖。直字营兵弁沿途有迎迓者。富庄驿属交河，邑令倪昌燮，字理卿，行一，【浙江人，】②军功，知州代理，遣人供应。连日新正，又值晴暖。村村粥鼓，户户桃符，黄尘眯目中，顿易一番景象。在燕赵行役，人尤不易觏耳。

初五日(2 月 23 日) 卯正，启行。四十里，至阜城县南关早饭，县令沈廷樾【江西人，望山，行一】③供备。又行五十里，至景州宿。将至城北，绕城积水向暖冰薄，肩舆踏冰而过，幸未倾陷。知州蒋志鸿【江西人，绥卿，行三】④遣人备行馆。封续古先一日来阜城，相待同行。

初六日(2 月 24 日) 辰初刻，启行。四十里，至刘智庙少息。【入山东界。过运河便是德州西门，有浮桥。】⑤又二十里，至德州南关宿，粮道周福陔前辈遣人迎候，旋自来行馆晤谈。东昌同知周翼亭亦因事过此，余答拜观察，遂往晤翼亭。少刻，翌亭⑥复来见。向晚与秋崖、续古谈甚畅，并同饭。寄楫侄数纸，托福(垓)[陔]递京。晴暖如昨日。

初七日(2 月 25 日) 卯正，启行。三十里，至黄河岸一茶。又行二十里，至曲录店早饭，平原令朱君镕【陶庵，行二】⑦遣人备。都司龙得胜整队出迎，【游击李君亦派弁出迎。】⑧盖直东近年间有土匪，两省督抚派队巡哨，沿途皆有营兵护送。饭毕，又三十里，小憩。平原县东关换夫马，再行至廿里铺住宿，仍朱令遣人供应。

晴暖甚。午前，行黄河岸，大风扬尘，如行沙漠。回思辛酉夏四

①②③④⑤⑦⑧ 此为眉批，据上下文内容附于此。

⑥ 据上下文，此处“翌亭”应为“翼亭”。

月免成还京,曾于此地遇黑风,尤猛烈。初起昏黑,如磐来泛天末,围圆不啻数千百丈。其时(豪)[毫]无风色,不知是何怪异,渐起渐大,顿遮天日,黑色易而深赤,风狂沙猛,车不得行。是日,本拟宿黄河岸,因风变,止于曲录。次早,至黄河岸,则有盗匪数百宿于此,天曙乃去。设非风止不得行,必与贼遇,不可谓非幸也。今忽已十年,重过此境,慨念往事,真一场噩梦矣。

初八日(2月26日) 卯正一刻,启行。二十五里,至李家寨小憩。又廿五里,至禹城桥早饭,【换夫马,】①县令谢烜【字木村,广东人】②遣人备。又行五十里,至晏成驿宿,地属齐河,无办差人至。【庞宝生前辈令郎公车北上,遇于此,托寄翌新一信。】③遣邹和今夕先往齐河县知照,明晨到彼换夫马,并集船渡黄。晴,西南风。入禹城界,丐食妇人、稚子极多,皆黄流泛溢,秋田被灾,襁负号呼,不绝于路。

初九日(2月27日) 卯刻,启行。廿五里,至齐河城内少憩,邑令宋作宾来见,旋于河岸候送。晴明无风,渡河甚顺。又廿五里,至杜家庙早饭,【自备。】④又卅五里,至长城【固山】⑤换马。再行十五里,至张夏宿,地属长清,邑令张锡纶【念黻,行三,安肃人】⑥遣人备行馆。而差人狡猾特甚,不发夫价,喧腾终夜,屡思避匿,余虑夫役中途逃散,因令随行发饭钱。【樟侄与彦翁于此迎候,畅谈一夕。】⑦次日起身,已天曙矣。过杜村。至潘村以后,便入山路,石子荦确,车不易行。

初十日(2月28日) 辰刻,启行。四十里,至万德镇一茶。又廿里,至垫台早饭。又卅里,至长城换马。又廿里,至泰安府宿,锡二泉太守惠何、松亭明府毓福来见,旋答拜。【松亭,癸未世兄,壬子与

---

①④⑤ 此为夹批。

②③⑥⑦ 此为眉批,据上下文内容附于此。

楫侄同年。】[①]张云巢表兄、东乡七兄、枋侄、棠侄、何峻亭、族侄成栋，均到此数日候见。【芹侄亦至，来日同行。】[②]彦翁、樟侄又同行到店，崔子万均因捐局事至此，亦来见，【时正答府县拜，】[③]未晤。林樾亭【毛寄云堉，名元荫】[④]、刘鼎臣【恩鸿，莱芜训导，会试进京过此】[⑤]均来见。灯初，到行馆，【应接不暇，】[⑥]至寅初刻，少憩即起。余以辛酉遣戍，至泰山下，未获登览，今简书匆促，又乖夙愿，始信眼福之不易也。候余诸亲族，皆于前一日至日观峰宿，同观日出，听其竞谈，尤觉神王。是日，山行多碎石。

十一日(3月1日) 辰初刻，启行。四十五里，至崔家店早饭。又行六十五里，日入，至羊留店宿，地属新泰，邑令李溱【鉴堂，行一】[⑦]遣人供应。晴，早，过汶河，见徂徕晓雾笼山，不甚可辨，其下殆有隐君子乎？是日，多巨石。晡时，过官高岭，【又名鹳雀，】[⑧]坡陀登降，凡十余里。

十二日(3月2日) 辰初刻，启行。六十里，至新泰城西南关早饭。又行十八里，未正，至敖阳宿。将至新泰，见北面有大山横亘，势与徂徕相埒。邑令李洊塘来见，云即新甫山也。李令，宝坻人，乙丑进士。同年陈印川为此邑训导，偕李令来晤，余答拜后，并同送于郊外。印川别已十年，须发皓然矣。新泰城东有山，尖峰特起，即敖山。故今日宿处，名敖阳。连日入山皆坡陀，上下山石荦角，惟今日沙路平衍，故到行馆颇速。地仍属新泰，皆李令遣人供给。早，遇沂州太守豫东屏【名豫山】[⑨]于路，盖调署首府过此。

十三日(3月3日) 卯刻，启行。四十五里，至蒙阴西关行馆，早饭。又行六十五里，日入，至垛庄宿。蒙阴署令彭嵘【号九峰】[⑩]，沛县人，谒见迎送。垛庄属沂水，邑令韩溶【春溪，行一，安州人】[⑪]遣

---

①②⑦⑧ 此为眉批，据上下文内容附于此。

③④⑤⑥⑨⑩ 此为夹批。

⑪ 此为夹批。

人备食。【晨登一平岭,四面峰峦层叠,中围圆近十里,晓日萦红,林烟横素,颇饶景色。】[1]蒙山东西绵亘三百余里,《诗》"遂荒大东"[2],不虚也。昨晡时便见西蒙山脚,今晨至,算行百余里,皆在山阴,积雪横空,峰棱刻露,其巉岩峻削,与徂徕、新甫大异。土人云:山阴积雪,经暑不消。晴光晃耀,洼隆尽显,焕若铺霜。余谓:"岱岳尊严,若方镇、徂徕,温厚若儒者;蒙之圭棱峭洁,则法家酷吏之俦也。"蒙阴夫役,皆为沂守豫东屏用去,今日皆以乡夫充役,终日杌桯肩舆中,骨力疲茶已极。今日道涂亦平衍,虽数经坡陀,绝无险峻处。自平原至此,烧香登岱者,络绎相属。

十四日(3月4日) 卯正二刻,启行。四十五里,至青驼寺早饭,兰山令王其慎【敬齐,行二,宝坻人,辛亥己未】[3]遣人供给。又行四十五里,至半城宿,地亦属兰山。石路以今日尽,连日翻车折轴,不一而足,幸未伤人耳。

十五日(3月5日) 卯刻,启行。四十五里,至沂州府南关行馆早饭,王敬齐迎候并来见。换夫马,又行四十五里,过沂水,有桥。至李家庄行馆宿,仍属兰山。早到沂府城北,过沂水,亦有桥。节届上元,乡人入城者,肩摩毂击。土人演会高跷、百戏,扮诸关玩,乡城人喧哄随之,车马阗塞不能行。其女装者,沙尘和粉,灰白可关。郡人观之,似以为天下之至乐矣。早晴,午后阴。自起身至此,日日皆晴,近更和暖,今日似有雨意。兰山夫役年壮气遒,脚力轻趫,与涿郡相埒。两日为蒙阴夫掀簸,骨节痛楚,今日如就舟船之逸。将至李庄,沿沂岸行,河滩多碎石,激水如泉,其声清越。又田苗青葱弥目,较直境之枯壤荒沙,求滴水之润、径寸之绿而不可得者,顿有霄壤之别。【早过沂水而南,至府城。晚过沂水而东,至李家庄。一水两渡,土人

①③ 此为眉批,据上下文内容附于此。

② 见《诗经·鲁颂·閟宫》。

多不悉其名。】[①]

十六日(3月6日) 卯初刻,启行。六十五里,至郯城北十里铺行馆,早饭。邑令韩光鼎【号俊伯,行一,浙江秀才。】[②]迎见于城东之孝妇祠。又行四十五里,至红花埠宿,此地北属郯城,南属宿迁,仍韩令供应。早,浓阴。午后,北风大作,云散天晴。将至十里铺,遇琉球贡使北上,车两甚多。去红花埠十余里,连过两堤岸,见沭水。南雁成行,舞风北乡。

十七日(3月7日) 卯初,启行,【入江南界。】[③]六十里,至峒峿司行馆早饭。地属宿迁,邑令李德溥【号湘圃,彰德人。】[④]遣人供应。又行六十里,至顺河集宿,早沿沭河西岸行,午后过马陵山,陂陀平衍,将到宿栈,又沿运河东岸行。顺河集去宿迁城仅二里许,中隔运河,对渡即是。晴,早寒甚。沙田霜满,映日如雪。路遇公车渐多,顺河行店多为占宿,行馆湫隘已极。余所居,秫为壁,门户皆破坏,屋隅悉露,天光、冷风四至,幸非严冬时及雨雪夜耳。

十八日(3月8日) 卯正,启行。五十里,至仰化集行馆早饭,地属桃源,邑令孙梦麟遣人供应。又行五十五里,至众兴集宿,仍桃源地界,换夫马。晴,早寒。午后东南风大作。孙令,聊城同乡,壬戌、癸亥联捷举人,乙丑进士,号励庵,行二。行馆宽绰,菜蔬烹调甚好,惜余因受风,牙痛大作,不能食。

十九日(3月9日) 卯初刻,启行。四十里,至鱼沟,少憩,早饭【自备】[⑤]。里数甚大,似有五十里。饭毕,又行二十里,至王家营行馆宿,时在未初。卸行李,开发车轿,看定船只。晡时,清河令周鼎来见,字敬容,浙绍人,甲子门生。陆廷黻计偕至此,亦来见。淮扬道刘咸【刘号受亭,行二,江西人。】[⑥]遣人持帖来。寄楫侄、小琴、翌新各一纸,托陆生廷黻带京。公车北上遇于此。阴,近午微雨,旋止。

---

①②③④⑥ 此为眉批,据上下文内容附于此。

⑤ 此为夹批。

二十日(3月10日)　辰刻,令家人发行李下船。午,与三兄作书。陆生复来谈,赠余二律,不暇和矣。酉刻,贵登天门,时登舟,便道答周令拜。晚作书,寄彦翁、桐樟两侄。竟日阴,巳、午时,细雨如毛,晡时止。明发山阳,以单马探鲍小山消息,喜闻其近居河下,计明日可相见矣。口占四十字。【嗣后,凡过州县境,皆致送酒馔如陆路,都不记。】①

廿一日(3月11日)　巳刻,发家信,遣何牛李保长回济。午初,开头,过淮关,小山婿叶寿农永庆。偕婿步云来迎,谈少刻,回湖嘴。未刻,泊于湖嘴,去淮城二里许。上岸访小山于叶宅,盖小山近寓婿家。留余晚饭。寿农太翁名璋,字聘卿。堂伯名珂,字鸣骀,均在坐。饮至二更,回船,漕帅【张友山】②遣守备护送,辞之。友山赴东河,未回。山阳令孙云【汉章,行一】③来见,时在小山处,未晤。淮安府太守存葆【秀岩,行一】④遣人持帖来。小山旋来答拜,谈至子初刻去。竟日阴。晚,细雨。泊处适逢峭岸,泥淖难行。

廿二日(3月12日)　卯刻,开行,八十里,至宝应县泊。竟日阴雨,作《长淮感旧行》并七律一首。灯初,邑令袁恩诏来见。袁,长清人,字觐堂,乙丑进士。刘憩堂比部,荫。读礼家居,亦来见。知陈六舟同年所荐高淡畲茂才在此候余,遂约同行。高,名福舆,旋来晤面。订明晨上船,与秋崖、续古同舟。鲍紫廷来见,盖自车桥镇至淮城,余已开舟,追送至此。致友山漕帅一书,托紫廷面交。夜雨甚。

廿三日(3月13日)　候高淡畲登舟。午初刻,开行。竟日阴雨不止,申刻后益甚。纤道滑汰难行,风转东南,船不得进,遂泊于去宝应四十里之范水镇。出京陆行十八栈,行李重赘,颇愁遇雨,幸日日皆晴,宿王营之日始阴。今虽行程稍滞,然较之跋涉泥涂,羁留荒店,已天上人间矣。赋《宝应遇雨》七古一首。

---

①③④　此为眉批,据上下文内容附于此。

②　此为夹批。

廿四日(3月14日) 丑刻，卧听雨声。巳正，呼舟人起，看天色开晴，促令开头。曙时，行三十里，晓日乍放，北风徐来，舟人挂帆收缆。移时，风渐大，船底水声汩汩，虽河身逼仄，仅可容舟，而帆随岸转，其行甚速，昨夕篷窗郁闷为之一释。午正刻，行八十里，至高邮城下，姚牧德彰【号小梅，行七。原籍山阴，寄籍顺天，军功。】[①]遣人供应，发船价亦捷，因甫交申刻，令船户解缆再行。水驿之发船价，犹陆路夫马也，沿途只此一事，日费唇舌。丁卯典试，四川来往半年，饱尝况味。此行清江首栈批单，坐船制钱十二千五百外，有纤夫价，每名制钱五十，单内云下栈，照数给发，而向来止给半价，近年折扣益甚，只给四分之一。更有甚焉者，昨泊宝应，其办差家人每十千止发一千五百，船户坚不肯受，差人坚不肯添，遣人与之讲说数四，始增至二千。船户犹以不敷食用，迁延不行。时已午刻，余强促开船，允以加赏，其为州县克扣，家人中饱，皆不可知，而每日行程率因此事阻滞。今日高邮，每十千发给三千二百，船户已属厌矣，故促令再行，尚能踊跃。晚泊舟于车逻坝，去高邮二十里，共行百里。作《蒙阴道中山行述旧》五古一篇，简秋崖、续古。

廿五日(3月15日) 寅正刻，开行。天明，过露筋祠坊额书“贞应祠”，作七绝二首。五十里，至邵伯镇暂泊，同乡孔宪章、字少文，字华子，盐大使。方有龄字云仙，盐知事。及侄孙肇燃次第来见。早饭后，又行四十里。酉刻，至扬州府【徐凝门外】[②]泊。甘泉令王厚庄、江都令戴元履、太守英杰均差人持帖来。英，字士良；戴，字子安；王，字湘圃。阴，微雨。饬江都办差家人往瓜口备带江船只。

廿六日(3月16日) 巳刻，甘泉王令来见。带江船只未集，停泊一日。昨夕，陈庆赍景剑泉书自安庆来。留陈庆随行，作书复剑泉。肇燃及少文复来见。

---

① 此为眉批，据上下文内容附于此。

② 此为夹批。

申刻,方子箴都转自苏回署,来见,并约晚饭。丙辰同年刘景韩【名书云,辛亥举人】[1]来见,酉刻上岸答拜景韩。遂至运署,与子箴对酌,至二更回船。竟日阴雨。扬城兵火后,民居仅有存者,今虽渐起庐舍,而崇墉半圮,瓦砾犹存,气象荒凉,迥非旧观。回忆道光丙午过此,真有沧海桑田之感。

廿七日(3月17日)　卯正刻,开行,甘泉令来送,因已解维,未见。河曲船多以头后尾前倒放。行四十里,至瓜洲口,已申末酉初,泊舟。【肇燃、方云仙乘小舟送至此,回。】[2]令随来江都家人,寻前夕江都先来集船之家人,则云:赴六濠口未回。现集有丝网船数只,带太平船过江嫌小,红船则一只,俱无盖。前夕之家人果来与否,不可知。候至三更,杳无音信,因命邹和明日破晓偕今日随行之办差人同往六濠看船。竟日阴雨,云容墨黑。入夜,雨更甚,逆风未息,船又无耗,虑来日仍不得开江。萧萧打篷,听之心碎。丹徒县令汪坤厚,字渔垞,遣家人送席。

廿八日(3月18日)　辰刻,遣家人往六濠口寻办差人,遇其由江南岸带红船二只,来至瓜口,复有一只遇浅。计自黎明催促,至申刻始得红船三只,小敞口船四只。天色至晡时开晴,因近暮,江无泊处,不得开行矣。遣邹和赴丹徒,带船户、领水脚,以名柬致候常镇道沈仲复同年。盖自徒阳运河淤浅之后,赴苏常不能对渡,须由小河口入常州境。江行计二百三十里,必寻红船带行,职是之故。仲复闻余无大红船,遣家人带坐船一只,渡江来迎,夜半入口,瓜州镇吴君家榜【号朝杰】[3]派船【炮艇四只】[4]护送。

廿九日(3月19日)　卯刻,西风起,督催各船,方榜并发。晴曦乍放,水烟四沈,顺风扬帆,过金焦,绕徐塘关,入夹江,弯环南下。酉刻,风色渐转,遂泊于太平港,去小河四十里,计日行已二百里。前路

---

①② 此为眉批,据上下文内容附于此。

③④ 此为夹批。

俱有纤道，江面亦狭，不虞险阻，此昨夕所不敢期者，此地已越丹阳县境，连日结啬，尚得以速补迟。

三十日(3月20日) 卯刻，开行。甫出太平港，东风又作，天色转阴，江涛汹涌。初，犹以红船折樯带行，近午风愈壮，遂泊于出港十里，俗名“油房港”者。竟日风不息，戌刻，渐杀，见星斗。

二月初一日(3月21日) 天曙，开晴，东风仍不息。因闻沿途有纤道，而舟人疲滑已极，藉词推宕。促令带纤开船，行至大江口，又以红船折樯带行。未刻，风渐小。申刻，收小河口。此处向多浅阻，余至时，恰值月朔潮旺之候，浮送甚速。惟带水弯环，舟船蚁聚，以炮艇引行，仅通一线之路。两岸逼起，高与樯齐，不能为左右顾。暝行十余里，至俗名“下司”地方泊舟，已戌刻矣。幸及时平安渡江，设今晨任听船户，又不知几日延合。行路之难，可为一叹。

初二日(3月22日) 辰刻，候潮上，开行。三十里，至奔牛镇。邹和领水脚由丹阳回，邑令赵秉镕【字霞峰】①附名柬来。盖水驿向走徒阳，今由小河入口，已隶常州界，而官发船价，则仍归两邑也。奔牛以下便入运河，不似前四十里之逼仄矣。至奔牛，甫交申刻，去常城三十里，解缆再行。自晨起，作《致仲复同年书》《谢吴镇军书》《草寄谢都门友人饯别通稿》。傍晚，逆风阻舟，暝行至亥初刻，泊常州北门外。太守札克丹，字仁山；武进令王宗濂，字莲塘；阳湖令张清华，字晴江，遣人迎候。王、张旋来见。沈信托寄。

初三日(3月23日) 卯正，开行。作《致王补帆中丞书》。连日南风甚壮，今日尤甚，自早至暮，只行六十里，泊于荒村，俗名“螺师”者【地属无锡】②，不知两字怎生书也。作《瓜步放船》七律一首。凌晨，札太守来，以将解缆，未见。

初四日(3月24日) 卯初，开行。三十里，至无锡县暂泊。无锡令褚成绩，字纪常；辛亥举人，余杭人。金匮令俞明厚，字悠远，绍兴

---

①② 此为夹批。

人。均差人迎候，并来见。行过惠山水口，有文昌阁【即在运河中央，偏西岸】[①]，围圆若亭榭，规制宏丽，窗开八面，带水环流，视其榱桷崭新，是兵火后重建者。申初刻，又行廿七里，至俗名“新安”地方泊。阴晴不定，仍东南风，较小弱。自无锡城北至城南长十里，此不在算数内者。沿河舟船如蚁，水势萦回曲折，自午泊至晡时，回望惠山，仍在目前也。作《舟行过惠山》五律一首。

初五日(3月25日) 卯刻，开行。四十里，过浒墅关。两岸数十里，屡经兵火，瓦砾盈眸，荒凉特甚。申刻，共行六十里，至苏州，泊于胥门。署苏州府蒋鹤庄来见，张子青中丞偕织造德静山、寿。署藩司应敏齐、宝时。署臬司贾云樵益谦。请圣安，旋入船相见。候补道江清骥号小云。遣人持帖来。长洲县顾思贤、号竹城。元和县傅瀚、号兰垞。吴县汪福安号耕畬。皆来见。

初六日(3月26日) 巳刻，江小云观察来见，旋入城拜。中丞、织造、署臬司、江观察、首府何子贞前辈皆晤谈。哭杨礼南同年。拜藩司，三县提督李朝斌、潘顺之、季玉，李眉生观察，鸿裔。皆未见。归船，阮云庆【妻表弟】[②]、贾五世兄致慎。来见。以《致补帆中丞书》托鹤庄牌递。赏炮船人，并以《致吴镇军书》交都司苻仕揆。守备刘凤彰回见，称谢。为两哨书对联二。早阴，微雨。午后放晴。终日拜访诸君子，苏城六门贯串殆遍，然巷名茫乎不知，但见街衢逼仄，港汊弯环，两巷之间，小桥通焉。桥下曲港通舟，其水臭秽不可当，间有可纵目一览处，则兵火后瓦砾场也。午后，西北风起，宿阴尽扫，肩舆中暖燥异常。筹思今日开船，则瞬息百里矣。中丞、织造、臬司、三县各送酒馔。

初七日(3月27日) 晨起，作书致邵汴生，询考试情形。盖汴生为闽学前任，请假回苏省墓，候余不至，遂于前四日赴常熟。余到

① 此为眉批，据上下文内容附于此。

② 此为夹批。

时，适值未归，遂留书于其眷属船上。作书致楫侄，交鹤庄邮寄。同年温粹之来见。候补县，壬子同榜。午刻，开头。正值西北风盛，各船俱曳满帆，顺流直下。夹岸绿畴芳树，飘瞥如飞，晴光晃耀，春景暄融。申刻，行四十里，至吴江县泊宿，沿岸民房尽毁于贼。泊处去城里许，邑令迎送，即在荒岸，弥望颓基乱瓦，使人黯然。吴江县黎庶昌，字莼斋，贵州人，震泽令邵燮元，字步梅，杭州人，同来见。

初八日(3月28日) 卯初刻，开行。晴暖如昨，南风不竞，舟行无阻。四十里，过平望以下，村市颇少，西岸时见太湖，东则平田短树而已。【入浙江界。】①去嘉兴三十里，【地名王冈泾，有村。】②太守许瑶光，号雪门，己酉拔贡，世兄。湖南人；嘉兴县令臧均之，号可园，山东人；秀水令丁绍德【莲甫胞兄】③，号稼轩，扬州人，遣人迎候。酉刻，共行百里，至嘉兴府北门外泊。府县来见，宋雪翁令弟颐总【候补知府，叔元，行三】④办此地厘局，亦来见。戌刻，上岸答拜府、县，与许、宋晤谈。沿河百里，露棺不可算数，破坏丛杂，无人过问。此善后事宜，中丞应首及者，何当局之漠然邪？嘉兴城内，焚毁尤甚。正北门一街悉起庐舍，余俱瓦堆、荒草，如行野田宿莽之中，冷月半规，气象阴惨。惟府署规模宏壮，摩挲七进，始达中堂，其高深华丽，殆侔宫殿，则伪听王居也。苏省官绅所居，亦大率伪王伪官旧署。官居无力重建，而伪署则轮奂一新，故皆去彼就此。凡号称公馆，而外有照壁、吹楼，中有大堂、暖阁者，皆是也。

初九日(3月29日) 卯初刻，启行。府、县来送，以将解缆，未见。是日，共行百里，至戌正，泊石门县。未至县十里，邑令袁绩庆，字飏廷，武进人，迎见。靳兰友自海宁专伻送信，并(羊)[举]豪华食物各种。作札，付来人李升赍回。石门境内荒田开种者十九，流民复业，蚕桑甚盛。沿岸皆植短桑，村居树木亦繁密，逼视尽桑也。小船

---

①②③ 此为眉批。

④ 此句原在“厘句”后，据上下文内容移至此。

贩桑种者无算。截流取鱼,短竹为簖,横亘河心,船行从其上径过如梳齿,然其响甚厉。每十里许,岸必有亭,曲港通波,村烟如画,迥异嘉兴以上之黄茅、白苇矣。

初十日(3月30日) 卯刻,开行。早晴,晚阴,西南风不甚大,然船行颇滞,缘河身渐阔。将近塘西,无纤道。酉初刻,至塘西泊,共行六十里。泊舟后,遣人探朱修伯,知其近寓河干。此地无肩舆,方唤得小船,而修伯已来,畅谈逾时。修伯赴乡人饮,答拜未晤。见桃花。

十一日(3月31日) 卯刻,开行。天气阴晴相半,沿途桑田益盛,桃林间之,更有菜花黄鲜映日。河得太湖余流,益阔远,千帆如雪,掩映于绿畴芳树之间,对岸一峰,冥濛隐见,榜人指云:"此天竺山也。"行近五十里,仁和令姚光宇、字季眉,江苏人。钱唐令李士垲字爽阶,湖北人。来迎见。郭丹来亦来见。东北风起,初犹顺风扬帆,后风势愈大,遂在河心抛猫。申刻,共行六十里,泊于武林门外。杭州太守陈伯敏,鲁。万篪轩表姊丈,及颜壶洲培方,礼南妹婿,候补县丞。先后来见。篪轩约次日上岸,至伊寓小住一两日,以待换船盘填。两首县约次日辰刻上岸,至月城公所。因本城各大吏候请圣安也,各大吏皆遣人迎候。

十二日(4月1日) 辰刻上岸,至月城公所。将军连成、绪斋。中丞杨昌浚、石泉。都统善庆、厚斋。乍浦都统富尔苏、兰生。织造茂林、兰亭。藩司卢定勋、午峰。臬司兴奎、紫垣。运司锡祉子受。均跪请圣安。礼毕,少坐,旋至各署通拜,将军以下亦来篪轩寓投刺,多相左,惟卢、富两公见。粮道如山冠九。赴津,杭嘉湖道何兆瀛清士。赴海塘,未预请安。晤何介夫,约晚饭。【杭城有湖山之美,街衢明净宽绰,不似苏、扬之崇墉栉比、狭巷逼仄,人直觉喘气不得。】[1]竟日拜客,见候补道林聪彝、听逊。前成棉道濮诒孙、少霞。许信臣世叔及秦

---

① 此为眉批,据上下文内容附于此。

澹如观察、湘业。【梁敬叔观察恭辰。】[1]，均投谒，未晤。【午在篪轩处饭，见三姊及甥辈。】[2]晚至道署，与介夫畅谈、共饭。酒极佳，惜余点滴不敢入口，又连日心肝火盛，兼以疲乏，痔疾似欲举发，因辞主人，归万宅。夜半，痔痛颇甚，竟曙不眠，延吴医心伯。诊治，服药一帖。

十三日(4月2日) 在万宅，因痔疾，客来皆不能见。篪轩为余盛设演剧，竟高卧不能入座，殊抱歉怀。韦表侄法祖，号绳亭。现居万宅，晤谈，并送食物。午峰、澹如、敬叔、听逊及郑谱香都转兰。【山东运司，回籍，未启行】[3]，各以酒食、书籍赠行，分别辞受之。服吴药二剂，少愈。

十四日(4月3日) 晨起，疾去十七。【篪轩约今日游西湖，以病辞之，实亦匆迫简书，无心胜览矣。】[4]江山船只、行李俱安置完毕，遂辞篪轩下船。以梃儿与篪轩最少女结姻。接汴生回书。午刻，到南岸首府县，见于岸上官厅。下船后，郭丹来及首府复来见。篪轩偕三姊来送。韦表侄亦来送。傍晚移舟，于涌金门外塔前泊，因钱唐江风潮无定，须移上数里，水浅无虞。两首县来送。

十五日(4月4日) 江风甚壮，不能开舟。吴太夫人率眷属赴天竺拈香，余在船偃息一日。水师参将刘昆宗派炮艇二只，护送至衢，并来见。三姊两次遣人来，并送棕床一屉，为太夫人沿路用。

十六日(4月5日) 寅初刻，风定，开头。行三十里，天明，东风习起，收缆挂帆。申初刻，共行百十里，至富阳县南门下泊。邑令杨昌珠，字也村，扬州人，来见。竟日阴晴相半，曙后所行，即富春江矣。两岸遥山对起，温润绵邈，连延不断。人家皆低附山脚，烧畬种田，村烟如云而起，江平似镜，波縠微皱，布帆无力，任其自流。午后，风正帆饱，舟行渐速，云日空濛之际，山色水色，高青、沈碧，淡赭、轻黄，转

---

①②③ 此为夹批。

④ 此为眉批，据上下文内容附于此。

移不定,麓台、元宰[①]不足尽其妙也。平生所历山水,以巴峡为最胜,然江流迅疾,天地回旋,使人快处正使人骇,不若此轻舟短棹,放虑舒怀,真觉万目都腴,千心尽远也。富阳无城,兵火后,民居渐次修整。东郭临江最高埠有临文昌阁,未到数里即望见。泊后,登其上,杰楕岧峣,尽揽三面江山之胜,惜是劫后新营,只正阁三间初架,余则瓦堆荒草而已。

江山船之制,头尾俱尖,【圆顶独桅,】[②]旁无舷,柁极长,船头有亭,谓之头亭船。兵后无之,其基尚在。纤夫每人各执一缆,统系桅竿上,无总绳。船前后各有一孔,前以树,后以竹,贯其中。泊时插水中,船即止,提起,即行。视抛猫系缆为便捷,可以随潮上下。舱中两边皆短榻,连延前后门,皆反关。启闭之权,不自我操。舱门中开,表里洞然,所谓桐严嫂、桐严妹者。即寓,后舱与中舱止隔一板,仍是自外反关之槅扇,非板壁也。自浙至衢,舍此别无官艘。中舱内彩绘金漆,颇明净,盖浙省官员常用者。余饬家人先期另觅小船,载其家眷。中舱后门以铁环钉锁,杜其往来扰乱。只余一掌柁老妪不能驱逐,终日謦欬唾涕,极其可厌,然无如何也。夜雨。

十七日(4月6日) 卯刻,仍顺风,冒雨开行。两岸层山,上半俱为云掩,凡树杪山凹,蒸蒸絮起,苍茫变化,尤胜于昨。竟日扬帆直下,至未初刻,已行九十里。泊桐庐矣。邑令何维仁【字牧云,丹阳人】[③]往严州未回,典史高焕文来见。【桐君山在县东南,如富阳之文昌阁,雨滑未上。秋崖云:风景最胜。】[④]自浙省至衢州,船价由钱塘总发,不批单分领,沿途各县止发纤夫价数百文,不似清江以下之日费唇舌矣。

---

① 麓台,即王原祁,字茂京,号麓台,清代画家。元宰,即董其昌,字玄宰,为避康熙讳,称元宰。

② 此为夹批。

③④ 此为眉批,据上下文内容附于此。

十八日(4月7日) 卯刻,开行。风转西风南,舟行少滞,天色欲开晴,归云滃然,横山如带。将入七里泷,江行作大转环,滩声顿起,舟人云是浏江滩,过此便入泷。两岸山势逼起,江流曲折而下,直与巴峡无异。惟水清见石,亦无盘涡怒转,回旋天地之势。又满山开遍杜鹃,山鸟不知名,其声幽妙,胜于黑立双崖猿啼迸泪也。近午开霁,过子陵钓台,孤峰特起,其上有亭,西则平顶,一山与之对峙,谢皋羽西台也。山半有祠,塑严先生像,祠旁有阁临江,而以墙垣缭之,一无所见。因直造山之绝顶,石磴荦确,不成阶级,凡十余转,始达巅顶。俯视江舟如豆,西台有倒挂一松,舟中遥望,若在天际,今出其上矣。亭皆白石砌成,悬崖、石栏半损坏,亭中有一碑,书"高尚其志"四字,亦倾倒。余与秋崖、续古、鲁香同登,藉石栏,坐息数刻,始下。回船解缆,已未初矣。泷名七里,实三十余里。始出西口,夕阳西下,闻前路过三滩,始得到严州,遂泊于乌石滩口。是日,共行七十里,去严州二十里。

十九日(4月8日) 卯刻,开行。过乌石滩,碎石为底,湍急如奔泉,水色清澈,游鱼可数。时春水未盈,即中溜不过尺许,盘滩颇费撑架。自卯至午,始抵府城。船行不经府城,泊处在五里外。署知府陈湘亭、祖襄,丙午己未,闽县人。署建德县许铁珊威,江苏娄县,廪贡。来迎见、候送。解缆,过东关滩,又下则大、小洋滩。大洋最长,舟人云极不易过。比到,则东北顺风适起,挂帆而上,绝不费力。【上水转滩须顺风,少省人力,但不可过大,过大则触石。】[①]此处山势展拓,江路萦回,村居背山,晴景入画。过此,平行十余里,至红石滩。红石满江,皆大如磐,江水净绿,至此青赤交组,盖石色映日而然。舟行避赤就青,即避石也。湍迅倍于大洋,乌石左侧有沉舟横阁水面,见之凛然。傍晚,天阴,风势甚壮,避观音暴,遂泊于荒岸,计共行六十五里,去兰溪县五十五里。自入七里泷,山渐逼峭,水多迅激,不若桐、富江山之安舒腴润矣。

---

① 此为眉批,据上下文内容附于此。

廿日(4月9日)　寅正,开行。山势渐拓,沙洲环绕于其中,舟须四面转折,十余里,仍在目前所过。滩不甚湍迅,惟童子泓较险,水心正溜,高于两岸,盖为石逼也。行五十五里,未初,抵兰溪,邑令吴绍正,字焕卿,休宁人,丁卯、戊辰联捷进士,来迎见。以船户领纤价较迟,复行里许。己酉刻,遂泊。与秋崖、续古登岸小步。晴,西南风。

廿一日(4月10日)　卯初刻,开行。晴,仍西南逆风。山渐少,滩愈多,水不及尺,船多从石上擦过,沙回路曲,漩转剽迅,纤夫、头工极力撑挽,进不能以寸。此地舟人不习欸乃,挽船用力,皆类呼号哀痛之声,使闻者烦躁不宁。自早至日落,行七十里,泊于荒村对岸,询舟人村名,则云:向称强盗村,近来劫案颇多。其名荒怪不可信,而劫案实有之,因命炮艇及仆役加意防范。去龙游二十里。

廿二日(4月11日)　卯刻,开行。滩势仍如昨日,惟西风不甚。巳初刻,至龙游暂泊。去城四里。邑令李宗郧,字芷卿,贵筑人,丁卯、戊辰联捷进士,来迎见,畅谈。入浙境州县,多乘舟,于十里内外迎见李之胞叔,名春晖,壬子同年。午后复行,小滩不知名,步步棘涩。日夕共行四十五里,至俗名塘西村泊。竟日暄暖,换夹衣。计水路自苏以上,皆东南行,苏以下皆西南行。终日顺风只瓜步、开江及桐、富两栈,余则逆风为多。

廿三日(4月12日)　卯刻,开行,滩势、风色均如昨。竟日行五十五里,泊于荒岸,去衢城尚十里,因日落不敢转滩。西安令张廷璜,字梦周,吴江人,来迎见。知府海韵楼容遣人持帖来。

廿四日(4月13日)　寅正刻,东北顺风起,舟人趁风开船,连转三滩,皆甚速。惜止十里,一瞬即到,负此好风矣。海太守来见,喻镇军俊明,字采亭,湖南人请圣安,旋来谈。早饭后,登岸答拜镇府县。旋至试院。盖从此登陆,行李须重加整顿,包杠一切,亦上岸办理为便也。府县又来见,盐厘局唐司马怿榕,号鹤苔,戊午举,湖南人。来见。早,阴,少凉。午霁又热,晡尤郁闷。晚,微雨,旋止。水程向闽,可抵江山，冬春水小，则不能。衢州夹杠不乏，而夫役不如江山之多。今日与办差人酌定，半用杠半用小船，载至江山，再一体换杠。

廿五日(4月14日) 夫杠未齐，仍驻三衢试院。自早至莫，分拨行李，一半下船，余俱入杠，添制雨具，收拾兜轿。晡时，喻镇军来晤，并送酒馔。致篪轩一札，托张令寄。

廿六日(4月15日) 卯刻，自试院启行，邹和等押水路行李开行。午初，三十五里，至柏林街，早饭，西安备。午后，复行四十里，至江山县，换夫。邑令张六舟彝，四川辛亥举人。迎送郊外。又十五里，灯初，至清河汛行馆宿。张令送至此，复来见。沿途景象及行馆，大似卯年入楚情状。晴，热甚。夕，大风。夜，雨。今日皆石子，沿山路尚平。

廿七日(4月16日) 候河路行李船。至时，已巳正，添杠捆载完毕，已晡时，不能启行。竟日阴雨，时止时作。行馆张家店，屋宇完整而黝暗潮湿，时有仓粟陈腐气味。巡捡朱继祖来见。自去腊廿六日出京，今两阅月矣。沿途风水阻滞，四易舟车，历直、东、苏、浙四省，计后日过仙霞岭，便入闽界。昨由衢登陆，道路盘纡，乡音诙诡，山川庐舍，倏然改观。昔由夔、万入川，见异乡景色，种种怪变，白云亲舍之感，时系于怀。今虽景物不殊，而母子团栾，家人聚语，凡昼间所历险阻，皆为夜话之资。舍简书毁迫，身躯疲苶，此外一无萦扰。香山诗云："平生沧浪意，一旦来游此。何况不失家，舟中载妻子。"可见室家完聚，谪居亦乐；骨肉仳离，荣遇亦苦。王尊叱驭，温峤绝裾，特热宦之忍肠，讵忠壮之前规乎？行李杠载粗完，役夫叫嚣之声渐息。附记数语以自证慰，不敢为外人道也。夜，大雨达曙。

廿八日(4月17日) 卯刻，雨止，启行，浓阴不散。近午复雨。幸沿山转折，及水田细路，皆石子砌成，轿夫赤足草履，不虑滑跌。未正刻，行五十里，至峡口行馆早饭。又行廿五里，酉刻，至保安宿。行馆湫隘，雨中尤觉不便。随行杠轿卸福兴庙中，其余先行之杠夫役，径抬往廿八都。到店，始知不能过岭，追之矣。自江山至此，皆沿山平路,东南一面,连山环列,似闽、浙两省自然之分界。【驿路曲随山脚,指西南至仙霞岭,乃穿其背。】[①]晡时越瑶岭,上下皆五里石道,阔凡丈余,绝无险阻。山田种植颇盛,涧道中皆筑土成堰,随山高下,层层蓄水插秧。值昨夜大雨,四山泉流奔注,瑶岭登降十里,满耳浩浩皆水瀑声也。未至峡口十五里,过江郎山,有石笋插天,三峰屹立,东一笋最高,西二笋若骈指低亚。山下名江郎街,可饭不可宿。保安在四山环抱中,南面即仙霞岭,视诸峰尤峻,上半俱为云掩,居人指山坳,树木蓊郁,即来朝登岭路也。

廿九日(4 月 18 日) 卯刻,启行。云散天晴,竟日暄暖。三十五里,至廿八都早饭,仍属江山。四十里,【入福建界,】[②]至九牧宿,浦城县遣人供应。出保安五里,登仙霞岭,石路甚宽,上下凡十里,将至山颠,有关帝庙,庙前杰阁,可以眺远。自保安上山路,历历可见。仙霞关在绝顶,凡四门,曰:北头关、北二关、南二关、南头关。二关最高,罡风凛烈。沿盘道下,又上一岭,为茶岭。又下又上,为小竿岭。小竿绝顶有石门,书"太平关"。过此盘山,直下十里,至廿八都,亦如保安在四山怀抱。出廿八都十五里,过枫岭,高与前三岭相埒。晡时,过梨岭,亦峻曲,绝顶有石门,曰"梨岭关"。将至顶,有新修五显庙,俗呼"五显岭",不知梨岭名也。初上仙霞,晴曦乍放,天风四来。山无向背凸凹,皆满放杜鹃花,腥红映日,鲜丽非常。山家以筱簜为业,干霄翠竹,亿万为林。山下惊泉,奔雷喷雪,竟日不绝于耳,置身其间,真有羽化登仙之想。【凡绝涧,皆起山田,稻麦杂植,甚盛。虽临千仞壑,无异平畴也。】[③]磴道宽平,绝不眩仄。茶岭无茶,枫岭则秋红最盛。今虽非其时,而鹃花之艳,有其过之。今日凡过五岭,风景略同,而以仙霞、茶岭为最。自枫岭下五里,便入浦城境,有闽浙交界石碑。过廿八都廿里,有新坑厘局。县丞道迎,忘其名。至五显

---

① 此为夹批。

②③ 此为眉批,据上下文内容附于此。

庙,时有庙湾,巡捡刘良贞迎见。【入本界后,佐贰迎谒者多,不复记。】①自衢州至此,每汛有兵弁十余人护送,【甚出力,】②喻镇军先期派定者。

三十日(4月19日) 卯刻,启行。廿五里,过鱼梁岭,至鱼梁早饭。复行四十五里,至浦城县西关行馆宿。自发九牧,巡捕陈蕡忠来迎,接补帆中丞信,并文星岩将军③、英香岩制军柬。未至浦城,稿房、书吏、门子、听事、承差、茶厨、剃头人役来接,共十一人。知县潘泽霖、号卓堂,甲辰举人,江苏。教谕何高衢丁酉举人,邵武人。并查拏土匪吴华嘴委员四人均来见。吴匪正月间纠众抢掠浦城、崇安一带,建宁镇督兵驻剿,吴匪逸去,获其家属,现正在搜查踪迹。有生员二人,季英、潘清澜。以被人牵控、强预分财、经县传讯未到等词拦控,当以原呈面交潘令归案审办。曙即浓阴,出店大雷雨,竟日连绵不绝,行李大半沾湿。包杠自清河泛起身,夫役参错紊乱,不听约束,至今晚应汇齐,尚短十余杠。自鱼梁起身,杠夫因雨逃去卅余人,留家人三名在彼添觅乡夫。至亥刻,未到此地。浙闽差役两相交替,必须料理清楚。明日不克启行,兜轿遇雨多坏,亦须收拾也。

三月初一日(4月20日) 仍驻浦城。午刻,包杠陆续到齐,重加收拾,令宋勤、邹和先押五十杠起身,先半站住。以此去行店甚隘拥挤,即须露宿,故以大半前行。晡时,复补帆中丞、尹竹民太守各一信,借县印递省。午刻,竹民有信来。

初二日(4月21日) 卯刻,启行。卅五里,至临河早饭。又四十里,至石陂宿。【两处行馆均宽敞。】④早过西阳岭,至夕阳寺拈香。午后过大湖岭,皆不峻。西阳阶级较多。竟日阴,未雨。未起身时,

---

①④ 此为眉批,据上下文内容附于此。

② 此为夹批。

③ 文星岩将军,十八日有“文煜将军”,当为同一人。文煜,信稿中称“星崖”。

雷雨一阵,旋止。建宁镇朱公德明因缉匪驻石陂,来见,旋答拜。侯官向令焘有信来。

初三日(4月22日) 辰初,启行。四十五里,至马岚行馆宿,地属瓯宁。连日所历皆沿山依涧、过岭穿田之路。今晨行廿里,见溪河,盖仙霞以下众山之水汇为一河,直达省会。现值枯水,滩石尽见,峭激非常,不可行舟。此去省城,沿河之路为多,里数甚大,四十五里若六十余里。到行馆时,未正刻。去营头五十里,亦如今日里数之大。夫役疲乏已极,不能再行。行馆临河,对山开窗,泉声盈耳。晡时燠闷,落雨一阵。

初四日(4月23日) 辰初刻,启行。五十里,未初刻至营头【地属瓯宁】①,宿行馆。瓯宁备夫价,建阳发浦城夫至此全换,至建阳尚七十里,不能再行。早雾蒙山,自辰至午,云日相半,入店后燥闷非常,单衣仍汗。旋大雷雨,檐溜如瀑,白点翻盆,行馆屋漏,几无干处。将卧单卷起,以待雨止。交酉刻,乃少歇。保安、九牧两栈,行店湫隘,溷臭逼人。自浦城以下三栈,皆公馆,较宽净,但瓦薄如纸,四隅多露天光,故一雨即漏。更遇今日之雨,阶墀之水倒灌中堂,非唯无卧处,几无立处矣。然较之旷野猝逢,犹觉此胜于彼。

初五日(4月24日) 辰初刻,启行。卅五里,至油岭行馆【属建阳】②早饭。建阳令骆昭勋,号鼎臣,钱塘人,来此迎见。又行四十里,至建阳城外宿,参将周德富、教谕刘松年、训导马维新均来见。骆令复来谈。入行馆后,大雨如注,旋晚晴。将到县,复见溪河,雨后红泉四注,水势甚旺。建阳山川葱郁,产茶最盛。行馆后院,亦面山临河,晚照光景佳绝。

初六日(4月25日) 辰初,启行。卅五里,至宸前早饭属建阳。又五十里,至叶坊宿。属瓯宁。早,复雨。至宸前,晴。连日皆燥热异常,似京师五月气候。日日雨晴不定,潮湿郁蒸,亟思着夏衣、换凉

---

①② 此为夹批。

帽，而未及换季。虽绒冠纱领，无异重裘也。道路亦逊前稳阔。夜，大雨。

初七日（4月26日） 辰初刻，启行。四十里，至建宁府试院宿。知府李吉言、号蔼堂，行一，己酉北榜，庚戌榜下。瓯宁令陆象坤、号厚庵，壬戌举人，行一。建安令王佩父号韵轩，行五，青州人，甲子、乙丑联捷。及教官五人、武营各官先后迎见，到后均来见。早晴，午后又热，答拜府县，时复大雷雨。府署少坐，旋冒雨归。涑父令弟其庄【季荃，行四】①以同知委办厘局道迎，旋来见。答拜，未晤。

初八日（4月27日） 辰初刻，启行。渡溪河而西四十里，至太平塘宿，建安属。今日本拟行八十里，奈晨起夫役不齐，循山【沿河】②，曲折上下，有类川江之溪沟，颇棘涩难行。落店，将及申初，再行无宿处，遂止于此。早晴，午又热，将到太平，落雨一阵。连日入境后，武营将弁及炮船哨官送迎甚多，不复记。

初九日（4月28日） 卯初刻，启行。四十里，未正，至大横驿宿，地属南平，邑令彭鳌号和庵，甲子副榜，江西人。于此接见。连日行程里数，每四十里抵六十余里。延建一带，山僻村苦，道里皆荒远，不可定信。又值阴雨连绵，日日于随山万转之中，复苦泥淖难行。即如今日卯初起身，冀行八十里至延平府，又半栈而止，亦不得不然。早，大雨，行滕歇露地中，逾刻，复冒雨行。到店后，雨竟日不息。延建夫役不足，此来大率浦城旧夫，按站领价而不换人，脚步稳练，雨行不倾跌，山行不畏苦，十余里一换班，六人参错，可抵两班实夫，此其长也。十里五里，每遇山场塘汛，必停歇一次，四十里中，必歇五六次，言语不通，狂跳蛮叫，人人吸食鸦片，落店即彻夜赌博，晨不能早集，过午歇宿，日行半站，以为固然，任催罔应，此其短也。

初十日（4月29日） 卯正，启行四十里，两渡溪河。未初，至延平府城，钟康侯观察钟禄。及本城文武出迎，旋至试院来见。余答

---

①② 此为夹批。

拜,复值大雨,见道府,余分别差人走谢。太守徐震耀,君青中丞之子,字少青。文巡捕汤效曾来迎。接补帆中丞复书。延平因山为城,街衢高下陡绝。

十一日(4月30日) 卯刻,启行,道以下送于城外。又渡溪河而东四十五里,至金沙驿宿。早、午皆晴,晡时微雨,旋止。晚坐,见星月,西南风清畅,不甚热。入闽,未罣事也。地属南平。

十二日(5月1日) 辰刻,启行。五十里,过白沙岭,上清风岭,至绝顶驿馆宿,仍属南平。竟日晴明,宿阴尽扫,清风徐来,暖如北地。夏初而无燠闷气,不易得也。自浦城以下,山皆赤土,涧水及溪河水悉红黄色,昨发延平,山泉始清澈,跳珠喷雪,触处皆是。

十三日(5月2日) 辰刻,启行。五十里,至黄田驿馆宿,地属古田,【去县百里,】[①]邑令吴森号小芸,顺天,原籍浙江。来此迎见。炮船参将刘芳来见。晴,不甚热,到店后,大雨一阵。行馆多大蛛。

十四日(5月3日) 辰刻,启行。五十里,越秀岭至水口驿,仍属古田,厘局同知雷其达、掣验委员罗听聪、水口丞黄兰偕吴令来见。【省中初八换凉帽。】[②]陆路至此止,明日下船,自延平以下,石路皆破缺。山程登降较峻,里数又大,每日皆辰行,未驻。枵腹,炎热,幸申后可小住耳。

十五日(5月4日) 辰刻登舟,吴令等来送。二接书吏、门听、承差八人,昨在水口迎见,今同首接等随船行。开头十里许,侯官令向焘乘船来迎见。溪河至水口而平,无滩险。船之制,与江山略同,惟顺水荡桨,不立桅竿,随山放溜,行甚速。午、未两时,行八十里,至闽清口下五里之长峡口泊,因黑云起,舟人恐有风暴。【武巡捕于是夜先行,令致答将军以下迎候帖。】[③] 向令复来见,拟先进省也。晴热。

---

① 此为夹批。

②③ 此为眉批,据上下文内容附于此。

十六日(5月5日) 寅刻开船。午刻,行七十五里,至竹崎泊,关务委员俞绍烜来见。水口至省,顺流极速,【二百里】①一日可到。因择十八日未时入署,十九日申时接印,【皆贵登天门,】② 早到则添省中一番上船酬应,不若明夕到、后日上岸为简便,故嘱舟人缓行,亦登程八十日以来之变格也。晴,热甚。

十七日(5月6日) 子刻,开行。盖舟人趁夜凉,又值月明如画。仆人未眠者,皆云景色绝佳,惜余因两夜失眠,昏睡不能起。比破曙,已行四十五里,至观音亭泊,去洪山桥五里。【自水口而下,水平山远,不似上流峭激。】③候补道司徒伯芬、绪。海防同知谢昌霖、雨亭,武进人。闽令石鸣韶、虞琴,行九,戊午。候补府梁馨士、元桂,行四。署福州府赵均、樾香,行二,山阴人。候补府周懋琦、子玉,行一。同知袁学显、通判吴凤翔来船迎见。潘伟如方伯、霨。署臬傅星源观察、观海。署粮道叶善堂、永元,行一。监道裕泽生、宽,行二。前福州尹竹民太守、候补道耿寿彭、曰椿,行一。区觉生、天民,行三。夏筱涛,献纶,行五。均遣人持帖来接。竟日酷热无风,如京师六月天气,汗流如洗,船小客多,苦不可言。各大吏遣人迎候。

十八日(5月7日) 寅刻,移舟于洪山桥,省官迎见甚多,另载号簿。午刻上岸,至接官亭,将军文煜、总督英桂、巡抚王凯泰率同司道跪请圣安。礼毕,入城进署,【行装。】④ 先拜仪门,次至本署各神座前行礼。申刻,太夫人率眷属入署,余换长襟衣服,往拜将军、督抚。潘伟如方伯、霨。署臬傅星源观察,观海。皆晤谈。晚看稿。

十九日(5月8日) 辰刻,将军、督抚皆来晤谈。午,出署拜署粮道叶善堂、永元。盐道裕泽生、宽。首府、县。申刻接印。将军、署督篆亦于未刻接印。香岩制军定于下月初一日由海船入觐。【中丞、方伯荐唐听泉、曾颐,阳湖人。高茶庵,望曾,仁和人。到后即往拜下关

---

①②④ 此为夹批。

③⑤ 此为眉批,据上下文内容附于此。

聘。】[5]藩、臬、道、府皆来道贺,晤谈。晚看稿。连日皆晴,热甚。

廿日(5月9日) 将军召饮,因与制军饯别,候余至,举行观剧。【唐听泉来谈。数日内省官来见者甚多,另记号簿。高茶庵未见。】[1]竟日道以上毕集,子刻散。阴,晚甚凉。

廿一日(5月10日) 办到任谢折稿,附陈出试情形。自书奏折一分,安折三分。午后拜客。晚看稿。

廿二日(5月11日) 早会客。午后,拜折交制军差官赍京。中丞司徒伯芬观察来谈。

廿三日(5月12日) 司、道、府、县公请,在藩署,午到子散。是日寅初刻,赴万寿宫行礼,毕,【坐次巡抚下。】[2]首县备酒馔,小坐,旋至天后宫行礼。圣诞。回署料理文件。午刻赴藩署,亦有戏剧。竟日危坐,自丑至子,未能憩息,颇疲苶矣。

廿四日(5月13日) 致复漳州、兴化两太守信。发观风题。看稿。出棚以前通示各属牌札约百余件。连日饬吏速办,今得十之七八。夏筱涛观察来谈。

廿五日(5月14日) 巳刻,谒文庙。旋至明伦堂圣谕前行礼。入座。讲书生员三人,余免。府同知、两县及各教官参谒。迎送毕,答拜王植廷年伯。有树。复至中丞处晤谈,回署点卯。午后大雨,竟日不止。唐听泉入署。以谢饯通稿令鲁香书写。计七十余封。

廿六日(5月15日) 补帆中丞招饮,巳集,申散。阴未雨。写京信【雪帆、汴生、荫堂】[4]。看稿。筱涛送席。拜水师李提军。成谋。

廿七日(5月16日) 制军来辞行,晤谈。方子望来见。司徒伯芬来见。写京信。芍亭、叔平、伯寅、星叔,即花八文四。阅稿件。阴雨。

廿八日(5月17日) 拜客,方伯、竹民皆见。拜沈稼村孝廉【浙绍丁卯举人,方伯荐,名百墉】[5],并下关聘。午,方伯来谈。约诸友

---

① 此为眉批,据上下文内容附于此。

②③④⑤ 此为夹批。

晚饭，畅谈至夜分，高茶庵亦至。写京信。楫侄、小琴、石君、翼新、昆仲。

廿九日(5月18日) 沈稼村来见。永安县马腾骏、两首县、署兴泉永道潘茂如骏章来辞，赴厦门。与制军送行，晤谈。阴。阅稿件。

四月初一日(5月19日) 制军启行，由海道入觐。同人至【南门外】[1]五里亭，寄请圣安。是日卯刻，先赴文庙行礼，同至五里亭，坐谈良久。制军巳刻起身，至官厅少坐，别去。阴雨，连日皆寒，复由亮纱袍褂换至单夹。

初二日(5月20日) 晨起，封发寄京各信，交新泰厚号，由海舶寄。通行稿件、起马牌札办齐。改听泉拟稿六封。

初三日(5月21日) 尹竹民、沈谨庵来见。捡点行李、书箱。竟日，晴，旋阴，晡后雨。

初四日(5月22日) 发起马牌。耿寿彭来。再发京信【福字二号】[2]，托小琴分送。朱全、文瑞、毛胡、延钟。早晴，午后阴雨。两日皆潮热。

初五日(5月23日) 仍阴雨。冒雨赴各署辞行，将军、抚藩、盐道皆晤谈。回署早饭。再出拜候补道府、首府县，大雨如注，街衢成河，余数处未到而归。高淡畲患病，与定议留署调治，愈后再行。稿件甚多，阅至三鼓。

初六日(5月24日) 晴，早出拜客，见尹竹民。将军、抚藩、粮道、首府县皆来见。又与驾航一信，问钟砥柱消息。高茶庵、沈稼村入署，待明早同行。发留署牌件。

初七日(5月25日) 卯正，自署启行。出南门至五里亭，将军、抚、司、道于此候送，少坐即行。副参、首府、候补府、海防、同知、侯官令、各学教官分四起送路。早行三十里，至三角城【地属闽邑】[3]早饭。闽县石虞琴大令及本辕父巡捕送至此。饭毕，十里，渡乌龙江，

---

①②③④　此为夹批。

适遇顺风,一瞬即到东岸。又三十里,【申初】[4],宿坊口,仍闽县供备。竟日阴,细雨如丝,寒气彻骨,行馆阴湿,湫隘蚊蚋,不可算数。

初八日(5月26日)　卯刻,启行。四十里,至太平塘早饭,地属福清,邑令金锡蕃乙卯举人,乙丑进士,奉天人,号翰卿。于此迎见。太平在县西南廿里。教谕陈昌荫己酉举人亦来见。又行四十里,申正,至涣溪塘宿,陈令送至此,复来见。兴化太守林福泉前辈庆贻。遣文巡捕府经历傅吉先山东博平人,实录供事。来迎,副将刘春田遣武巡捕徐实慎来,皆本日折回。竟日阴雨,平路尚多,秧田甚盛。

初九日(5月27日)　卯刻,启行。四十里,至江口早饭,莆田令朱纲山阴人,号柳汀。迎见。饭毕,又行四十里,至兴化府考院宿,林福泉太守偕本城文武次第出迎,旋来见。【府教授高庆扬、训导孙翼恭廷,同年驾航,庚申荐卷,古亭胞弟。莆教谕邱锡熙、训导吴仲翔,仙教谕傅梅、训导萨克修。】[1]发按临牌示,催调卷册书籍。竟日阴云不散,小雨辄止,过蒜岭数里,即沿海滨行。云容山色皆异,潮汐所经,一白如雪,熬波出素处也。回首京华,有天涯海角之感。

初十日(5月28日)　谒庙。讲书。归阅号舍,翻阅各文簿,【排看戳子。】[2]晡时,古卷进生童共二百四十五人。晚,监视,打戳。阅墙其罅漏处,用木板钉固。墙外即民居,不便巡逻,属莆令严示居民:何处偷漏,即惟本户是问。

十一日(5月29日)　考生童经古。【题目另册载。】[3]搜捡打戳,皆如正场,不时下堂巡视。午后,三学生员卷共进,府二百五十八,莆二百九十九,仙三百廿九。本监视打坐号。

十二日(5月30日)　考三学生员。阅古卷。发生员古案,取五名,府一莆四。

十三日(5月31日)　覆生员经古。莆田文童卷进,共二千〇六

---

①③　此为眉批,据上下文内容附于此。

②　此为夹批。

十六，监视打坐号。阅生员卷。

十四日(6月1日)　考莆田文童。子正，出堂点名。卯初刻，毕。未出堂，先遣人搜号，得埋藏、夹带二篓，烧之。当堂严谕廪保唱认，如有枪替等弊，定枷责究办【廪保】①，革后永不开复。向来兴化②点名，文武不遵约束，汴生科考几至挤翻公案。因令莆田令先在头门加点一道，给与小签提调。次点换与大签，再至案前领卷。先在省发牌示，末加数语，如有拥挤，将首先抗入者枷示。提调复严切申谕。此次按牌鱼贯，阒然无声。天将曙，已毕事矣。出题后，下堂巡视，偕留场教官二人，命其东西分巡，不准起立说话。辰正打戳，仍亲身监视。二千余人，午刻始毕。入内少息，复出堂阅卷。放牌后即在堂，至暝乃退。卷亦交齐，未继烛。亦先期严谕，暝即撤卷不阅也。

十五日(6月2日)　考教官六，优生九。府六莆三。阅生员卷毕，发一等案。仙游文童进卷一千四十三名，重排坐号戳，逐排查看兴棚。并列两棚，莆试满用，仙则东西两正号已敷用，【仍加西顶十四字。】③因旁跨一棚，不便巡览。昨莆场骤雨，今日择出南北四号及东西近后檐，每号一字，以免雨湿。阅莆童正场卷。

十六日(6月3日)　考仙游文童。寅初点名，向晓毕。场规一切如前日。阅莆卷毕，发草案，招覆六十一卷。

十七日(6月4日)　面试莆场文童。【文半篇，】④在堂坐视收卷毕，乃退。【亲对笔迹、文理，定甲乙，至日夕。】⑤发首场正案四十一卷。莆廿七本，拨府十四本。

十八日(6月5日)　覆三学一等生员。府十二、莆十二、仙游七。本八名，降二等一名。发阅仙游正场卷。发仙游草案五十卷招覆。武生岁考并补考委提调看。府百廿、莆百〇九、仙百十四。补考，府三、仙一。

---

①④⑤　此为夹批。

②　兴化，莆田旧称。

③　此为眉批，据上下文内容附于此。

十九日(6月6日)　面试仙游文童。发次场正案三十三本。仙廿七,拨府六。

廿日(6月7日)　覆试两邑文童,共七十四名。

廿一日(6月8日)　【辰初赴校场。】①阅莆田马射。晡时骤雨,止射,回考院。【武童莆一千二百,仙三百余。】②

廿二日(6月9日)　天未开晴,马道泥泞,在考院看莆田步射、刀、石。委提调阅。自看双鹄兼试硬弓,东西分以金鼓,马无一箭不入步场,步无一箭不试弓射。

廿三日(6月10日)　考莆、仙马射毕。毕开弓,默武经,随至提调前试刀、石。

廿四日(6月11日)　考莆田步射。发教官榜。一等六人,无二等。定考语,咨督抚。

廿五日(6月12日)　考仙游步射毕。发武童案。莆三十六、内拨府十四,仙廿八、内拨府六。

廿六日(6月13日)　文童恭默圣谕、小学。发起马牌。加批一等生员卷,并书解题一纸。

廿七日(6月14日)　一等阅卷,发解题一篇,令抄录带出,与应试生童传阅。发文武新生大案。覆试武童硬弓,并默圣谕。发文武新生大案。

【兴郡士风,向称桀骜,多乘考滋闹,地方官深以为苦。上届点名,不服约束。余下马日,先牌示,多备枷锁,并发手示两道:一系临场滋事,一禁平时好讼。令地方官按月将被控、控人生员姓名、事由汇报,随时惩办。诸生童甚知畏惧,终文武场,无一滋事者。】③【此番考试,先期申禁,临时防察,虽觉劳苦,然外间传说以为场规之肃、拔取之当,为三十年来所未有。首棚得此,亦意料所不及也。】④

---

①　此为夹批。

②③④　此为眉批,据上下文内容附于此。

二十八日(6月15日) 早,为提调各官书扇对各件。午后文武新生簪花。奖赏一等。拜客。晤林太守、刘协镇(春田,字凯廷,行二)、林岵瞻方伯,因其先来拜也。

廿九日(6月16日) 忌辰。福泉、柳汀坚留歇息一日。和茶庵七律二首,又迭均二首。戒行。发禀太夫人信,抚、藩各一札,鲁香一札,遣承差庄琳送省。

三十日(6月17日) 起马。本城文武及各一等生员、新进文武童生,沿途陆续送行。四十里,至俞潭早饭,仙游令陈星聚,字耀堂,许州己酉举人。于此迎见。复行四十里,大雨如注,至仙游县城内书院宿。新生送至此者不少,花红大半沾湿。

五月初一日(6月18日) 【晴,】[①]辰初起行。三十里,至文殊早饭,仍属仙游,逼仄甚苦。饭毕,越九连溪,乱流踏渡曲折,凡九。盖沿山脚行,涧水奔注为溪,每大雨后皆断行人。今日幸晴霁,然大雨泉盛,颇不易行,大率十数人扶掖而过。过白鸽岭,颇陡峻,上下凡三十里,盘山石级高而不危。【仙游境内,土田沃衍,种植繁茂,山环水抱,腴秀异常,村居连延不断,屋宇亦大率整齐,此江采苹故里。闻前有县令署联于大门外,云:"荔支甲天下,梅妃是部民。"亦大奇想也。】[②]凡行五十里,至湖洋宿,地属永春,文武巡捕于此迎见。州吏曰钱佩印,把总柯登贵。次均稼村见赠二律。

初二日(6月19日) 辰刻,启行。三十里,至岭头庵一茶,永春州牧翁兰溪名学本,湖南善化人,军功,行三。迎见。复行二十里,未正刻,到州试院。在路次均听泉见赠二律。州牧及州同余嘉勋,学正陈惟功并【德化、大田】[③]训导等四人,均来见。永春州学正陈惟功、训导许钟泰、德化训导兼署教谕欧阳通、大田教谕张祖培、训导林澍。

初三日(6月20日) 忌辰,未谒庙,在试院阅墙放告。州学、德

---

①③ 此为夹批。

② 此为眉批,据上下文内容附于此。

化、大田督学卷进,生童共百廿四人。【生:州四十四,德十三,大六。童:州三十五,德十八,大八。】[①]和秋崖一律。晚,监视打戳。

初四日(6月21日) 寅刻,谒庙,讲书。归试院,考经古。巳刻,盖戳。后入内,监视生员,正场打戳。三学共进六百五十二卷。【州二百五十八、德二百一十四、大一百三十五。】[②]次均稼村重赠二律。初食荔支。

初五日(6月22日) 寅刻,出堂,点正场生员名。巳刻,盖戳后,阅古卷,取州学【生员】[③]五名,德化、大田无可取。晚,发古案招覆。

初六日(6月23日) 覆生员经古。生员【州四、大三】[④]补岁考。永春州童卷进,共六百八十九本,监视盖戳。

初七日(6月24日) 考永春童。阅生卷。

初八日(6月25日) 考教官,优生州七、德四、大二。发三学一等案。【永十二,德十,大七。】[⑤]德、大童卷进。共五百五十四本,德;三百三十二本,大。盖戳。阅永童卷。

初九日(6月26日) 考德、大童。阅童卷毕,发首场草案,招覆卅六卷。

初十日(6月27日) 面试首场童。第一林纪唐,甚佳。发首场正案,取进二十五人。阅德、大卷。

十一日(6月28日) 覆三学一等试。考武生,武补考。委提调阅。【州一百一十,德一百二十八又二,大七十七。】[⑥]发次场文童草案,招覆五十二人。

十二日(6月29日) 面试次场童。【安溪训导何云龙来此迎考。】[⑦]发次场童正案,共取进二十二人,十三人。

---

① 此为夹批。原稿数字为苏州码,今改为大写数字。以下皆同。

② 此为夹批。三数相加与前六百五十二卷不符。

③④⑤⑥ 此为夹批。

⑦ 此为眉批,据上下文内容附于此。

十三日(6月30日) 覆试合属文童。作《仙源滂惠歌》赠翁兰畦刺史[①]。文场全毕,场规如上棚,无枪替、笔迹【不符】[②]等弊。

十四日(7月1日) 考武童马射【三】[③],共进一千三百四十人【州六〇三,德四八四,大二百六】[④]。辰出酉归,一日而毕。游击英俊同看射。教官三人监鼓,无一讹误。

十五日(7月2日) 考步射五百余人。晡时大雨,旋止。

十六日(7月3日) 考步射七百余人。文巡捕在外盘获捏名跨考武童康金声、赖充华二人,交提调审讯。

十七日(7月4日) 考步射八十余人。午刻毕。提调讯明捏名跨考一案,系永春康金声与德化赖充华各造一假名,康春声充华考,赖荣华金声考。私约互考,均供不讳,当将两人枷示。其认保讯不知情,草廪降附,挨保四人,当堂戒饬。【认保赵大珍、苏世殷,挨保陈庆禧、林式铭、张大邦、徐际云。】[⑤]此间视武童跨考以为题中应有,今见如此办理,众皆凛然,颇知儆愧。康金声之弟蜚声以真材获售,大田县案首以马步全空未取进。外论颇颂公明,然此皆事所应尔,何足异邪?发武童案,永春二十二人,德化二十二人,大田十三人。

十八日(7月5日) 文童恭默圣谕。考贡三人州二,德一。

十九日(7月6日) 覆武童试。一等文生员阅卷,昨日覆阅,手自加批,并作解题一篇。今日发阅。书对联等件。

二十日(7月7日) 奖赏。午后拜客,晤提调。与中丞、方伯各一信,鲁香一信。【夜接省信,汪淑人又生一子,五月十三日酉时。太夫人脾胃见好,精神胜常。】[⑥]

廿一日(7月8日) 凌晨起身,州文武生童远近出送。廿里,至

---

① 初二(6月19日)记为“永春州牧翁兰溪”。

②③ 此为夹批。

④ 此为夹批。夹批数目总数与共进总数不符。

⑤⑥ 此为眉批,据上下文内容附于此。

东关早饭,假税局斗室一间【仅容一人】①,别无房屋,诸友在一小庙神前共饭,兰畦刺史坐于庙外廊下。晚行四十里,宿南安县属之罗溪,假县丞衙署宿,亦止数间【东房】②。夕照苦热异常,竟夕不寐。县令张希渊迎见于此。

廿二日(7月9日) 卯初刻,行。二十里,至洪濑早饭,仍南安备。又行四十里,未正刻,至泉州郡城。提督江军门名长贵,号梁臣,行六。遣弁派队来迎。太守张小舫、其曜,行三。晋江令许昆士善器。并合城文武俱迎见。到试院后,更衣谒庙,晤教官六属十一人,府学黄宿源、盛青芝,晋江黄延祚、杨廷瀛,南安陈牧,惠安冯家声、阮逢时,同安钟肇英、陈昌年,安溪冯溥、何云龙。

廿三日(7月10日) 阅墙,此间三棚,皆无遮檐,东西相去甚远,东旭夕照,直彻号尾。值此毒热,士子尤苦,因饬晋江令赶搭布棚,以避日色,至晚而就。各属古卷进,生百七十四,童三百名,监视排戳。提调、晋令复来见。手复星岩将军一札,当日发。

廿四日(7月11日) 考经古。同安、安溪童卷进,监视打戳。同安一千三百零十名,安溪八百十二名。早,搜出夹带极多。性理一童,当堂看夹带,斥长跪,不听,当与界尺数十,收卷逐下,通场肃然矣。

廿五日(7月12日) 【丑初,出堂,】③考同安、安溪文童。发生员经古案,府三,晋江八,南安二,同安一,安溪一。共十五名。

廿六日(7月13日) 覆古试。补岁考生员九人。阅首场卷。惠安童卷进二千〇三十二本。

廿七日(7月14日) 【丑初,出堂,】④考惠安文童。此地有一唱名吏,刘姓,颇纯熟,二千卷不过十刻即毕,亦缘诸应试者鱼贯、唱保顺速故。兴永以来,大声疾呼之小效也。发首场草案,同四十二、溪卅四,有可疑两卷待(复)[覆]。

---

①②③④ 此为夹批。

廿八日(7月15日) 面试首场文童,看出【同安】①文理不符三卷【叶毓椿、林寿蓝、林明德】②,【提调病,】③发晋江令传讯。发同安正案卅二名,安溪廿四名。向来于覆试前增面覆一场者,多为保全童生颜面,一有不符,暗中抽下,另换符合之卷。余因暗抽则无所示儆保枪者,且因以益多,自兴化至此,皆豫戒提调,先期传集廪保严谕,以有犯必究,决不暗换。南安童卷,共进一千五百四十本。

廿九日(7月16日) 【丑正,出堂,】④考南安文童。发次场文童草案三十七本。

卅日(7月17日) 面试惠安文童。发次场正案廿四名。晋江令录文理不符三人供词进,坚称怀挟旧稿,余因提调病痊,复移交勘问。晋江童卷进,共一千四百四十七本。自同安三人交讯之后,下三场皆知儆畏,廪保退保、临场不到者极多。晋江册扣几三百人,实一千四百入场,皆称向来所无。晋为弊薮,尤难观也。

六月初一日(7月18日) 【丑初,】⑤考晋江文童。【以埋藏夹带之童生蔡羹,发提调勘问。】⑥发南安草案卅七本。

初二日(7月19日) 面试南安,发正案廿五名。六学生员卷进,府二百,晋二百九十三,南二百卅五,惠二百六十五,同二百八十三,溪二百十二。共一千四百八十八本。

初三日(7月20日) 考六学生员。发晋江草案六十名。

【泉多海风,尖猛刺骨,日晡即随潮而上,故炎熇炽体之时,风来则寒凛,几欲起粟,风过则汗流如故。俄顷间,冰炭悬绝,人那得不病。】⑦

初四日(7月21日) 面试晋江。发正案四十二名。

初五日(7月22日) 考教官十一人。优生。府九,晋十七,南八,

---

①③④⑤⑥ 此为夹批。

② 此为眉批,据上下文意,附于此。

⑦ 此为眉批,据上下文内容附于此。

惠五,同五,溪五。补考同安生员二。阅生员卷。

初六日(7月23日)　覆六学新进文童,共百四十七名。发一等案。府十六,晋十六,南十,同十一,惠十二,溪八。

初七日(7月24日)　覆一等生员。以南安举优之附生林作舟文理不通,革顶戒饬,记教官陈牧大过一次。委提调试武生岁考,府百十六,晋百五十一,南百十四,惠九十五,同百廿七,溪九十五。共六百九十八。今日文试全毕,文风晋江为上,同安次之,南惠相埒,安溪最下。同安三卷外,弊绝风清,自提调、县学以至营、局各官,遍加访问,佥称整齐严肃,向所未有。取进者大半寒士,教官年貌,礼之减色,亦向来所无。【致漳守一札,嘱其密拿枪手。】①本日漳州朱训导道行来迎考,云有估客数辈至漳州,传诵"从此寒素真读书者,有出头之日矣"。中丞三次手书来泉云:"近有省枪数人,自崖而返,皆云无从着手。"十余昼夜之苦心防察,刻意搜挍,闻此稍堪自慰。

初八日(7月25日)　看马射。晋、南、惠、同。

初九日(7月26日)　看马射,外出未归。同、溪。马共千七百四十五。发马扣案。

初十日(7月27日)　阅步射。提调在头门阅刀、石。

十一日(7月28日)　阅步射。

十二日(7月29日)　阅安溪步射,半日毕。发武童正案。晋卅二,南廿一,惠二十,同廿九,溪二十,共百二十二名。以廪保当堂指出冒考武童许志忠一名,发提调审。廪保廖俞元本列三等前,今牌示改二等第一,以示鼓励。发文武生大案。

十三日(7月30日)　文童恭默圣谕。【枷示怀挟窗稿叶毓椿等三人,埋藏夹带蔡羹一人,冒考武童许志忠一人。】②阅兼旬稿件。加批一等生卷。

十四日(7月31日)　一等生员阅卷。覆武童试。发起马牌。

---

①② 此为眉批,据上下文内容附于此。

【发文武新生大案。】[①]发教官榜，一等五，二等六。经古榜。仍十五人，未改。

十五日(8月1日) 奖赏。提军早来晤谈。簪挂后，拜本城文武，晤提调。监射两参将永春英俊、泉州李。来见。洪丽笙同年【名麟绶】[②]来谈。久在闽省，今任马巷通判。

十六日(8月2日) 作家书寄省，并手复抚、藩各一札。申刻，赴江提军约，坐有小舫、丽笙。亥初散。

十七日(8月3日) 卯初，自泉州起马，提军以下皆出送。三十里，古陵早饭。晋。卅里，大盈宿，南。张县令希渊。仍迎见。晚与五友共饭，谈甚畅。

十八日(8月4日) 卯刻，起身。卅三里，沙溪早饭，同安属令胡益源、武进人，号谦斋。厦防同知刘良荃号觉岸，叔伦子。皆迎见。又行卅七里，至同安城内宿，行馆新修，胡令情意优渥，一切照料周至，供备丰盛，所赠物，余受其一扇，渠颇歉然也。同安山水秀润，禾稻盈畴，邑居亦盛泉之胜区也。故文武两试皆不恶。胡、刘又来见。

十九日(8月5日) 卯刻，启行五十里，饭于灌口，地仍同安，胡君送至此，复来见。又行二十七里，宿于龙溪县属之港尾朱子祠中，县令黄运昌号星樵，行一，福驻防。迎见。港尾水乡，风景甚好。午后遇雨。

廿日(8月6日) 卯刻，行。卅里，至江东桥早饭。午后，过万松关。【夜大雨。早，仍不止。午后，晴，雨路极难行。】[③]四十五里，到漳州府试院。镇军宋名桂芳，号奎五。差人迎候，道台文士林、吉。府杨菊人先泽。暨本城文武皆出迎。到试院，晤提调、教官、七学十四人，府学黄邦泰、朱道行，龙溪叶大泳，漳浦严道尊、谢国华，长泰黄兆鳌、刘鸣盛，南靖邱鸿江、王宝坫，平和魏光庭、郭柏芗，海澄陈栻、

---

①② 此为夹批。

③ 此为眉批，据上下文内容附于此。

樊锡侯,诏安王缵棻。

廿一日(8月7日)　谒庙。放告毕,巡视号舍、垣墙。试院因山为屋,居高临下,四无居人。【后山有芝山书院,可以登瞭围墙以外,黄星樵云:正场日,自坐山亭之上,亲为周察。】①号舍只东、西两廊,无旁跨者,较兴、泉、永三棚整齐,易于稽察。惟东、西垣外高内低,书吏、承差分住其下。又有甬道直通头门,一花墙、一短墙。余令加高坯实,甬道中分,钉板壁以断内外。晡时,府、县皆来见。晚与五友共饭。古学卷进,七属仅百十二人。

廿二日(8月8日)　考古。诏安【八二九】②、海澄【六二三】③、南澳【三十七】④文童卷进,共一千四百八十九本,监视盖戳。

廿三日(8月9日)　考首场文童。阅古卷,取生员六本发案。生题《怀仁集圣教序赋》,童题《萧翼赚兰亭赋》。生题只六本知出处,而皆有误。童则止两本,而语多劣,留为正场印证,皆未取。后正场取进一本诏安。有出号盖戳,一人提堂戒饬后,因其文尚可取之。竟日在堂,无一乱号、说话、起立者。未暝静场。

廿四日(8月10日)　覆生员古。补考八学生员廿五人。漳浦【八百二十二】⑤、长春【六百四十八】⑥文童卷进,共一千四百七十本。看打戳。

【漳多毒虫,考院新修,蜈蚣径六七寸,蛇尤多。前在兴化,白蚁千万作阵,群飞扑灯,其势猛恶,三数夕,必过一次。今闻此地亦多,然未见。昨龙溪有获犯,盖夷人雇令置药于井毒人者,于是城内皆相戒勿饮井水。因忆昌黎《永贞行》所云"蛊虫群飞夜扑灯""食中置药肝心崩""一蛇两头见未曾"等语,乃实录无诳饰也。潮与漳邻,自李唐已然,信炎维险怪今古不殊也。】⑦

廿五日(8月11日)　考次场文童。阅首场卷,发招覆草案,海澄

---

①⑦　此为眉批,据上下文内容附于此。

②③④⑤⑥　此为夹批。

三十四、诏安卅、南澳三。共六十七人。是日，午后大雨如注，至晚不止。号舍间有一二罅漏，士子无乱号者。

廿六日(8月12日) 面试首场文童。龙溪、南靖、平和卷进，龙六百三十八，南四百六十五，平五百六十四。共一千六百六十七本。发首场文童正案海澄廿四，诏安二十三，南澳一佾生，共四十八名。南澳云青、二澳属漳州，远越重洋，向来试者不过十数人，【取进一名拨府，】①近文风颇有进境，本届应试三十七人，该同知以两澳公请加拨一名，详藩司由司札府转请，候余按临斟酌。下马时，南澳生、童合词，又请余以拨府，【并援广东成案。】②虽无定额，而南澳则例止一名，今欲添取，必须达部方妥。粤东胡小泉径加一名，究非正办，当以前意批驳，令候阅文达部再定。今览各卷，大半有清气，较之各县拨府之卷，有其过之。本届仍取一名，以符定制，余取次卷二本作佾生，以示鼓励。候回省与抚藩酌明年部文回，科考时可以加拨矣。【连日夜皆大雨，州城南门、东门皆水深数尺。】③

廿七日(8月13日) 考三场文童。阅次场卷，发招覆五十九人案。漳浦卅二，长泰廿七。夜未雨，点名毕，复大雨。

廿八日(8月14日) 面试次场文童。发次场正案四十一人。漳廿四，长十七。四学生员卷进，府百八十二，龙二百五十六，漳二百十六，海二百五十。雨时作时止。

廿九日(8月15日) 考首场生员。府实到一百七十一，龙二百三十九，漳一百八十四，海二百三十五。发龙溪草案四十六人。向与南平一场招(复)[覆]，余因人数过百，难以周察，故分两日。是日，兼阅南靖卷。

七月初一日(8月16日) 面试龙溪文童。晚发正案卅二人。发南靖、平和草案各卅四人。高淡畬来。

---

①② 此为夹批。

③ 此为眉批，据上下文内容附于此。

初二日(8月17日)　面试南平文童,发正案。南靖二十二人,平和二十一人。

初三日(8月18日)　考次场生员。南靖实一百七十八,长一百五十六,平一百八十五,诏一百六十二。阅首生卷。【次场生卷进,南一百八十三,长一百八十四,平一百一十一,诏一百七十八。】①

初四日(8月19日)　本覆新进文童之期。【漳平训导周绍伊来接考。】②因各学填册过迟,未刻不齐。余牌饬查办,申初始集。余以时刻过晚,停其考,令府县查最后画结之童生、廪保及该学姓名,明日当堂面斥。发首场生一等案。府十一,龙海八,漳六。

初五日(8月20日)　通覆新进文童。府县查覆最后画结之童三人,廪保一人,吴观澜。并各本学教官。余面责教官办理迟误,将新童各令本学责打手心百(扳)[板],并吴廪五十(扳)[板]。教官首先训戒。盖此事最不易办,必语言持平乃能就绪。今当堂发落,诸生颇知畏惧,教官亦默然自惭。武试画结当少速矣。共百六十四人。漳浦病一名,未到。考教官。考优九人。府一,漳二,海二,长一,诏三。发次场一等案。南八,长七,平八,诏九。

初六日(8月21日)　覆八学一等生员试,共七十六人。府改一,龙改二。【考武生八学八百。委提调阅。】③连日皆雨,校场泥泞,不能看骑射。明日改阅步箭。

初七日(8月22日)　看步射。龙二百二十四,漳二百八十四。

初八日(8月23日)　看步射。海一百八十二,南一百七十四。【晡时晴,令收拾马道。】④

初九日(8月24日)　看步射。长二百六十五,平二百一十七,诏三百五十五。

初十日(8月25日)　早,看步射毕。午,赴校场看马箭。除步扣外,余七百余人,明晨可毕。

---

①②③④　此为眉批,据上下文内容附于此。

十一日(8月26日) 看马射,至午毕,回试院定案。漳属武风平平,诏安较胜,马步六箭者,通属仅三四人。平和府案首马步,全空,弃之。发武童案。龙廿五,漳十八,海十九,南十六,长廿,平十六,诏廿四,【澳一,】①共百卅九人。

漳浦学详有陈济河顶陈昭明之名朦进,本学生童攻出,当以廪保黄如江、黄为梁并陈济河交提调审讯。【次日】②晚间录供,系武监陈开亨、武生许其忠包揽串卖,因并廪保二人斥革,令交提调拏办。陈济河先行枷示。以陈克岐一名,挂牌招覆。

十二日(8月27日) 【安圣万寿,在试院行礼。】③文童恭默圣谕。一等阅卷,发起马牌。

十三日(8月28日) 覆试武童,辰刻毕集。昨牌示,先一夕填册。齐楚生童,鉴初五日之事,尚知感畏。发文武新进大案。【是日,太夫人寿辰。先期同城文武皆送礼,本日来拜,皆谢却。】④

十四日(8月29日) 宋镇军来。午后簪挂毕,赴各处拜访,兼谢寿。晤镇道提调。漳属上届以补考一事,诏安、海澄于生员正场日滋闹,不得点名,改至次日。提调即事中人,述之犹有余畏,余一以前棚之法严整行之。五正场一律静绥,无犯规、舞弊之事,廪保似知畏法。此次有大浦一人,嘉应一人,皆素在此地放枪者,有委员识其人。余未到时,在街市游走,考古日各遄返矣。因廪保不敢允,富室鉴于泉之叶姓,亦皆不买枪,遂败兴而去。士林观察谈及本府山长谢谦亨与观察为枢廷旧僚,其子被落,观察慰之,谢君乃盛加推赉,以为拔取之精,场规之肃,弊端之绝,四十年来所未睹,其子因误解题被黜,(豪)[毫]无怨词,并云:"漳之人从此亦知弊之不可作,书之不可不读矣。"察其词,似非面谀也。

十五日(8月30日) 清理积牍,发省信,寄抚藩、篪轩各一札。

---

①② 此为夹批。

③④ 此为眉批,据上下文内容附于此。

与芹侄书，属其转寄驾航、小琴阅。又京信四封同发。志秦、余邵。晚至黄大令署答拜，因昨下乡相验，今始归来也。午，覆陈克岐弓。

十六日(8月31日)　辰刻，起马。行三十五里，至南靖县城宿，知县英霖号云圃、前令董锺骥子良均迎见。邑居洼下，旬日前霖潦积湿，四门皆满，行馆亦湫隘。盖自兴泉至此，下府地尽。此去龙岩，直指西北，山行以渐而上。晴热甚。明日，路荒远，饬早集夫马启行。

十七日(9月1日)　寅正初，启行。卯正，入山。询土人，始行五里，荒远可见。四十里，至深渡早饭，沿漳河行【亦如上府溪河路】①。中逾月岭、峰苍岭，皆石级盘山，百折登降，悠远至深。渡已午正，四十里如八十里。饭毕，复行不四五里，大风雷雨，逾时乃歇。又行四十里，至水潮已上灯矣。过碧溪社，日前巡检陆姓乘戏场索赌规，被社众殴辱，同往之王把总亦受伤，镇道派兵搜拿社人，逃窜入山。余过时，空村而已。

十八日(9月2日)　卯初刻，行。三十里，至和溪早饭，地仍属南靖。饭处一市楼上，炊烟下起，薰臊上腾，食不下咽，急启行。【误记，此马坑早饭处。】②将过林田岭，白云满山，细雨复作，是岭为下府最高大之山。石级宽平如仙霞，陡峻逊于鸽岭，而博大过之。将至绝顶，雨渐大，四面惊泉喷薄，沿盘道而下，俯视一白无垠，茫茫云海，亦胜事也。过此至九车溪，便入州境，舆夫接替，生力较速。晚，共行四十里，亦荒远如五六十。至适中宿。此地颇宽平秀润，村楼亦修整净直，无翘楞怪恶气象。【自泉至此，皆沃壤，种植极繁。入龙岩，尤腴美。】③问之汴生，州谢姓，赋笔尚好。州牧联勃斋【名联兴，湖北驻防，庚戌庶常】④来迎见，云谢族居即此地也。

十九日(9月3日)　卯刻起雨，竟夜不止。辰刻，滂沱稍杀，乃启行。三十里，至马坑早饭。又三十里，至州，入试院。屋宇甚少，方

---

①④　此为夹批。

②③　此为眉批，据上下文内容附于此。

向、布置皆谬，与幕友同室居。余因关防不密，自择大堂后两间移居。盖家丁住处，地虽湫湿，然于办公较便。【到后，勃斋复来见。三学教官州教谕林鹏年、训导黄倬昭、漳平教谕苏新猷、训导周绍伊、宁洋训导施启东五人皆来见。】①

廿日(9月4日) 早，行香归来，巡阅垣墙，应堵闲、隔绝处，均令赶办。灰砖席片，尽一日整理清楚。【提调来谈。】②午后，补书日记。州、漳平、宁洋三属古学卷进，共一百卅三人。州古生廿八，童七十七，余两邑皆数人，考经性理等十人。雨。【汀州上杭训导陈馨宜来接考，年少才明，建阳廪生也，当以府札一件付之。嘱延古香太守传集教官、廪保严谕，以豫防枪替、跨考。】③

廿一日(9月5日) 【卯刻，雨止。】④考经古生童。三属生员卷进，州一百九十三、漳二百一十三、洋九十一。共四百九十七本。夜大雨。

廿二日(9月6日) 丑刻，雨止。寅正，出堂点名。考三学生员，入号后，多起立说话者，呵之不止，打一人，乃静。阅古卷。发古案生员十卷招覆。州九，漳一。童古有数卷略可，留俟正场印证。雨时作时止。

廿三日(9月7日) 覆古试。手批十卷，发阅。阅生卷。漳、洋两县童卷进，漳五百八十九，洋九十七。共六百八十五卷⑤，监视打戳。午后，晴。

廿四日(9月8日) 考首场文童。漳、洋。寅正二刻出堂，各童入号颇安静。定一等生卷。晴，热。

廿五日(9月9日) 考教官，五。优生。州三、漳三、洋二。阅童卷。漳平文风劣，宁洋尤甚，披拣颇苦。晴雨半。州童卷进，共六百六十六本。

廿六日(9月10日) 考次场文童州。寅正一刻出堂，场事静肃

---

①③ 此为眉批，据上下文内容附于此。

②④ 此为夹批。

⑤ 漳、洋数目相加为六百八十六，与六百八十五卷不符。

如前日。搜两县落卷。发一等案。州十三、漳十一、洋七。发首场草案招覆,漳二十七、洋十五。共四十二卷。晴。

廿七日(9月11日) 面试首场童。晡,发漳、洋正案。漳十九、洋九。晚,与诸友共饭。

廿八日(9月12日) 覆试一等生员卅一人。阅次场童卷,发草案招覆卅四人。考武生,委提调阅。共三百〇四人。

廿九日(9月13日) 面试次场童。晡,发州正案,廿。佾生五名。州童卷、古卷可取者颇不乏,书法匀净者亦多,晋江不能过也。正场面试,文理清通,将及卅卷,除择文优解题者入正案,附取佾、古各五卷。

卅日(9月14日) 总覆三属文童。午初刻齐。勃斋来谈。新取佾生第一之谢琢成禀控新进十六名詹瑞图匿丧,交提调审。再阅覆试一等卷,府、漳各改二等三人,宁洋一人。府定一等十人、漳八人、洋六人。晚,勃斋复来谈。

八月初一日(9月15日) 卯正,到校场阅马射。未百人,雨,勉强再阅百余人,大雨如注。四山之水,奔注马道,止射,回。定三属二三等卷。晚,与诸友同饭,谈甚畅。

初二日(9月16日) 雨未止。在试卷,阅步射。

初三日(9月17日) 晨,雨。午后,晴。仍阅步射。有陈龙辉一名,报名错误,面究不知三代,交提调审。

初四日(9月18日) 晴,赴校场阅马射。除连日步扣,只余六百余人,半日而毕。未刻,回试院。提调来谈,昨交审之件确系顶替,明早递供折。【发教官榜,一等四人,二等一人。发生、古正案,仍十人。】①

初五日(9月19日) 晴,阅步射百余人,巳正全毕。发武童案。州十七、漳十九、宁九。本届应试武童,州五〇八、漳九百五十九、洋二百三

---

① 此为眉批,据上下文内容附于此。

十九。共一千七百四人[①],数与漳州相埒,而劣又甚焉。马步全中无一人。提调交供折到。顶替陈龙辉者,其族兄陈光俊,供称龙辉临场患病,伊因送场来此替入,认保、挨保均不知情。认保陈光孚供认疏忽不知情,挨保陈庭训亦然。余因陈光孚经当堂面谕仍坚称系本童陈龙辉,亦未经提调饬传,当发牌札,先将陈光俊枷示。认、挨保革去衣顶,饬州提陈龙辉到案,究明有无串通贿买等情弊,按拟详办。提调详覆詹瑞图一案,其生父卒于八年五月,而瑞图系自幼过嗣胞叔朝阳,只降服期年。其结单三代,皆填朝阳名,将其祖、其嗣父均传到案,钓验过嗣文约,重取廪保甘结。并谢琢成自认传闻不确,甘结其为诬告,已无疑义。当谢琢成递禀时,覆试人甫入号,伊自提考篮而上,意幸将詹瑞图攻去,即刻拔补,便入号覆试。初供亦称,闻人言攻去瑞图,汝便可补。其愚笨亦出寻常。当牌示销案,将谢琢成佾生革去,罚停下次科试一次,以示惩儆。提调来。

初六日(9月20日) 辰刻,一等阅卷。新生恭默圣谕、小学。书对联。清理稿件。提调来。晴热。晚与六友同饭【初五日,误记于此】[②],谈至子刻,散。

初七日(9月21日) 清理稿件。未正刻,覆试武新生。考贡二人。致中丞信。作家书托中丞交,不遣人。回署信由排单寄。连日皆晴。

初八日(9月22日) 簪花,奖赏毕,拜勃斋太守,晤谈。监箭游击林福喜本营游击尹汤臣、中军守备陈星垣。答拜,均未晤。晚赴勃斋约,有戏,亥初归。

初九日(9月23日) 卯刻,启程。廿五里,至石牌头天后宫早饭。勃斋送至此。【文巡捕顾保和、武巡捕何捷辉均自此返。】[③]又行

---

① 州、漳、洋数目相加为一千七百六,与一千七百四人不符。

② 此为夹批。

③ 此为眉批,据上下文内容附于此。

卅五里,申初刻,至大池宿,地属龙岩,下榻于书院奎星楼下。今日山路尚开阔。天晴有风,不甚热。中逾一岭,不知名。

初十日(9月24日) 卯刻,启行。三十里,峰头早饭,上杭县属。又行廿八里,至白沙宿,似素封庄居,诸友在楼上。晨行,过石钟岩,为上杭东界,绝涧有长板桥,过桥即是。未至里许,峰回路转,斗见青石壁,与他山土色迥异。过桥折而右行,即岩下也。青苍对起,巉削类刀斩斧截,石状如云起翼张,又如大厦而去其庭柱。旧有十余石笋倒垂岩下,近为发逆毁去,只余一笋,长丈余。岩乳随石罅而下,长年滴沥不断,余石在道旁,若鹰若犬,奇诡者不一。再上十余级,有石洞,中颇幽邃,询之土人,云其中径路甚远,近有大蛇踞其中,无敢入者。余至其处,外有木栅,内石岩横起,亦如堂宇,中方广三四丈,洞口在右土坡上,有木梯可登。仆人进,窥之,黝黑阴森,无所见而返。自此盘山而上,无居人,松竹转转增胜,行縢旋转浓绿之中,磴道旁尽乱草,但闻绝涧泉声雷吼,而蓊翳不可见。赤日不到,空翠爽肌,颇得柳记"奥如"[①]之胜。入闽山行,此为仅见矣。上杭令王冕南,字裕泉,湖北人,壬戌癸亥连捷进士,迎见于此。夜,西北风大作,寒甚。晓起,著重棉始行,又甚于北方八月时矣。

十一日(9月25日) 卯刻行,风仍不息。廿五里,至将军桥早饭。行馆临河架屋,对山启窗,较胜他处。又行廿五里,至上杭县书院宿,新修,颇宏敞。【文、武巡捕在此迎见,令先回府城。】[②]冷如昨晚,阴甚,雨作。自入龙岩境,拦舆绝少,今日又于于而来,与漳略似。王裕泉来见。

十二日(9月26日) 因山程荒远,寅刻,爇火行,过两渡,四十里,至悦洋早饭。悦洋上下十里许,地属武平。邑令邓嘉绳,号公武,

---

① 柳宗元《永州龙兴寺东丘记》:"游之适,大率有二:旷如也,奥如也,如斯而已。"

② 此为眉批,据上下文内容附于此。

南京人，邓子久侄也，来此见。又行五十里，至官庄。行馆毁于蓝屋驿，此假庙中宿。竟日，北风，阴雨，古寺湫湿，王大令送至此，复来见。

十三日（9月27日） 寅刻，起行。三十里，至畲心早饭，地属长汀。汀有猺民，俗呼畲客，读如奢，见州志，此岂其旁近地耶？又行六十里，至三洲宿，行馆假戴姓居，尚整洁。长汀令朱绳武，字兰皋，湖北人，迎见于此。延古香太守楷亦来迎候，谈逾刻而去。阴，寒。

十四日（9月28日） 卯刻，启行。廿里，至河田早饭，亦庙也。又四十里，申初，至汀州府城考院。署镇缪公胜。率将伍出迎。府县及厘局委员沈定均、周星诒、季贶，同知叔芸前辈胞弟。九学教官均出迎，旋来见。

府学丁上达、何学远，长汀周懿光、高会韬，宁化谢秀东、冯元声，清流陈韶钧、郑从咸，归化刘懿芝、施名辅，连城陈尧云、邱炜，武平郑朝元、黎邦菁，上杭董炳章、陈馨宜，永定谢政元、叶滋东。

十五日（9月29日） 谒庙。讲书。阅墙，棚、舍均宽绰，东棚、西棚皆二而无障蔽，惟堂上地窄，号卓六十戳，断不能容。余令于堂阶接搭木板，以便面试。生、童古卷进。生一百五十三、童一百七十七，共三百卅本。连日皆阴。

十六日（9月30日） 卯正，出堂。点名，考经古。宁化、归化、武平童卷进，共一千五十八本。宁二百四十一、归一百一十八、武平六百九十九。

十七日（10月1日） 寅初，起。寅正，出堂，点名，考首场童。阅古卷。晚，发古案，取生员十九本。招覆，童无可录，生胜龙泉。两日阴晴相半。

十八日（10月2日） 覆古试。生员补考六十七人。【阅首场卷。】[1]上杭、永定童卷进，共一千四百六十六本。上九百六十三、永五百

① 此为夹批。

〇三。夜雨，旋止。

十九日(10月3日) 【寅初，出堂。】[①]考次场文童。阅首场卷。发归化、武平草案，招覆六十二人。归廿五、武三十七。晴。

廿日(10月4日) 面试【归、武】[②]首场童。长汀、连城、清流卷进，共一千四百十六本(长八百四十七、清一百六十六、连四百〇三)。发归化、武平正案。归十八、武廿六。王经回，接署信并京、济各函。批折回。

廿一日(10月5日) 考三场文童。【未曙时，捉获东墙系绳一人江梦花，交提调讯明枷示。】[③]阅次场卷，并首场宁化卷。发宁化、永定草案，招覆五十八人。宁廿八、永卅。此处棚、舍皆宽绰，而堂甚隘，三县招覆百人以内，实不能容，故正场照向式三场，而以面试分作四次。阴，有风。

廿二日(10月6日) 面试宁化、永定文童。发宁、永正案。宁廿、永廿三。永定可卷较多，比上届多进一名拨府。首场生员卷进，共一千一百九十五本。府二百二十八、长三百三十六、宁二百廿、清二百二十五、归一百八十六。

廿三日(10月7日) 考首场生员。发上杭、清流草案。上五十三、清二十三。

廿四日(10月8日) 面试上杭、清流文童发正案。上四十、清十六。上邑文风不劣，而进额多后路弩末，故拨府较上届少一名。次场生员卷进，共一千〇二十四本。连二百二十三、上三百一十一、武二百九十、永二百。

廿五日(10月9日) 考次场生员。发长汀、连城草案。长四十、连三十。

廿六日(10月10日) 面试长汀、连城文童。发正案。长二十九、

---

①② 此为夹批。

③ 此为眉批，据上下文内容附于此。

连二十二。

廿七日(10月11日) 考优生,长四、上四、永二、连二、武一。共十三人。教官十八人。发首场一等案。府十二、长十二、宁七、清七、归六。

廿八日(10月12日) 覆各属文童,八县九学一百九十四人。发次场生案。连六、上十五、武七、永十一。

廿九日(10月13日) 覆九学一等生员。补考一人。文试以今日毕。始终清肃,文理笔迹皆符,无枪替。考武生,并补考,委提调阅。武共一千七十四人,补四十七。

九月初一日(10月14日) 阅长汀马射一千名。

初二日(10月15日) 阅长汀、宁化、清流马射一千一百余名。

初三日(10月16日) 阅归化、连城、上杭马射一千名。

初四日(10月17日) 阅上杭马射一千名。

初五日(10月18日) 阅武平马射一千一百余名。

初六(10月19日) 阅武平、永定八百余名,毕,未刻回。

原报府册共六千八百五十二人,册扣七百七十九人,马不到五百八十三人,马扣二千四百九十八人,枷示十六人,余二千九百七十六人过步射。

初七日(10月20日) 阅长汀步射。

初八日(10月21日) 阅长汀、宁化、清流步射。

初九日(10月22日) 阅清流、归化、连城、上杭步射。

初十日(10月23日) 阅上杭步射。

十一日(10月24日) 阅上杭、武平步射。

十二日(10月25日) 阅武平、永定步射。发文武生员大案。【文一等:府十、长十、宁五、清五、归五、连六、上十二、武六、永十一。】①

十三日(10月26日) 阅永定步射,巳刻毕。发武童正案,长廿三、宁廿、清十六、归十八、连十九、上三十五、武三十二、永十六,共百

---

① 此为夹批。

七十九人。

十四日(10月27日) 文童默圣谕、小学。一等阅卷。发教官榜,一等九人,二等九人。经古榜十九人。

十五日(10月28日) 武童覆试。发文武新进大案。有廪生员巫梅、赖捷锋指讦新进长汀武童许存诚为许鹏飞重名,而认保谢观炜坚称本童无弊。许存诚复供讦巫、赖两人讹借不遂。当因硬弓相符,照常发案。停许童簪挂,交提调差传许鹏飞到案质讯,务期水落石出。【邵武试院接古香回文,陈许鹏飞已到案,并非重名。赖、巫两生均认误告,许存诚亦认误讦。两造及各廪保均具无弊切结。因令传齐扑责发落,并代行簪挂许存诚。】①

十六日(10月29日) 簪挂。因天晚,未拜客。

十七日(10月30日) 辰刻,拜署镇缪松林、太守延古香,皆晤谈。汀军司马周季既、【汀令朱、】②委员沈、游击王,皆未遇。手寄星岩将军、补帆中丞各一书。禀太夫人一信,托古香太守妥递。本城官各来送行,晤语。

汀郡武试重名、跨考者最多。一人有捏数名者,教师把持兵房,廪保通同弊混,每届府册多至万余名,府县试率雇人代考,积弊相沿,视为应有。发榜后,讹索攻讦,不一而足。兼之士风犷悍,乘考聚众滋事,地方官畏之如虎,市肆多闭户歇业。按试四十余日毕事,已为最速。余在龙岩,先严札提调,传齐教官、廪保,剀切晓谕,细核册籍三代、年貌及姓名诡异并廪保闻知者,令其先期退保,临场指攻。该处生、童于余历试下府情形、办法早有传闻,尚知儆畏。府册扣实人数,仅及六千。第一日马射,长汀廪保攻出数人,余认出数人,皆当场讯明,杖责枷示。自此,马射重名者纷纷不到。校阅迅速,五日半毕。步射不及三千,六日半毕。其本童用功自试及守分,廪保同声称诵,

---

① 此为眉批,据上下文内容附于此。

② 此为夹批。

作伪者亦懔然知惧，地方官绅诧为希有仅见之事。计文武场通毕，出入汀郡，共三十四日。长汀差费减省非少，市肆不惊，无一武童滋闹者。终场手发牌札，革代雇枪替武生吴元一人，知情滥保廪生冯琇一人。本童应院试，倩人过府县考，廪保不知情者，降附五人，挨保皆停廪。奖励攻出重名廪保九人，并通札各县学，下届严定派保，自县而府而院，始终一人认保，县无保名，不得滥收，不准再三补考。如此则认保责重，无可推诿。兵房教师退处无权，甲年岁试替人，当可少省心神。照此行去，不过一二次，此弊必可全除，跂余望之矣。自前月初十夜，北风起寒，在汀匝月，皆密云不雨，日着重棉，其间无竟日放晴者，亦始终未雨，故马试无(眈阁)[耽搁]。

十八日(10月31日) 天曙，自汀起马，卅里，至新桥早饭。又四十里，至馆前行馆宿，仍属长汀，朱令送至此。【接署信，又中丞一函。】①

十九日(11月1日) 卯刻，启行。廿五里，彭家庄早饭。宁化令徐之縠，号诒孙，贵州，壬子同年也，遣人供备。又三十里，至石牛宿，徐令来见。

廿日(11月2日) 卯刻，行四十五里，至丁坑口早饭。又卅五里，宁化县城宿，与徐往还晤谈。

廿一日(11月3日) 寅正，起身。三十五里，至中沙【望高驿】②早饭。又六十五里，暝时，至安远宿，仍宁化地。诒孙送至此。自中沙十五里，过沙坪，路荒远而山川秀发，起伏环抱，曲折有情，田畴茂美，五家坊至安远尤饶隐秀。如此地势、风景，而人文未见出色，不可解也。

廿二日(11月4日) 寅刻，行。五十里，至建宁县属之澜溪早饭，邑令黄毓鑫四川彭县选拔，号西山，辛酉拔。迎见。又行卅五里，建

① 此为眉批，据上下文内容附于此。

② 此为夹批。

宁县城宿。建邑山水亦佳,人物清秀,县城地势尤胜。

廿三日(11月5日) 寅刻,行廿四里,洛洋早饭,黄令送至此。又廿六里,至泰宁属之梅口宿。午后,过挽舟岭,登降不似鸽岭林田之峻,而绝顶东望可以瞰海,为诸岭所不逮。泰宁地势最高也,令徐士俊【号谏廷,江西临川监】[①]迎于岭下,旋来行馆见。

廿四日(11月6日) 天曙,行三十里,至泰宁县城书院宿。以上三县,皆驻书院,半日即歇,出试以来所无也。

廿五日(11月7日) 寅刻,行廿五里,朱口早饭,仍属泰宁。又五十里,至邵县大埠冈宿,邑令邓厚成来见,亦江西人。号小田,江西壬戌举人。自过挽舟岭,气候顿暖,棉衣不能着矣。山多枯,水多峭,不及建宁。

廿六日(11月8日) 行廿五里,山口早饭。又卅里,至邵武府试院。提调叶巘臣前辈炳华,南海,庚戌。与府属文武出迎,旋来见。教谕兼府训并邵县两斋魏光文、府训请假,邵县两教官皆前月卒。光泽、施文光、原名镜河,壬子同年。训导滕映璧、建宁吴廷槎、林鸣瑞,泰宁兼训张任之。文巡捕府经桂以芬、武巡捕吴金隆。

廿七日(11月9日) 忌辰,未行香。府、县来谈。阅墙。古学卷进,共七十一人。生卅,童四十一。

廿八日(11月10日) 寅刻,行香。回院点名,考经古。五学生员卷进,府二百四十三、邵二百六十一、光一百四十八、泰一百〇一、建一百七十八。共九百卅一本。

廿九日(11月11日) 寅刻,点名,考全属生员。阅古卷,取八名,皆就地取材,无惬当者。光二、建四、府一、邵县一。阴雨。

三十日(11月12日) 覆古八人,补考十七人。四县文童卷进,共九百本。邵三百〇五、光三百二十、泰八十一、建一百九十四。晴。

十月初一日(11月13日) 考合府文童。阅生卷。晚,邓小田

---

① 此为夹批。

来晤。

初二日（11月14日） 考教官七人，优生五人。府四、邵一。阅生卷。发一等，招覆案，府八、邵六、光七、泰四、建七。共卅二人。晡阴，微雨，北风大作，寒甚。

初三日（11月15日） 覆试一等。考武生委提调。阅童卷。发邵县、泰宁草案，招覆五十三人。邵卅三、泰廿。晴，仍寒。

初四日（11月16日） 面试邵、泰童。发正案。邵廿五、泰十三。邵文多劣，较上届少拨府二卷，以泰补之。发光建草案六十本。光卅，建卅。泰宁府首陈承标，文理不通，恶劣已甚，面试文同摈之。

初五日（11月17日） 面试光、建童。发正案光廿二、建廿二。光泽府首邓煌、建宁县首聂光荣，两场文字皆不知所云，与泰宁府首同摈之。

初六日（11月18日） 早，约邓小田来谈。覆新生试，午正点名。

初七日（11月19日） 卯正，赴校场看马射，一日而毕，【除册扣，邵三百〇五，光三十二，泰八十一，建一百九十四，】共八百四十三名①，归试院已上灯矣。接鲁香信。

初八日（11月20日） 晨起，定二三等生卷。巳刻，出堂看步箭。至酉正，毕邵、光、泰三县。光、泰放箭极缓，故余建邑未阅。晚，发文武生大案。【文武两试，均静肃，无枪冒顶替等弊。案首三人，以文理不通被斥，士论翕然矣。】②定覆古及教官卷等第。连日晴明，早寒，午暖。

初九日（11月21日） 看建宁步射，午初毕。定四县武童案。发正案，邵廿三、光廿一、泰十、建廿三。共七十七名。晚与六友共饭。

初十日（11月22日） 提调来晤。书联对。看稿件。文童恭默

---

① 邵、光、泰、建数目相加为六一二，与八百四十三名不符。

② 此为眉批，据上下文内容附于此。

一等阅卷。建宁府委建阳教官王彝接考。

十一日(11月23日) 晨书应酬字。申刻,武童覆试硬弓。清理稿案。晚,作札致中丞。

十二日(11月24日) 早,与方伯、司徒伯芬观察各一书。未刻,奖赏一等簪挂新进。拜本城文武,见提调委员、知府张文彬、邓令小田。晚,写寄太夫人禀。【自汀至此九栈,杠只较多。雇船四只,差书吏高椿、杨祺,门听邓金,承差游高、林裕带火夫六人,押卷箱及内外核减之行李回省。此去建宁州县,夫价可省一半。】①

十三日(11月25日) 辰刻,起马。行五十五里,至邵县属之界首行馆宿,邓令送至此来见。界首一村分属邵、建两邑,行馆仍邵界。

十四日(11月26日) 辰刻,行。廿五里,午刻,至建阳属之麻沙宿。建阳署令通判何燮元字汝梅,行一,浙江诸暨人。来迎见。与六友同居,半日无事,作联句一首。今昨两栈路,一日不足,两日有余。

十五日(11月27日) 卯刻,行五十里,至马伏早饭。又廿里,至建阳县对岸行馆宿,仍三月旧馆。后院临河开窗,水平山瘦,较春水方生又是一番景色。傍晚月上,一镜当窗,恰在遥山之顶,洼隆尽显,波縠摇金,渔火一星,掩映林隙,尘籁既寂,滩声乃来。【文巡捕建宁府经历周志侃,字仲行,钱唐人,来迎见。】② 今日,六友皆居别馆,急邀来同饮,迭递俯窗,徘徊清景,夜深乃去。自冒暑遄征,及今八阅月,此静乐不易观也。

十六日(11月28日) 卯刻,行三十三里,至宸前早饭。【建令送至此。】③又四十七里,叶坊宿,地属瓯宁,陆令来见。晚,与诸友共饭。

十七日(11月29日) 辰刻,行四十里,午刻,至建宁试院。【代

---

①② 此为眉批,据上下文内容附于此。

③ 此为夹批。

理建安令马励庵来迎，新署任章云屏凤翎已到，即日交卸。】①署镇侯会同、号绎如，行二，南充人。太守李蔼堂率本城文武次第出迎，旋来见。牌革拦舆无状，呈控钱债之延平顺昌生员蔡臣鋆一名。此地士习尤酷好词讼，拦舆袖牍者纷至沓来，余一概屏斥不收。其攀竿不舍，投递无状者，则令民壮带定至县府，随呈交付严究。

府校授沈绍九、训导王谷年，建安李时中、林天从，瓯宁陈福昌、刘懿璜，建阳刘松年、王彝，崇安冯宪曾、冯梦辛，浦城何高衢、梁傅年，松溪方绍卿、林寿颐，政和教兼训张润泽。次均稼村《建溪对月见赠》七律一首。

十八日(11月30日) 行香。阅墙。建、瓯两邑跨考之弊与闽侯同。文场此次归并一场，武场建剃发，瓯不剃发，以便识认。两邑廪保合词呈请，亦求如此办理。盖各棚严责认保，伊等早有传闻，故思避就计，然此地多江西寄籍，人颇狡诈，此呈意存见好卸责，不必尽出于公。余总以试毕无弊为凭，此类虚花技两，亦徒费耳。古卷进，生廿八，童卅，共五十八本。【夜雨。】② 用昨均简秋崖一律，题茶庵《劫后》草一律。

十九日(12月1日) 考古。首场文童卷进。建安四百六十七、瓯宁四百〇九、松溪一百一十五，共九百九十一本。净场后，章令来见，今日接印，面交中丞信一件。陆令同见。

二十日(12月2日) 丑初三刻，起。寅初，点名。考首场文童，一切清肃。竟日在堂，暝时净场。阅古卷，取生员七本。

廿一日(12月3日) 覆古试。补考生四十一人。阅卷。次场童卷进，建阳二百七十五、崇安二百二十、浦城一百七十八、政和一百三十三。共八百零六本。

廿二日(12月4日) 丑初三刻，起。寅初，点名。考次场文童。阅卷，终日在堂。发建安、松溪草案，招覆。建四十五、松二十二。

---

①② 此为眉批，据上下文内容附于此。

廿三日(12月5日) 面试建安、松溪六十七卷。发正案。建安三十七、松溪十七。【首场生卷进,府二百三十,建三百四十八,瓯三百二十四,共九百零二本。】[1]

廿四日(12月6日) 考首场生员,点名时刻如前。童场尚能鱼贯,生则犷狡不驯,提调参堂时,已混入抢签,当全行逐出头门。捉获首先抢签府学生员杨立峰一名,挂牌斥革。入号后,说话起立者,不一而足。掌责两人,乃息。阅卷。发瓯、崇草案瓯四十四人,崇卅六人。

廿五日(12月7日) 面试瓯、崇,以瓯宁、东莱肆一卷,文理不符,发提调究问。发正案。瓯三十五,崇二十六。次场生卷进,阳二百一十五、崇二百四十六、浦一百三十七、松一百八十四、政一百一十四。共八百九十六本。

廿六日(12月8日) 考次场生员。昨革一人,今日无一抢挤者。门外阒寂无声,半时许,点名全毕。下灯,题,历一时,东方乃白。阅卷。发阳、浦、政三邑草案。阳卅四,浦卅,政廿一。提调禀:东莱肆一人已遁去。余饬限廪保跟追一日,不获,先革廪保究办。

廿七日(12月9日) 面试末场三县。发正案。建阳廿七人,浦城廿三人,政和十四人。政和文多近题清晰,取佾生三名。东莱肆号提到名杨选青,系倩连号东芥三之吴益卿代作,临时讲定进学谢钱六十千。廪保不知情,提调录供词,到先饬拘吴益卿到案,而以杨选青枷示。

廿八日(12月10日) 考教官十五人。优生三人。建安一,政和二。发牌示,催填册,汴生上届半夜乃集,【新生覆试。】[2]比交卷,天曙矣。

廿九日(12月11日) 已刻覆试,合属文童一百七十九人。发一等案,招(复)[覆]。府十四,建十三,瓯十五,阳十二,崇十四,浦七,松七,

---

① 此为眉批,据上下文内容附于此。

② 此为夹批。

政五。【七属府册三千六百四十六，退保扣，实二千五百六十七。】①建、瓯武童便览册进，每一千退保五百余名。以嚣顽刁狡之区，而廪保竟能如是之恪遵功令，初愿不及此也。跨考既已肃清，马射三日可毕矣。

十一月初一日（12月12日） 覆一等生员。松溪一卷不到。岁考武生，交提调阅。又补考生九人。府一百四十三，建一百四十九，瓯一百四十一，阳一百一十八，崇九十九，浦七十九，松九十五，政七十三，共八百九十八人。

初二日（12月13日） 凌晨，赴校场阅马射。繁霜匝野，坚冰在须，朱笔僵冻，不能作点，直是幽燕气候矣。是日，阅建安五百余人，瓯宁未毕。【建府马快，中箭亦多。】②

初三日（12月14日） 看瓯、阳、崇三邑马箭，毕，浦城未毕。晴冷如昨日。

初四日（12月15日） 看浦、松、政三邑马箭，未初全毕。降松溪廪保范保煜附生，以屡误唱保也。

初五日（12月16日） 阅武童，建、瓯步射。

初六日（12月17日） 阅瓯、阳步射。

初七日（12月18日） 阅崇安、浦、松步射。发文武生大案【文一等定案，府十三，建十一，瓯十三，崇十四，阳十，浦六，松五，政五】③。【斥革文理荒谬建安生员林浑然，原卷发学，仍缴回。】④

初八日（12月19日） 阅松、政步射毕。晚，发武童案。建卅，瓯卅三，阳十九，崇廿四，浦十九，松十八，政十六。

初九日（12月20日） 文童恭默。一等阅卷。发起马牌。发教官榜，未列二等。生员经古榜稍移动，未摈落。

初十日（12月21日） 武童覆试。发文武童大案。此地文风不

---

①②④ 此为眉批，据上下文内容附于此。

③ 此为夹批。

振，士子束阁诗书，沈酣词讼，兼之人情狡猾，场中无弊不作。本届虽一律肃清，无一赝鼎，而先时临事防范禁约，其用力数倍于他处，兼以文字不佳，全搜落卷。事毕之后，心神困顿已极。闻前任多以上府考试为轻裘缓带之地，而余则躬擐甲胄，处处如临大敌，岂天禀固殊耶！抑福兮有厚薄，故所遇有难易邪！不可解已。

十一日(12月22日)　奖赏毕，拜署镇侯会同、提调蔼堂太守、监射游击彭年，均晤谈，两县未见。林训导来见，锡三之弟也，号蓉屏，行四。寄省署、中丞各一函。

十二日(12月23日)　辰刻，起马。因水程滩浅，与诸友陆行，拨行李，官、私人役大半入舟，谕令同时到延。今日行四十里，至太平宿，建令、文巡捕、政和张教谕，皆送至此。天气较暖。

十三日(12月24日)　辰刻，行。四十里，至大横宿。南平令潘文凤泾县人，号仪卿，行三，实蚶江通判、文巡捕府经历孙绰绍人、府教授陈鸣昌迎见，均当日回。行李船同到。

十四日(12月25日)　行，四十里，至延平府，以上三栈皆春时来路。春多雨滑难行，此番较速。而傍山临河，一路尽黄茅白苇，行縢旋折于其中，不能为左右顾。霜寒水落，滩石麻鳞，曳船上濑者，其声哀惨，耳目之前，索然意尽。兼之黯淡滩一段，沿岸峭壁，陆行不可见，与邵建之不睹武夷同一惘惘。康侯观察、少青太守与城文武次第出迎，并到试院晤谈。府教授陈鸣昌、训导李逢庚，南平陈升三、徐叙模，顺昌刘时昌、郭继昌，将乐薛耕春、徐锡麒，沙县任濬源【壬子乡榜】①、薛如芬，尤溪林祐曾、元长襄，永安吴景鸿、陈鹤书。李世兄源湘【芷汀】②来见。

十五日(12月26日)　行香。提调来谈。阅墙，棚舍多破毁，地基亦隘，堂上地面尤狭。上灯后，古卷进，生童共三十七本。

十六日(12月27日)　考古，三十七人中，又有三人未到。首场

---

①②　此为夹注。

童卷进，共七百卅一本。将乐八十二，尤溪三百八十二，永安二百六十七。

十七日（12月28日） 丑正三刻，起。寅正，点名。考首场童生，鱼贯安静，胜建宁，怀挟亦少。卯初二刻，毕。生童古卷无一可取。勉凑七本生卷，招覆。

十八日（12月29日） 覆古试。生员补考三十九人。次场文童卷进，共六百零六本。南平三百五十，顺昌卅七，沙二百十九。午致方伯一书。阅永安卷。

十九日（12月30日） 同首场时，考次场童生员，安静如昨。阅将乐卷。晚发将、永草案五十九人。将二十五，永三十四。【得桐侄书。】[①]寒甚。

二十日（12月31日） 面试将、永五十九人。将邑文劣，永亦凑泊。申刻，发正案。将十八，永二十七，将邑少上届，拨府一本。

廿一日（1872年1月1日） 首场生员正场。顺八十八，将九十四，尤百六十五，永百六十一。发尤、沙草案。尤卅七，沙卅一。

廿二日（1月2日） 面试尤、沙六十八人。尤溪较胜。发正案。尤廿六，沙廿四。

廿三日（1月3日） 考次场生员。府百八十二，南三百〇一，沙百六十九。发南、顺两县草案。南四十六，顺二十。

廿四日（1月4日） 面试南、顺文童。顺只府首吴建章一卷，取法不低，笔近沉著。余应考卅六人，只一卷解题清晰，七八卷本句通顺，外皆文晦不通。发正案。南卅五，顺十六。

廿五日（1月5日） 考教官十四人。无优生。阅生卷。

廿六日（1月6日） 覆合属新进一百六十四人。发一等案。府十二，南十一，顺七，将七，沙九，尤九，永十一。

廿七日（1月7日） 覆一等。委提调岁考武生六百六十三人，补考卅七人。

---

① 此为眉批，据上下文内容附于此。

廿八日(1月8日) 阅马射,南、顺、将、沙看毕,尤一半。

廿九日(1月9日) 阅尤、永马射毕。未刻回署。

十二月初一日(1月10日) 阅步箭。南、顺、将、沙。

初二日(1月11日) 阅步毕。尤、永。发武童正案。南卅,顺十六,将十七,沙廿一,尤廿二,永卅一。发文武生员大案。一等:府十二,南十,顺六,将六,沙九,尤九,永十一。

初三日(1月12日) 文童恭默。一等阅卷。发起马牌。

初四日(1月13日) 武童覆试。写信件。

初五日(1月14日) 簪挂牌毕,拜客。发文武新进大案。

初六日(1月15日) 午刻登舟,滩落水激,行颇速。百十里,至清风岭下十里,泊。

初七日(1月16日) 行九十里,到水口。古田令陈星聚来见。此次舟行,渠与南平皆省夫价甚多。省有一船来接,余未换,促原船即刻开行,至竹崎上十里,泊。

初八日(1月17日) 逆风阻舟,水口下皆平流,旁无纤道,非顺风不可。终日行三十里,泊。去省城尚百里。

初九日(1月18日) 仍逆风,行至申初,乃到洪山桥。将军以下自辰刻出城候余,久不至,各回署。比闻信复出,而余已入城,率皆涂遇。当往拜督抚,上灯时回署。首府县来见。三学教官来见。

初十日(1月19日) 拜客。

十一日(1月20日) 忌辰,未出门。来见者多。

十二日(1月21日) 同。自作禁止闽侯跨考牌示。

十三日(1月22日) 藩台以下皆来见。将军、中丞来晤。

十四日(1月23日) 拜客。

十五日(1月24日) 以后,清理稿件,加以往来酬(醋)[酢],日不暇给,无应记者。发禁止跨考牌,府试不准补考牌。与林福泉太守间日一晤,商办整顿府试。一切事宜,令教官督饬。廪保签退跨考童生,手发牌示,令歧籍混考者,其有本童三代近属在本县,档册、入学、出仕有据者，于府试前改归原籍。与福泉议定福宁岁试。新正十八日起马，十九日首府开考。闽、侯、长三县在贡院，一日并考，以清人数。事非一日，总系大略于此，其详俟福州试毕再记。

十八日(1月27日) 中丞招饮。

廿四日(2月2日) 将军约食全羊。

廿六(2月4日)、廿七(2月5日)、廿八(2月6日) 等日，统答拜来见官绅。除夕补记。

壬申正月初一日(2月9日) 寅初刻，诣万寿宫、文庙、武庙、文昌宫。行礼毕，均在文昌宫团拜。旋至督抚、藩臬等处拜年。

初二日(2月10日) 卯刻，诣朱子祠、城隍庙、火神庙，行礼。回署，复出拜年。

初三日(2月11日) 忌辰。

初四日(2月12日) 拜未了客。

初五日(2月13日) 写京信。午后拜客。

初六日(2月14日) 监道、署、藩台以下公请。午集，子归。

初七日(2月15日) 写京信。

初八日(2月16日) 将军请春酒，巳集，子散。

初九日(2月17日) 中丞请春酒，巳集，申散。

初十(2月18日)至十四(2月22日) 皆写京外信，济信。大兄、三兄，桐、樟两侄，彦翁。以上托刘世兄振藻带。朱师、全师、瑞师、宝师、庞宝翁、李兰翁、夏子松、胡小迈、钱湘吟、朱敏生、绍秋皋、宋雪翁、徐荫轩、翁叔平同信，许星叔文四、花八，杨緦卿、黄小琴、刘石君、汪翌新、楫侄、万篪轩。

十五日(2月23日) 发福宁起马牌。

十六日(2月24日) 捡行李。

十七日(2月25日) 辞行。

十八日(2月26日) 卯刻，启行。省僚送于东门井楼门官廨甚隘。出省北行十里,便登北岭,以下皆山路。四十里,梅岭【侯官】[1]早饭。又五十里,陀市宿,连江令张元禄江宁举人迎见。

十九日(2月27日) 卯刻,行三十里,丹阳早饭,张令同来。又五十里,罗源县宿,胡令、名濂,号右溪,行三,山阴监生。训导章显来见。

二十日(2月28日) 卯刻,行三十里,叠石早饭,胡令送至此。又行廿里,过白鹤岭。又十里,宁德县宿,同令拱辰号枢垣,陕西郃阳人,文定公一等,癸卯举人。迎于岭上,旋来见。【文巡捕典史陈纶来接。】[2]自省至此,万山重互,盘山磴道,已在云表,故至白鹤岭,不觉登陟之高,忽见牌额"岭头庵"三字,始知已到绝顶。岭口虬松数十株,参天对起,东望云海茫茫,一白无际。时午潮初上,霁景暄妍,海畔群山,绮交绣错,其小者,丸浮豆掷于银涛晃漾之中。下视石磴万盘,萦纡峭削,青烟一方,濛濛贴地,则宁德县城也。岭宜下十里,乃尽阶级。到县城,将日落矣。口占七律一首,索诸友和。

二十一日(2月29日) 卯刻,行四十里,至三屿,早饭。宁德界。又五十里,渡白石司港。又五里,至福安属之湾坞宿,郝令励河南举人迎见。武巡捕来。自发宁德,皆滨海潮汐往来之地,曲折娄渡,以白石渡为最大。海潮将退,遇晚风仍复汹涌。稼村有诗,尚未写出。

廿二日(3月1日) 卯刻,启行。四十里,过官岭,甚陡峭,较白鹤石磴更狭。又廿里,盐田早饭,霞浦刘令号夙寅名秉清,甲辰举,仁山之兄,行六。来迎。又四十里,到福宁府,提调俞壬甫太守名林,癸卯举人,荫甫之兄。率官属迎见,镇军罗景山大椿出迎。到试院后,府县及厘局张小舫太守、六学教官同来见。府学上官桢、甲辰举。林向年,己未副榜。霞浦杨绍南,福鼎邱庆崧,福安张润膏、吴敦,宁德章和煦、辛酉副。刘懿珍,寿宁谢鼎。闽县,壬子同年。

廿三日(3月2日) 忌辰,放告给贫。阅墙,西号墙外皆民居楼

---

① 此为夹批。

② 此为眉批,据上下文内容附于此。

舍，向多传递，令饬暂徙。正场专人在墙内巡守。

廿四日(3月3日) 行香。考生童经古。生六十四，童生四十八。五县文童卷进，共一千〇〇九本。霞二百〇一、鼎一百九十二、安一百九十七、德二百五十四、寿一百六十五。

廿五日(3月4日) 考童正场。此地士风驯谨，无作弊犯规者，竟日阒然。发生古案十五人。府二，霞二，鼎二，安三，德五，寿一。

廿六日(3月5日) 覆古试。五属六学生员卷进，共九百九十七本。补考四十三人。

廿七日(3月6日) 生正场。发福鼎、福安、寿宁草案。鼎二十三、安二十六、寿二十一。

廿八日(3月7日) 面试，发三县正案。鼎十七，安廿一，寿十五。发霞浦、宁德草案。霞二十四、德卅。

廿九日(3月8日) 面试霞、德。发两邑正案。霞十七，德二十二。

二月初一日(3月9日) 考教官九，优生八。

初二日(3月10日) 覆合属文童九十二人。发一等案。府十一，霞七，鼎八，安九，德十一，寿六。

初三日(3月11日) 覆合属一等。福安不到二。岁试武生委提调阅。府一百二十八，霞五十七，鼎五十七，安八十一，德一百〇六，寿五十四。

初四日(3月12日) 看马射。霞一百三十五，鼎一百一十一，安一百，德一百二十五，寿二百〇三。

初五日(3月13日) 看步射。发武童案。霞十一，鼎十七，安十七，德二十二，寿二十二。发文武生大案。府一等七，霞五，鼎六，安五，德九，寿五。

初七日(3月15日) 武童覆试。为诸生书解题千余字。

初八日(3月16日) 一等阅卷。补考十二人。考贡一人。

【寄省信，中丞、首府各一封。太夫人禀一封。发闽侯并考长乐

不剃发牌示。】①

初九日(3月17日)　簪花。阅塘递报,知楫侄再任高廉道,渥恩重被,殆与此地有剩缘邪! 原缺又出,适当起复之时,斯亦巧矣。科考生卷进,共五百卅六本。

【以下科试。】②

初十日(3月18日)　考生正场。生员古卷进,共六十六本。

十一日(3月19日)　考生古。童生古卷进,共七十二本。

十二日(3月20日)　考童古。阅生卷、童正场卷,共九百四十本。又佾生一本。此次生古,大率岁古原数,不揭榜。

十三日(3月21日)　考五县童正场。阅生卷。晚,发一等招覆,府十一,霞六,鼎十一,安十一,宁德八,寿六。共五十三名。

十四日(3月22日)　覆一等试。拔贡首次场卷进,共三十四人。府六、霞二、鼎七、安七、德七、寿五。阅童卷。【夜,大雷雨。】③

十五日(3月23日)　考选拔首场。发三县草案,招覆七十三人。鼎二十三、安二十八、寿二十二。

十六日(3月24日)　面试三县。发三县正案。福鼎十七、安廿、寿十五。

十七日(3月25日)　考次场选拔。发两县草案,招覆五十八人。霞二十五,德三十三。晚致方伯一书。

十八日(3月26日)　面试两县。发两县正案。霞十七,德廿三。发拔贡榜,正取七人:府林鸿翥、佘庆元,霞浦林龙璋,福鼎林希皋,福安郭惟荣,宁德李邦光,寿宁林琼。副取七人:章大珠、陈序宾、黄文元、萧骏、胡筠、张庆桢、郭珍图。

十九日(3月27日)　贡监录科一人。加批一等卷。发生员大案,【改定一等。】④府九、霞五、鼎十一、安十、宁七、寿六。

---

①②③　此为眉批,据上下文内容附于此。

④　此为夹批。

二十日(3月28日) 总覆合属童生。致复中丞一信。书对联。发起马牌。

廿一日(3月29日) 文童恭默。一等阅卷。简续古五古一首。

廿二日(3月30日) 午刻,簪挂毕,拜罗景山,俞壬甫荫甫前辈樾省亲来此,亦会晤。霞浦刘令未见,见张小舫。【景山镇军招饮。廿二日,申刻。】①晚,赴景山约,座有壬甫、小舫。亥初归,捡行李。

廿三日(3月31日) 覆生古。

八月十九日(9月21日) 卯刻,自署起行。三十里,至三角埕,闽石令送至此,来见。又七里,渡乌龙江,较去岁少迟,风小,故而晴景甚好。江山如画,胜雨中矣。至坊口甫,申初刻。

廿日(9月22日) 天将曙,启行。四十七里,太平早饭,福清金令迎见。【文巡捕仍傅经历,迎见于此。】②又五十里,宿于渔溪,皆旧馆也。见章鱼。

廿一日(9月23日) 曙行,逾蒜岭,至江口早饭,莆田朱令来见。【此记道里从略。】③申末,至兴化试院。各官迎见如旧,惟提调为方子望前辈,壬子同年,名熊祥。教官已大半更易矣。夕与六友登荔香阁,茶庵去而穆生来,淡畬亦初至也。府教授邱锡熙,训导孙翼恭,莆田柯寿亨、郑禧鸾,仙游杨维诚、陈亨衢。

廿二日(9月24日) 曙,行香。归,阅墙,仍将隙处钉板,西号添布篷。古卷进,共二百四十五本,生、童各半,生多一本。

廿三日(9月25日) 考生、童经古。三学生卷进,府二百二十七,莆田二百九十八,仙二百三十四,共七百五十九本。

廿四日(9月26日) 考三学生员,寅正开点,鱼贯静速,实进六百四十六人。阅古卷。发古案生二十七人。府九,莆十,仙八。【晚,子

---

① 原文在二十日,据内容移至此。

②③ 此为眉批,据上下文内容附于此。

望来谈。】[①]

廿五日(9 月 27 日)　招覆生古。莆田童卷进,共二千一百卅三本。连日皆晴,又觉炎热。

廿六日(9 月 28 日)　丑初刻,开点莆田童生,封门时天尚未曙。各生、童似习去岁场规,二千余人阒寂无声也。阅覆古及正场生卷。未暝净场。

廿七日(9 月 29 日)　录科贡监副榜一人。阅生卷,定一等发案,府十五,莆十二,仙九,共三十六人。仙游童卷进,共一千五十二卷。【仙令吴小芸来见。明早在头门点名。】[②]

廿八日(9 月 30 日)　考仙游童生。寅初二刻开点,封门未曙。阅莆卷。净场同前日。

廿九日(10 月 1 日)　覆一等。发莆童草案五十八本。

九月初一日(10 月 2 日)　面试莆童。发莆正案四十一人。永春德化教官吴世昌来接考。

初二日(10 月 3 日)　考拔贡,首场十三人。府六,莆二,仙五。发仙游草四十七本。

初三日(10 月 4 日)　面试仙游。发仙正案三十三人。子望、柳汀来见,云:新进莆童温玉成被增生郑毓灵禀讦身家不清。当令传齐廪、挨保,录取确供。

初四日(10 月 5 日)　考拔贡次场。提调录供来,两造各执,因牌示,俟覆试后,暂停簪挂,交提调研审。

初五日(10 月 6 日)　发起马牌。覆新进三学文童。定古案十三名,发案。发生员大案。一等未动。发拔贡榜,府学王福善、刘照藜,莆田郑宗郇,仙游黄懋祖。副取四:林鸣鸿、林以坤、郭连城、蔡广绪。清理稿件。

初六日(10 月 7 日)　一等阅卷。文童恭默。书扇对。写寄将

---

①② 此为眉批,据上下文内容附于此。

军、中丞、方伯各一书。子望、柳汀来禀。传齐温玉成之母并族邻，各具甘结，并无身家不清，的系府役温新之从堂侄，并非其子。增生郑毓灵等均认怀疑误控，因牌示温玉成一体簪挂，误讦各生员令提调当堂戒饬，并交县学存记姓名，再有控案，先行斥革。

初七日(10月8日) 王兰舫来。未刻，簪挂。林岵詹①来。拜客，见提调、副将贾宏村、林岵詹②。陈庆自省来。致林福泉信，寄太夫人禀。晚与诸友同饭。

初八日(10月9日) 卯刻，起马。四十里，饭于俞潭。朱柳汀送至界，吴小芸迎见于俞潭。又四十里，仙游县书院宿，生、童迎送甚夥。

初九日(10月10日) 卯刻，起行。三十里，文殊早饭，小屋一间。吴小芸送至此。饭后，过九连溪，秋深涨落，多日晴霁，不似去年之难于跋涉。今日本重阳节，登高乃得鸽岭坡老太华峰头，作重九之句。原为因王事而从山水之游，不可多得也，欣快不已，因拉六友共纪胜游。是日，宿湖洋，文武巡捕皆旧人，来迎见。

初十日(10月11日) 三十里，至岭头庵，署永春州牧张蓉仙梦元来迎。谈少顷，即行。又二十里，似三十余里，至州试院，张牧及各教官来见。州陈惟功、叶际诗，德化吴世昌、陈春霖，大田张祖培、林澍。

十一日(10月12日) 行香，放告。阅墙。与诸友和答六首。古卷进生七十九，童廿九。

十二日(10月13日) 考古。补岁六人。三学生卷进，州二百三十九，德一百三十七，大四十九，共四百二十五本。

十三日(10月14日) 生正场。寅正二刻点名，下灯题，逾刻乃曙。阅古卷。【实进三百五十七。】③发古案，招覆廿一人。州十一，德

---

①② 林岵詹，1871年6月15日条作“林岵瞻”。

③ 此为眉批，据上下文内容附于此。

六,田四。

十四日(10月15日)　覆生古。州童卷进,共六百七十四本。作札致章果堂太守。

十五日(10月16日)　州童正场。寅正二刻,点名。阅生卷。暝,净场。头二牌不完卷者已一百余名,大半幼童。

十六日(10月17日)　录贡监无。补考生员陈文煆一名。补考本十二日,因该生考古,故改今日。以门子陈焜私带火夫,并私令出外,经汪奎查出,挂牌革役,派承差游高押回署,交文巡捕看管。德大童卷进,德四百九十二、大二百六十一,共七百五十三本。

十七日(10月18日)　德大童正场。庭前桂树始花,风香披拂,郁烈殊甚。两正场皆日落净场。【果堂太守回信到。】[①]发一等案。州十五、德十一、大八、共三十四。

十八日(10月19日)　在院拜牌。覆一等,令愿考选拔者,当堂报名再赴学投卷。发州童草案三十七本。

十九日(10月20日)　面试州童。发州正案廿五名。提调来谈,泉州惠安教谕江葆熙来接考。始阴。兴化至此,日日皆晴。

廿日(10月21日)　拔首场。州十二,德六,大十一。发两县草案。德三十一,大廿。招(复)[覆]五十一人。尤安回接署信,并抚藩、首府、文巡捕信各一件。

廿一日(10月22日)　面试两县童。发正案,德廿二,大十三。德卷劣大,州县前列胜。换暖帽。复晴。

廿二日(10月23日)　选拔次场。发生正案。

廿三日(10月24日)　总覆文童。发拔贡榜:永春潘藜书、德化李绍祖、大田范泽民。副取三人:郑焕光、陈文煆、施冠珍。发经古定案六人。晚得省信、京信各件,游高赍回。

廿四日(10月25日)　提调来谈,甚畅。文童恭默。一等阅卷。

---

① 此为眉批,据上下文内容附于此。

廿五日(10月26日) 簪挂。拜客,见提调。寄太夫人禀,王补翁、黄小琴、刘石君各一书。又朱、全、宝三师贺年信。托提调寄省。

廿六日(10月27日) 辰刻,启程。行二十里,饭于东关斗室中。蓉轩、文巡捕、吏目钱佩印送至此。又行四十里,宿罗溪,文巡捕叶伏新及添派守门委员来迎从九,陈灿。南安仍张令希渊来见慕颜,行二。入南境,山枯水峭待雨,不似永春田尚沃润。晴热。

廿七日(10月28日) 二十里,洪濑早饭,张令送至此。又四十里,至泉州府。江军门、章果堂太守、彭荷庵大令并本城文武均迎见。入试院后,见章、彭。蚶江通判金以忠教官因晚未见。晚,与六友同饭。

廿八日(10月29日) 行香。回见六学教官,惟惠安江葆熙、南安卢鹏翔新换,余皆旧人。阅墙,添派巡绰,堵葺罅漏。古学卷进。生一百九十一,童二百二十七。

廿九日(10月30日) 考古,晋江生员陈式濂当堂看夹带,收卷,逐下,挂牌革衣顶。盖众之怀挟甲于通省,余出试年余,未肯遽予枷号者,因怀挟中未必无才,一荷校,则终身玷辱,乃渠辈则又乘此竞进。今日内搜,几满一大竹瓮,若不示儆一二,则正场不可亿计矣。生员卷进,共一千四百七十七本。【补考生廿一名。】①

卅日(10月31日) 考六学生员。阅古卷。

十月初一日(11月1日) 考贡监。正途三,后监一。同安、安溪童卷进,同一千三百八十、溪九百八十九。共二千三百六十九本。提调来。

初二日(11月2日) 考首场童。丑初起,丑正出堂下题,天未曙,唱名仍游姓吏,鱼贯极速。发古案,招(复)[覆]六学四十四名。

初三日(11月3日) 覆生古。【曾存恕未到。】②看视打戳后,退堂。惠安童卷进,共二千七十五本。定一等。

---

①② 此为眉批,据上下文内容附于此。

初四日(11月4日)　考次场童。阅首场卷。发一等八十本招(复)[覆]。府十八、晋十九、南十、惠十、同十二、安十一。

初五日(11月5日)　覆一等。发首场草案，同四十四、安三十四。共七十八本。

初六日(11月6日)　面试首场童。发正案。同卅二，安廿四。补覆古一人。曾存恕。南安童卷进，共一千四百八十五本。

【李子和制军十三日接印，星岩将军十九起身，寄督、抚、将军各一札。】①

初七日(11月7日)　考三场童。发次场草案卅四本。

初八日(11月8日)　面试惠安。发次场正案廿四人。晋江卷进，共一千四百六十九。

初九日(11月9日)　考四场生童。拔卷进。府七，惠十一，晋十四，同八，南七，安八。

初十日(11月10日)　考首场拔。发南安草案卅九。

十一日(11月11日)　面试南安。发南安正案廿八人。

十二日(11月12日)　考次场拔。发晋江草案五十九。

十三日(11月13日)　面试晋江。发晋江正案四十二。

十四日(11月14日)　总覆合属文童。发起马牌。拔贡榜：府学曾士玉、黄抟扶，晋江吴鲁，南安傅国英，惠安张宗瀛，同安胡承烈，安溪李道垚。副七人：曾长清、杨邦光、曾存恕、黄祺辉、曾枚、王步蟾、李玉树。经古案未删，照发生员大案。

十五日(11月15日)　文童恭默。一等阅卷。发文童大案。

十六日(11月16日)　簪花。拜客，晤江梁臣提军、章果堂太守、洪丽生②同年。书对联。

十七日(11月17日)　提军、府、县、丽笙以次来谈。黄生贻果

---

① 此为眉批，据上下文内容附于此。

② 下文作"丽笙"。

来见。寄福泉太守书。晚，赴提署饮，二更回。作寄太夫人禀，遣陈春送省。

十八日(11月18日) 辰刻行。古陵早饭。遇赵樾香太守。均。又三十里，宿大盈，南安新令王来迎见。

十九日(11月19日) 早饭沙溪，晚宿同安，邑令吴凤翔卓斋。迎见。

廿日(11月20日) 五十里，饭于同安之灌口。又廿七里，宿于龙溪之港尾。新令王家驹勉斋，行三。来迎见。

廿一日(11月21日) 三十里，至江东早饭。饭毕，十里，越万松关。又卅五里，到漳州府。赖盘洲镇军、文士林观察、杨菊人太守均迎见。八学教官因天晚，令于明早来见。与提调谈过久也。

廿二日(11月22日) 行香。【生童古卷进，生七十四，童四十。士林来谈。】[①]回见八学教官十六人：府黄邦泰、朱道行，龙陈师海、叶大泳，浦严道尊、胡云章，海陈栻、樊锡侯，南吴正、王宝玷，长潘标秀、刘鸣盛，平黄心鳌、郭柏芗，诏廖骧、袁辅宜。

廿三日(11月23日) 考古。【补岁七人。】[②]八学生卷进，共一千一百七十六本。

廿四日(11月24日) 寅初，开点，考生员。实进八百九十七人。未暝，净场。

廿五日(11月25日) 无录科贡监。发生古廿五本招覆。劣甚，凑数而已。

廿六日(11月26日) 覆古试。阅生卷，较泉州有上下床之别矣。海澄、诏安、南澳童卷进，共一千四百卅一本。

廿七日(11月27日) 考首场童，起点净场，同生场。发府、龙、漳、海四学一等案，府十二，龙十二，漳十一，海十一。共四十六本。南澳童五十六本，册扣不到卅六，今日不完卷六本，只十四卷矣。

---

①② 此为眉批，据上下文内容附于此。

廿八日(11月28日)　覆前四学一等。次场童卷进。漳浦七百九十一,长泰六百卅二。

廿九日(11月29日)　考次场童生。发南、平、长、诏四学一等案。

卅日(11月30日)　覆次场一等。长十,南十,诏十一,平十一。发海、诏、澳草案。海卅二,诏卅六,澳五。

十一月初一日(12月1日)　面试三县,发正案,海廿三,诏廿三,澳二。去岁南、澳官绅呈请,照广东成案,以该厅人文渐盛,添拨府学一名,定例只一名。因未阅文,未遽准,今年再核文艺,来考者大半清通,故添进一名牌示,作为无定之额,文佳则照此添进一名,劣则仍归一名本额。三场童卷进。龙六百九十八,南四百二十八,平五百九十三,此实进人数。【龙七百〇四,南四百四十一,平六百〇二,此卷数。】①

初二日(12月2日)　考三场童生。发漳、长草案。漳卅三,长廿六。

初三日(12月3日)　面试两县,发正案。漳廿四,长十七,拔贡卷进。府七,龙十,漳四,海六,南七,长四,平九,诏十。发南、平草案,南廿九,平廿九。

初四日(12月4日)　考首场拔贡。发南、平草案各廿九。【宋穆生卒。】②

初五日(12月5日)　面试,发正案。南廿二,平廿一。

初六日(12月6日)　考次场拔贡,照前五十七人。发龙溪草案四十二。

初七日(12月7日)　面试龙邑,发正案卅二人。

初八日(12月8日)　覆漳、海、诏、长四县,新进七十四人。发拔贡榜:府林壬、马近光,龙施棨,漳张藻翔,海谢元英,南吴廷杰,长

---

①② 此为眉批,据上下文内容附于此。

林资熙，平游启先，诏马兆麟。副取黄钟华、施调赓、蔡登俊、陈际昌、林遂良、柯欣、卢鸿仪、陈达源、林人杰。

初九日（12月9日） 覆府、龙、南、平四县，新进九十人。发经古榜十五人。发生员大案。南、平一等，各降改一名，余照前。

初十日（12月10日） 恭默阅卷。致中丞、方伯书。

十一日（12月11日） 簪花。

十二日（12月12日） 拜客，晤镇道府。寄家信，差王经回省。

十三日（12月13日） 起马，未正，卅里，到南靖宿。英令迎见，又来谈。

十四日（12月14日） 深渡早饭，水潮宿。寅初出店，未暝到。去岁大雨，故迟，今来不觉远。英令复来见。寄士林观察一札。

十五日（12月15日） 起身，如昨时饭。和溪宿，适中林、田、岭，气象雄大，磴道周回，亦阔远。去岁雨行，不知南北，今得见真面矣。适中秀润，山泉畅盛，独无旱象。勃斋来迎见。

十六日（12月16日） 三十里，早饭马坑。又三十里，到州，三学教官来迎见：州林鹏年、许俨，漳仍苏周，宁则董司烜。漳州迎考者勃斋，新修考舍东棚，添号五百余童，正可作一场矣。向来承差等房逼近号舍，用席片遮拦，今亦修起垣墙，内外隔绝，整肃可观。余去年临行，以此留语，今皆践约，信人也。

十七日（12月17日） 行香。阅墙。生员正场卷进，州一百八十五，漳一百四十八，宁四十。共三百七十三。

十八日（12月18日） 生员正场，实进二百七十六人。

十九日（12月19日） 考生、童经古。生七十二，童八十一。童卷进。州六百二十三，漳五百五十一，洋九十四。【致中丞书。】①

廿日（12月20日） 考合属童生正场。

廿一日（12月21日） 考贡监。监生四，皆州。补岁考五人。发

---

① 此为眉批，据上下文内容附于此。

生古案。州十二,漳六,洋二。

廿二日(12月22日) 覆古。发一等案,州廿二,平十二,宁八。州有余,县皆劣。

廿三日(12月23日) 覆一等。发两县草案。平二十六,洋十六。

廿四日(12月24日) 面试,发正案。平十九,洋九。复文士林信。

廿五日(12月25日) 考首拔。州十,漳八,洋四。发州童草案卅一人。

廿六日(12月26日) 面试,发正案廿名。

廿七日(12月27日) 考次拔。

廿八日(12月28日) 总覆文童四十八人。发生员大案。洋改二等一本。

廿九日(12月29日) 恭默阅卷。发拔贡榜:州谢若潮、平陈庆书、洋罗用光,副取连鸿佐、陈文豪、赖亨衢。再复文士林信。发贡监榜,州监备取二人,发古正案十一人。

十二月初一日(12月30日) 簪花。勃斋招饮,有戏,二更归。

初二日(12月31日) 辰刻,起行。石牌早饭,勃斋送至此。又卅里,大池宿。

初三日(1873年1月1日) 辰刻,行。过钓钟岩,未渡桥,行盘山道。夹涧尽松竹,涧水至此顿阔,风起水涌,松声间作,行縢旋折,其间颇勃峭助兴。盖近岩两岸皆青石壁,天阴风作,潦尽泉清,又是一番景色。到岩下,适寒雨飒然而至,未下舆,乳水乱落石上,皆铿然有声。惜近岩烧石灰者益多,【随山】[①]架屋,上下栉比,再数年,恐胜迹不存矣。峰头早饭,白沙宿,上杭令徐元烋守愚迎见。

初四日(1月2日) 卯刻行,将军桥早饭。过含风岭,尽松篁奥掩,雨后泉盛,似为栽设。前记云"奥如"即此地。误书前一日。申刻

---

① 此为夹批。

到县城。

初五日(1月3日) 寅初启行，两渡河，行四十里，似六十。悦洋早饭。晚宿官庄，徐令送至此，炬行十里。

初六日(1月4日) 路荒远如昨，仍寅初行，饭于畲心，宿于三洲，古香太守、朱令兰皋皆来见。

初七日(1月5日) 二十里，河田早饭。四十里，到汀试院，关镇军镇国辅臣迎见，与提调再谈。周、沈两司马、朱令均至试院晤谈。天已入暮，明日见九学。

初八日(1月6日) 行香后，见教官，府杨立诚、何学远，长周懿光、许献谟，宁谢秀东、孙培甲，清王祥仪、邓宗焜，归刘懿芝、许藜光，连陈尧云、邱炜，上董炳章、陈罄宜，武郑朝元、黎邦菁，永苏松龄、黄玉衡。生、童古卷进，生二百二十一，童一百八十七。

初九日(1月7日) 考古。补考廿二人。

初十日(1月8日) 合属生正场，实到八百七十七人。

十一日(1月9日) 录贡监，无。阅古卷。首场童卷进，共一千一百五十四。宁一百八十八、归一百〇八、连四百〇一、永四百五十七。

十二日(1月10日) 首场童。发古案。府八，长八，宁四，清三，归三，连十一，上七，武五，永五。

十三日(1月11日) 覆生古。次场童卷进，共一千三百九十二。上八百四十九，武五百四十三。

十四日(1月12日) 考次场童。发一等五学案。府十四，长十四，宁十，清七，归七。

十五日(1月13日) 覆昨一等。发四学一等案。连十四，上十二，武九，永九。

十六日(1月14日) 覆昨一等。阅童卷。三场童卷进，共九百八十二本。

十七日(1月15日) 考三场童。发宁、永草案。宁廿九，永卅一。

十八日(1月16日) 面试宁、永。宁不到一。发正案。宁廿，永廿二。

十九日(1月17日) 封印。发上、归草案。上五十五、归二十七。

廿日(1月18日) 面试,发正案。上四十二,归十八。拔卷进。府十三、长八、宁八、清七、归四、连十二、上十三、武六、永十二。

廿一日(1月19日) 首场拔。发连、武草案。连卅,武卅五。

廿二日(1月20日) 面试。发正案。连廿二,武廿六。

廿三日(1月21日) 次场拔。发长、清草案。长卅六,清廿四。

廿四日(1月22日) 面试,发正案。长廿八,清十六。

廿五日(1月23日) 总覆四学文童九十一人。

廿六日(1月24日) 总覆五学文童一百三人。发生大案。

廿七日(1月25日) 文童恭默。发童大案。发经古榜。府四,江七,宁三,清二,归一,连三,上三,武一,永二。发拔贡榜:府陈廷焕、周家珩,汀段廷燮,宁雷益龄,清邹良才,归李运禧,连吴海珊,上邱心尧,武钟俊人,永卢蔚川。副拔郑国标、陈祖尧、邹励成、张光衢、王荡平、李茂筠、吴丰庞、袁树、王祐昭、陈咸政。【永春学详潘藜书,故以副拔郑焕光补之。】①

廿八日(1月26日) 簪花。拜关镇军。延古香、周季觃见,余均留帖。

廿九日(1月27日) 书酬应字。镇府来晤。答中丞书论台湾考事。各地主招饮,辞之。

除(1月28日) 作家书。清理稿件至夕。与诸友同饮,连城爆竹声最壮气郁烈,可以解酒。因购多挂,筵半齐放之,颇消羁闷。

癸酉正月初一日(1月29日) 寅刻,诣汀郡万寿宫。文庙行礼毕,回试院,易行装。贺年,即话别,晤古香。清厘公牍、私札,发专差回省。

初二日(1月30日) 辰刻,启行。早饭新桥,宿于馆前驿,朱兰

---

① 此为眉批,据上下文内容附于此。

皋送至此。

初三日(1月31日) 早饭彭家庄,宁化令曾若虚纪石,湖南辛酉拔。迎见。晚宿石牛。

初四日(2月1日) 丁坑早饭,宁化县宿。以上三栈,皆辰行申止。曾令于行馆自书撰对联,皆切合人事时景。曾以选拔从军,遂留闽省,书生习气未忘也,因以长句赠之。夕送盆梅两株,又占一绝,报其意。

初五日(2月2日) 寅初刻,爝火行。饭于中沙,晚宿安远五家坊。溪水清澈见底,白石间列,有《钴鉧》《石涧》诸记之胜。灯初,到行馆,壁间一联:"览物兴怀诗吟水部;爱才如命事启山公。"答昨赠二诗也,语殊工敏。追寄周季贶司马一律。

初六日(2月3日) 入建宁县境早饭,澜溪邑仍黄令,迎见。晚住县城。

初七日(2月4日) 洛阳早饭。午过挽舟岭,至梅口宿,泰宁地也。邑令邓嘉绳因公入省。淂省书。次前均一律。

初八日(2月5日) 三十里,宿泰宁县,时未及午。作《挽舟岭叠均》一律。

初九日(2月6日) 朱口,早饭。又五十里,大埠岗宿。邵令俞珣迎见。

初十日(2月7日) 山口早饭。申刻,到邵武试院,太守陈灼亭懋烈。迎见,同知仍福勋。

十一日(2月8日) 放告。阅墙。见五学教官:府苏一骏、池翱,邵魏光文、陈锡龄,光施文光、滕映璧,泰张任之、周轩波,建林鸣瑞【兼训】[①]。

十二日(2月9日) 行香。考古。生五十一,童四十一。补岁十二人。生卷进三百九十本。

十三日(2月10日) 考生正场。

---

① 此为夹批。

十四日(2月11日)　录贡监,府二,邵四人。发经古生榜。府六,邵三,光四,泰二,建二。五邑童卷进,共七百二十六本。

十五日(2月12日)　考合属文童。

十六日(2月13日)　覆生古。发一等案。府十一,邵九,光十一,泰八,建十一。

十七日(2月14日)　覆一等。不到一,泰也。发光、建草案。光卅,建卅一。

十八日(2月15日)　面试。发正案。光廿二,建廿二。

十九日(2月16日)　开印。拔卷进。府十一,邵七,光八,泰六,建五。

二十日(2月17日)　考首场拔。发邵、泰草案。邵四十,泰十九。

廿一日(2月18日)　面试。发正案。邵廿六,泰十二。

廿二日(2月19日)　考次场拔。发起马牌。贡监备取四人。

廿三日(2月20日)　总覆文童。发生大案。

廿四日(2月21日)　文童恭默。发童大案。拔贡榜,生古正案,取三人。拔贡府曾载湘、龚朝墀,邵萧茂芬,光高熙翰,泰严文藻,建李忠辅。副拔何焱、吴登任、吴抡元、蔡涝、陈上修、江导岷。

廿五日(2月22日)　簪花。发省信。减卷箱、行李,派书吏林枫承差,游高、林基带火夫二人,以小船八支运省。拜客,见提调。

廿六日(2月23日)　起马,五十五里,宿于界首,俞珣送至此。

廿七日(2月24日)　二十五里,宿于麻沙,建阳令何夔元来见。此二日,路皆荒远,两日则有余矣。午刻即至行馆,与诸友开北户凭眺,仍为联句,以续旧游,盖忽已两更岁纪矣。自界首至此,山川秀郁,冈峦起伏有势。晓发,阴晴相半,春雾笼山,云日空濛,山淂烟晕(煊)[渲]染,黄娇翠弹,一洗炎峤燥枯之态。盖闽行无变貌,两山夹涧,远眺一无所睹,万壑连延,求一独峰层岭而不可淂。今则远近层列,有起有伏,于全闽为杰出,殆武彝余胜,溢而为此耳。

廿八日(2月25日)　马伏早饭。建阳宿,仍旧馆也。东山望月处，时值西日将沉，金光黛色，倏忽百变。仍约五友同饭，续联昨夕未了诗。后院亭势斜倾，屋瓦碎积，以一大竹横撑其中。适当去岁坐饮处，对山一窗，用铁钉牢锢不可开，余至，以铁锥碎之，始得瞰窗一快，然不复可坐矣。再阅数年，虑与钓钟岩之劚石屑灰同归澌灭。然孰使其置此地邪！则其所遭，固宜如是矣。

廿九日(2月26日) 宸前，早饭叶坊。宿瓯宁，仍陆令，迎见于此。

二月初一日(2月27日) 午刻，到建宁镇，府来迎，皆旧人，惟建安令易魏弼文，厘员易许善器。见八学教官：府薛崇禧、王谷年，建安李师中、林天从，瓯陈福昌、刘懿璜，建阳刘松年、王彝，崇冯宪曾、冯梦辛，浦何高衢，松林寿颐，政和施名辅、林春煊。寄太夫人一禀。

初二日(2月28日) 行香。阅号。与蔼堂晤谈甚畅。生、童古卷进，生百二十六，童六十三。

初三日(3月1日) 考生、童古。雨。补岁十五人。生正场卷进，共一千一百七十六。两棚千号有奇，东棚损坏，两号加堂号一百八十，仅余堂廿四号，可谓满堂满室矣。此次古场、正场均多于上届。

初四日(3月2日) 考生正场，去岁抢签，今来鱼贯矣。雨。【今日实进七百三十六，不到者四百余。盖府学、建瓯向不赴学报名应试，三学照册备卷，故卷数与岁试同。】①

初五日(3月3日) 考贡监。录科五人。正三，捐监二，有捐贡一人，无部，照未收考，实四人。首场童卷进，建安三百三十五，瓯宁三百八十，松溪一百二十一，共八百卅六卷。

初六日(3月4日) 考首场童。阅古卷，发生古案，招复卅六人。

初七日(3月5日) 覆生古。次场童卷进七百五十四本。阳二百三十七，崇二百〇五，浦一百八十一，政一百三十一。

---

① 此为眉批，据上下文内容附于此。

初八日(3月6日)　考次场童。发八学一等案,招(复)[覆]八十五人。府十二,建安十四,瓯十四,阳十二,崇十二,浦八,松六,政七。

初九日(3月7日)　覆一等。发建、松草案。建安四十五,松二十五。

初十日(3月8日)　面试,发正案,建安卅七,松十七。首场拔卷进。府十四,建安七,瓯十四,阳七,崇七,浦六,松五,政七。

十一日(3月9日)　考首场拔。发瓯、崇草案。瓯四十八,崇三十六。

十二日(3月10日)　面试,发正案,瓯卅六,崇廿六。有文笔不符东剑十三一卷,发提调勘问。

十三日(3月11日)　考次场拔贡。发建阳、浦、政三邑童草案。阳三十六,浦卅,政二十一。提调来递供词,东剑十三乃高峰,当据廪保交出,供认进场后与东辰十一朱振藻换卷不讳,当以高峰枷示,令廪保邹家修、邹家源跟交朱振藻。细核三连卷,高峰府、县考笔迹亦不符。

十四日(3月12日)　面试,发正案,阳卅六,浦廿三,政十四。又补考三人。

十五日(3月13日)　总(复)[覆]建、瓯、崇、松四县童一百四名。廪保邹两生未将朱童交出,提调请斥革悬牌,令其跟交。

十六日(3月14日)　总复府学、阳、浦、政四学童七十五名。发生员大案。

十七日(3月15日)　一等阅卷。文童恭默。发起马牌。由水路赴延平,水路船价每只千余计,不过用船廿只,较陆路夫价,州县所省不啻什九。去岁因水枯不能行,此次至建宁,连日大雨,溪水陡涨,天从人欲,因决计舟行。三年于役,山不睹武夷,水不经黯澹,每呼负负,今则夙愿可偿其一,顿觉胸情岳起。发经古定案十一人。发新进大案。发拔贡榜,府叶秉槐、叶玉剑,建安朱紫佩,瓯邹家驹,阳王邦彦,崇翁昭泰,浦孟殿荣,松施守先,政宋滋蓍。副拔叶正菁、许革、罗群杰、蔡仰西、詹鲁邦、黄希勉、黄元功、叶从光、杨茂枝。

十八日(3月16日) 簪挂。拜晤侯署镇绎如、蔼堂太守。连日皆雨。【是夕,雨。邹廪保交朱振藻到案,今提调讯供,照例惩办。】①

十九日(3月17日) 辰初刻,登舟。水仅縠流,船如箭激,巳正刻已至太平,陆行一日路也。小滩数十,曲折飞穿,略无险阻,至黯淡方晡时,雨止风作,云阴黝晦,对岸烟村如米家画。左岸傍水,有欹石一方,擘窠书"黯澹滩"三字,传为紫阳书迹,甚古厚。大水则没,今适可见。过石数尺即滩,雪涛喷石,打船如鼓。舟至此,作数低昂,即入平水。其声势,在建溪为巨擘,拟之夔、巫、青、泄,盖不啻婢学夫人。过此为瑶滩,便望见延平雉堞。申正刻,已到城下矣。舍三日行縢之摇兀,快十年梦想之飞行,虽滩之危耸不逮夙闻,然览胜固欲求奇,而行路何须涉险。总论所逢,斯为弟一也。钟康侯观察迎见于舟次,徐少青太守、汪棣笙大令溯流相迓,因滩急不得过舟,遂回棹同行,至试院晤谈。余一舟独至,五友及家丁续至,吏役各船皆未至。

廿日(3月18日) 行香。少青来谈。见七学教官:府陈鸣昌、李逢庚,南石鸣、徐叙模,顺刘时昌、郭继昌,将薛耕春、徐锡麒,沙吴铭、施天钧,尤林祐曾、元长襄,永陈莲峰、陈鹤书。生、童古卷进生五十六,童廿三。补考廿二卷。差李忠回省。【吏役船凌晨至,昨泊滩上五里。】②

廿一日(3月19日) 考古。补考廿二人。七学生卷,共五百六十三。

廿二日(3月20日) 考合属生员。

廿三日(3月21日) 无录科贡监。首场童卷进七百〇八本。将六十九、尤三百四十九、永二百九十。

廿四日(3月22日) 考首场童。发生古案十七卷,劣甚。致方伯一书。

---

①② 此为眉批,据上下文内容附于此。

廿五日(3月23日) 覆古。阅生卷。次场童卷进,共五百五十三。南三百三十二,顺三十三,沙一百八十八。

廿六日(3月24日) 考次场童。发一等案,招复六十二本。府十一,南十一,将八,顺六,沙八,尤八,永十。

廿七日(3月25日) 覆一等。发将、永草案。将廿三,永卅六。

廿八日(3月26日) 面试,发正案。将十七,无拨府,永廿八。提调早来谈。

廿九日(3月27日) 考首场拔贡。府七,南八,顺五,将七,沙五,尤十二,永七,共五十一。府添一本,五十二。发沙、尤草案。沙卅一,尤卅四。接福泉太守信。

三月初一日(3月28日) 面试,发正案。沙廿四,尤廿六。

初二日(3月29日) 考次场拔。发南、顺草案。南四十四,顺二十一。晨起,与秋崖、续古同登春风楼。晓雾迷茫,远山尽失,东南水光,极远略无。障蔽乃沈山之雾映日为之,叠嶂曾峦,多作水天一色,亦一奇也。日夕晴,景甚佳,复偕诸友登眺,金光黛色,倏忽百变,晓雾所遮,轩豁呈露矣。

初三日(3月30日) 面试,发正案。南三十五,顺十六。

初四日(3月31日) 定一等正案,阅拔卷。总(复)[覆]七学文童。早发起马牌,由水路回省。发生员大案。

初五日(4月1日) 一等阅卷。巳刻点名,文童恭默。未刻点名。发。【府县早来谈。】①

① 此为眉批,据上下文内容附于此。

日用流水

光绪十三年六月初一日(1887年7月21日)吉立

六月初一日(7月21日)

师爷月费:支出十千
三少爷月费:支出十千
大少奶奶月费:支出十六千
三少奶奶月费:支出十六千
五小姐月费:支出十千
六小姐月费:支出十千
张永:支出六千
赵升:支出六千
孔福:支出六千
赵祥:支出五千
谢董:支出五千
赵喜:支出五千
束元:支出五千
初顺:支出五千
吴彬:支出五千
张兴:支出五千
张顺:支出四千
陈厨:支出十千
老温:支出四千
张六:支出四千
老吴:支出四千
老刘:支出四千
老张:支出四千
吴二:支出四千
老刘:支出四千
张二:支出四千
高五:支出十二千
王二:支出十二千
老常:支出十二千
老张:支出十二千
老郑:支出四千
老刘:支出四千
老李补五月:支出八千
韩家:支出五千
闫家:支出五千
孔家:支出五千

束家:支出五千
赵家:支出五千
臧家:支出十千
孔家:支出五千
高家:支出五千
余家:支出五千
王家:支出五千
老臧家:支出五千
姚家:支出五千
王家:支出五千
张家:支出十千
赵家:支出五千
薛家:支出五千
王家:支出五千
南北门油灯五个:支出十五千
路灯二个:支出六千
更房灯油:支出三千
上房后院油灯:支出六千
厨房油灯:支出九千
马号油灯:支出三千六百

372600

初三日(7月23日)

西瓜二天廿个:支出廿六千
抗书架脚:支出一千
糊二听顶棚工料:支出十二千
抗方桌脚:支出八百
门房用(条)[笤]帚:支出一千
打官更:支出四千
请汪老爷车:支出三千

47800

初四日(7月24日)

西瓜十个:支出十三千
门用簸子:支出四百八十
大少爷打辫子:支出四百
徐二姑太太车饭:支出一千
收什铜壶:支出八百六十

15740

初七日(7月27日)

西瓜廿个:支出廿六千
请汪老爷车:支出三千
王妈送老烟米赏:支出四百
收山东信力:支出六百

三少爷、成官剃头：支出一千六百
账本一本：支出一千五百

33100

十二日(8月1日)

西瓜十个补初八日：支出十三千
大少爷剃头初八日：支出六百
徐二姑太太送老烟米赏：支出一千
徐三小姐车饭补初九日：支出一千
桃票十斤：支出四千八百
收叶三姑爷信：支出六百
门房茶叶：支出四千
打扫中厕：支出贰千
高毛尖茶一斤：支出八千
次毛尖茶三斤：支出十四千四百
寄广东信力：支出一千

50400

十五日(8月4日)

大、三少爷打辫子、剃头：支出一千
和官剃头：支出一千
收四川车老爷信力：支出四百
桃儿平果卅个：支出五千一百
收万宅信力：支出四百
收什钟架座子：支出贰千五百

10400

十八日(8月7日)

大少爷剃头：支出六百
弥陀庵送素菜赏：支出四千
梧李平廿二个：支出七百
请汪老爷车：支出三千
张妈下工：支出五千
媒人：支出一千
找刘妈工八天：支出一千六百
城内打更点心：支出四千八百
跟班点心：支出廿五千贰百
抬小轿点心糊灯笼、香油、灯油共：支出五十四千八百

100700

二十日(8月9日)

许亲家大人送寿礼赏:支出四千
孙老爷朝华送寿礼赏:支出贰千
陈姑老爷送礼赏:支出四千
高老爷蔚光送寿礼赏:支出四千
杨四姑爷送礼赏:支出四千
大少爷打辫子:支出四百
法源寺送素菜:支出四千
桂喜等三人剃头:支出六百
送冰桶进城脚:支出一千贰百
阚顺叩寿赏:支出四千
赏张疯子:支出一千
沈太太送礼赏:支出四千
褚老爷送礼赏:支出贰千
杨四姑奶奶车班饭:支出贰千
王大姑奶奶车饭:支出一千
徐二姑太太跟人、车夫道喜并饭:支出八千
温三大人、四老爷送烛酒桃面:支出贰千
徐亲家大人送礼赏:支出四千
豆蔻四两:支出廿六千
皮丝烟一包:支出五千
赏打扫中厕:支出一千
赏厨酒子:支出十二千

96200

二十三日(8月12日)

大、三少爷剃头:支出一千二百
太太进城雇车:支出三千
万寿寺送老倭瓜赏:支出四千
红眉茶一斤:支出十二千八百
请汪老爷车:支出三千
徐二姑太太送点心菜赏:支出贰千
大少爷拜客雇车:支出四千
高毛尖茶一斤:支出八千
次毛尖茶三斤:支出十四千四百

52400

廿六日(8月15日)

抗小床进城脚:支出贰千
大少爷雇车:支出三千
抄报京报:支出廿四千
弥陀庵送老烟米赏:支出一千
大少爷打辫子:支出四百
和、成官剃头:支出贰千

帮分:支出四千

请汪老爷车:支出三千

木匠安床酒:支出一千

40400

廿八日(8月17日)

吴彬送衣服进城:支出三千二百

贾六大人送礼赏:支出八千

江苏徐大姑奶奶送火腿赏:支出四千

城内账二次领:支出四百千

送王大姑奶奶菜九天:共支出廿六千八百

城内车上添用等物:共支出廿九千九百

城内车夫二人点心:支出十八千

厂子:支出八千

牲口水:支出四千

丁掌打策:支出十一千二百

挑搁换当[①]:支出六千

灯油、糊灯笼、转门:共支出八千

牲口罐药:支出三十贰千

喂养六月初一至廿九止:支出四百五十千

城外喂养六月初一至廿九止:支出贰百六十一千

打琮丁掌:支出六千贰百

甜水:支出八千

挑簡换挡:支出三千

灵清宫听戏厂:支出八百廿

祭马王神:支出四千

水车丁瓦换拘绳:支出一千三百

书房点心六月初一至廿九止:支出卅九千

老吴零用账条六月初一至廿九共用:支出五十六千三百四十

老刘零用账条六月初一至廿九共用:支出叁百五十千

1738760

共支钱贰仟伍百伍拾八千五百文

领京平足银贰佰两正10460千,合钱贰仟零九十贰千

领京平足银贰拾两正13600千,合现钱贰百七十贰千

领前存钱贰百叁拾一千三佰八十

① 后面作“挑簡换挡”。

换银入钱贰仟叁百六十四千
连前存并换银,共领钱贰仟伍百九十五千三百八十
本月共支钱贰仟伍百五十八千五百文
除支净存钱叁拾六千八百八十

七月初一日(8月19日)

师爷月费:支出十千
三少爷月费:支出十千
大少奶奶月费:支出十六千
三少奶奶月费:支出十六千
五小姐月费:支出十千
六小姐月费:支出十千
张永:支出六千
赵升:支出六千
孔福:支出六千
赵祥:支出五千
谢董:支出五千
束元:支出五千
赵喜:支出五千
初顺:支出五千
张兴:支出五千
吴彬:支出五千
张顺:支出四千
陈厨:支出十千
老温:支出四千
老李:支出四千
张六:支出四千
老吴:支出四千
老刘:支出四千
老张:支出四千
吴二:支出四千
老刘:支出四千
张二:支出四千
高五:支出十二千
王二:支出十二千
老常:支出十二千
老张:支出十二千
老郑:支出四千
老刘:支出四千
韩家:支出五千
闫家:支出五千
孔家:支出五千
束家:支出五千
赵家:支出五千
臧家:支出十千
孔家:支出五千
高家:支出五千
余家:支出五千
王家:支出五千
臧家:支出五千

姚家:支出五千
王家:支出五千
刘家:支出五千
张家:支出十千
赵家:支出五千
赵家:支出五千
薛家:支出五千
王家:支出五千
张家:支出五千
南北门油灯五个:支出十五千
书房、门房茶炉煤:支出十五千
路灯二个:支出六千
更房油灯一个:支出三千
上房后院油灯二个:支出六千
厨房油灯三个:支出九千
马号油灯一个:支出三千六百
请邹先生马:支出五千
大、三少爷剃头:支出一千贰百

404800

初五日(8月23日)

打官更:支出四千
高毛尖茶一斤城内用:支出九千六百
客茶叶一百包:支出四千
馒头四十四斤:支出十四千
问经堂学汉隶拓本:支出四千
颜家庙碑:支出五千
吴崃村家塾楷模:支出五千
又买帖:支出七千
收什皮拜匣二个:支出一千八百
大少爷打辫子:支出四百

54800

初八日(8月26日)

大川店王妈送平果赏:支出一千
弥陀庵送素菜赏:支出贰千
瓦匠酒三人:支出六百
弥陀庵送素菜赏:支出六百
法源寺送果子赏:支出贰千
请女先生接送车:支出叁千
请汪老爷车初十日:支出三千
高毛尖茶一斤:支出八千
次毛尖茶三斤:支出十四千四百
门房茶叶:支出四千
红绸子雨伞二把:支出四十千
城内打更点心:支出四千八百

83400

十三日(8月31日)

鸡头米:支出一千五百
打扫中厕:支出贰千
法源寺送秋海(堂)[棠]赏:支出贰千
大少爷剃头:支出六百
三少爷剃头:支出六百
和官剃头:支出一千
桂喜三人剃头:支出六百
送徐五大人寿幛做小金字:支出三千
豆蔻四两:支出廿六千
徐二太太车饭:支出一千
38300

十五日(9月2日)

桃儿粉:支出六千八百
引见胰、切块胰:支出七千贰百
请汪老爷:支出三千
郑庄来信:支出一千
臭豆腐:支出一百
收四川车老爷信力:支出一千
大少爷打辫子:支出四百
印鞋八双:支出贰千五百六十
弥陀庵送素菜赏:支出贰千
跟班点心:支出廿七千九百
抬小轿点心、香油、灯油、打灯笼点心、糊灯笼:支出五十四千八百
106760

二十日(9月7日)

大少爷剃头:支出六百
车夫二未吃饭买饼:支出七百六十
平果廿个:支出五千六百
清白梨四十个:支出九千六百
请汪老爷车:支出三千
羊烛一斤:支出一千四百
漆小琴床工料:支出十六千
抗小床进城力:支出一千
和尚化缘:支出一千
赏外来厨子酒:支出十二千
明悟车:支出四千
54960

廿二日(9月9日)

打灯笼点心:支出五百
书房收什隔扇木匠:支出一千
豆蔻四两:支出廿八千
大、三少爷打辫子、剃头:支出一千
缪宅送茶叶赏:支出贰千
沈太太送鸡头米赏:支出一千
王姨姨车:支出贰千六百
高毛尖茶一斤:支出八千
次毛尖茶三斤:支出十四千四百
两位陈大人车班饭:支出四千八百
京报抄报:支出廿四千
磁瓢羹十把:支出八千
帮分:支出四千
送桂花脚:支出八百
收烟来信:支四百
和、成官剃头:支贰千

102500

廿九日(9月16日)

大、三少爷剃头:支出一千二百
王大姑奶奶下通州车二辆:支出十八千
王大姑奶奶四人:支出四十三千贰百
店内伙子酒:支出三千
城内账领二次:支出四百千
老吴零用账一月七月初一至卅日:支出六十五千
老郑零用账七月初一至卅日:支出五十七千七百
书房点心等账七月初一至卅日:支出九十一千一百
老刘零用账七月初一至卅日:支出贰百十四千贰百
馒头九天,廿一至廿九止:支出七千九百八十
打琮丁掌:支出六千贰百
挑简甜水:支出九千
草筛子:支出一千
收什水桶:支出三千
城外喂养七月初一至廿九日:支出贰百六十一千
高五、王二点心:支出十八千
打琮丁掌:支出十三千四百
厂子牲口饮:支出十二千
灯油挑简:支出五千六百
糊灯笼转门:支出四千〇八十

祭马王神:支出伍千
担子:支出贰千八百四十
换秋帽:支出四千
城内喂养七月初一至廿九日:支出四百叁拾五千

1681500[①]

共支钱贰仟伍百贰拾七千七百四十

领京平足银壹百两正,9900,合票钱九百九十千
领京平足银贰佰两正,10160,合票钱贰仟零叁拾贰千
领前存钱叁拾七千三百八千
换银入钱叁仟零贰拾贰千
连前存并换银,共领钱叁仟零伍拾九千三百八十
本月共支钱贰仟伍百贰拾七千七百四十
除支净存钱伍百叁拾壹千六百八十

八月初二日(9月18日)

大少奶奶月费:支出十六千
三少奶奶月费:支出十六千
五小姐月费:支出十千
三少爷月费:支出十千
六小姐月费:支出十千
张永工:支出六千
赵升:支出六千
孔福:支出六千
赵祥:支出五千
谢董:支出五千
赵喜:支出五千
東元:支出五千
初顺:支出五千
吴彬:支出五千
张兴:支出五千
张顺:支出四千
陈厨:支出十千
老温:支出四千
老李:支出四千
张六:支出四千
老吴:支出四千
老刘:支出四千
老张:支出四千
老郑:支出四千

① 底本为1682220,据实际数额改。

二刘:支出四千
吴二:支出四千
老刘:支出四千
张二:支出四千
高五:支出十二千
王二:支出十二千
老常:支出十二千
老张:支出十二千
韩家:支出五千
闫家:支出五千
孔家:支出五千
束家:支出五千
赵家:支出五千
臧家:支出十千
孔家:支出五千
高家:支出五千
余家:支出五千
王家:支出五千
姚家:支出五千
王家:支出五千
张家:支出十千
赵家:支出五千
赵家:支出五千
薛家:支出五千
王家:支出五千
老臧家:支出五千
小陈家四月至八月,每月十千:支出六十千
张家七八两工出:支出十千
太太用:支出十千
南北门房五个:支出十五千
书房、门房茶炉煤:支出十五千
路灯二个:支出六千
更房油灯一个:支出三千
上房后院灯二个:支出六千
厨房油灯三个:支出九千
马号油灯:支出三千六百
叶三姑奶奶寄来白面车:支出贰千
大少爷用小账本二本:支出八百八十
请汪老爷车:支出三千
三圣庵送节礼赏:支出贰千
录豆、黄豆共:支出九千
香油、酱油:支出一千〇四十
红枣、白糖:支出一千九百廿
478440

初三日(9月19日)

打官更:支出四千
瓦匠拔草酒:支出一千
门房用(箒)[笤]:支出一千
老爷回宅车夫买饼:支出七百廿

打灯笼点心:支出五百
大少爷定做鞋一双:支出十三千
城内用毛尖茶一斤:支出九千六百
羊烛五斤:支出六千四百
修理本胡同更棚捐:支出二十千
借徐宅车饭:支出一千
太太城内回宅赏车三人:支出十二千
添雇车一辆:支出八千
沈太太送鸡头米赏:支出一千
大少爷打辫子:支出四百
沈宅刘妈孝敬糕乾赏:支出一千
书房门房用洋铁壶二把:支出贰千四百
黄应存寄物件禀帖信:支出贰千
次毛尖茶三斤:支出十四千四百
木炭十斤:支出一千八百
油壶一把:支出四百
红纸十张:支出五千贰百
切面饼:支出一千〇四十
平果梨十个五个:支出四千四百
芝麻饼廿个:支出一千贰百
臭豆腐盐:支出三百八十
烧酒:支出四百
鸡蛋卷:支出三千五百廿
合子皮:支出贰千六百
香油:支出三百
收什洋铁壶:支出六百
豆腐浆:支出贰百
高白面十斤城内:支出五千六百

125660①

初五日(9 月 21 日)

冰糖豆付浆:支出一千〇八十
白布四尺:支出九百六十
豆付浆:支出四百
碱盘:支出八百八十
切面二斤:支出八百
胰子肥皂:支出一千贰百
皮纸四刀:支出十九千贰百
又盘香:支出四百八十
麻绳:支出一千八百

26800

---

① 底本为 126060,据实际数额改。

初八日(9月24日)

豆付浆二天:支出四百
收什大木桶一个:支出三千贰百
肘子一付:支出七千贰百
桶子鸡:支出四千贰百
包子皮:支出贰千四百
灯油:支出一千一百廿
染衣服片三件:支出五千三百
沈太太送节礼赏:支出四千
包封红纸:支出九百六十
法源寺送节礼:支出贰千
徐亲家大人送节礼赏:支出贰千

32780

初十日(9月26日)

贤良祠送馒头赏:支出四千
白瓯子四罐:支出十千〇四百
大、三少爷剃头:支出一千贰百
吉庆儿剃头:支出贰百
羊烛五斤:支出六千四百
引见胰四块:支出四千
石头粉子:支出四百八十
土筐一个:支出一千八百
收什家伙:支出六百
豆付浆:支出贰百
馒头十天共:支出四千八百
褚老爷送节礼赏:支出贰千
癸未长班节赏:支出贰千
门房茶叶:支出四千
孙老爷送节礼:支出贰千
翟狗子女人叩节赏:支出十千
膏药一张:支出一千贰百
木炭十斤:支出一千八百
豆付浆碱:支出八百四十
账本:支出七百廿
冰糖:支出八百八十
皮纸:支出一千

60520

十三日(9月29日)

养心殿:支出十六千
懋勤殿:支出二十千
乾清门:支出八千
月华门:支出八千
遵义门:支出八千
乾清宫:支出四千

右门:支出八千
左门:支出八千
南书房:支出一百十六千
上书房:支出十六千
孔雀房:支出四千
小屋:支出二十千
夸兰达:支出一百二十千
他库什:支出二十四千
军机苏拉:支出九十六千
诗本:支出二十四千
案上:支出三十贰千
膳房:支出八千
朱饽饽:支出十六千
杨饽饽:支出十千
抬饭:支出四千
膳下:支出四千
奶茶:支出八千
厨子:支出四千
纸匠:支出四千
包袱:支出二十千
方略馆:支出四千
万厨:支出十千
内务府朝房苏拉:支出四千
粥米点心共四个月:支出七十贰千
烧饼共四个月:支出四十千
刑部茶房:支出二十千
长跟苏拉
王春海弟兄三人:支出四十千
王四:支出四十千
散走苏拉
崔福全:支出四千
姜文锐:支出四千
徐长永:支出四千
白文明:支出四千
赵光玉:支出四千
王群成:支出四千
方松喜:支出四千
姜普荣:支出四千
索英连:支出四千
刘桂林:支出四千
方松秀:支出四千
西刑茶房:支出四千
九卿房:支出八千
军机处南屋万厨:支出二十千
总理衙门苏拉:支出三十一千
温三大人送节礼赏:支出贰千
弥陀庵送素菜赏:支出贰千
杨四姑爷送节礼赏:支出四千
请汪老爷车又车夫叩节:支出七千
棉花四斤:支出九千〇四十
送汪老爷酒雇抬酒力:支出贰千
送董少、老爷酒雇抬酒力:支出八千
收什:支出六百
菜墩子锅盖:支出三千四百四十

白面:支出贰千四百

987480

十四日(9 月 30 日)

冰糖□豆:支出一千四百八十
点心四样:支出一千四百八十
白蜂蜜:支出贰百
豆付浆二天:支出四百
供月饼十斤:支出五千六百
元宝香烛黄阡:支出一千六百四十
法源寺送枣儿赏:支出一千
桂喜等四人剃头:支出八百
打扫中厕又叩节:支出三千
羊烛五斤:支出六千八百
和官剃头:支出一千
甲辰长班节赏:支出贰千
庚午长班节赏:支出贰千
抄报节赏:支出十二千
付鹤年堂药:支出贰百十六千
体仁堂药:支出壹百九十四千
收什钟表:支出十四千
胡竹溪笔:支出壹百七十六千
付木厂工料:支出壹百十二千
宝经堂书:支出三千
懿文斋:支出廿千
香油:支出壹百五十五千
抬小轿点心二人:支出卅千
打灯笼点心:支出九千
香油灯油:支出卅千
糊灯笼:支出贰千
宝、沈宅门敬各八千:支出十六千
白、李、徐、绵、嵩、廉、冯、郑、赵门敬各四千:支出三十六千
太太赏陈姑老爷家人:支出四十千
赏得义:支出十千

1093400①

十五日(10 月 1 日)

供鲜果十样:支出五千八百
赏张疯子:支出一千
打官更节赏:支出一千
看街堆子赏:支出六百
收万宅来信:支出四百
黄姑老爷送礼赏:支出四千

① 底本为 1124000,据实际数额改。

阚顺叩节赏:支出四千
郑师爷跟人叩节赏:支出四千
送洋一月并节赏:支出六千五百
送京报节:支出一千
西瓜一个:支出贰千五百
兔儿爷一位:支出八百
大少爷打辫子:支出四百
剃头节:支出三千
豆蔻四两:支出廿八千
黄沙碗:支出三千八百
录盆:支出四千
大录碗:支出贰千
拈布:支出一千八百

74600

十七日(10月3日)

大少爷用净线扣带一条:支出七千
打灯笼点心:支出五百
豆蔻四两城外用:支出二十八千
三少爷剃头:支出六百
黄土一车收什灶用:支出一千四百
豆付浆二天:支出四百
将军帽三个:支出五千四百
碱石粉子:支出一千〇廿
冰糖臭豆付:支出九百八十
收什家伙:支出五百
包子皮:支出贰千六百
跟班点心:支出三十六千
棉烟十包:支出贰拾千

104400

十九日(10月5日)

羊烛五斤又一斤:支出八千贰百
烧鸭子二只并片酒:支出十八千六百
门口和尚化缘米:支出一千
饼又合菜饼共:支出贰千贰百
饱子皮:支出贰千贰百
豆付浆:支出贰百
烧酒、切面:支出八百
表辛纸十刀:支出六千四百

39600

二十日(10月6日)

高毛尖茶一斤:支出八千
次毛尖茶三斤:支出十四千四百
打灯笼点心:支出五百
请汪老爷车:支出三千
老吴、刘打更点心、蜡烛、茶叶:支出二十千〇四百
馒头十天:支出二十一千贰百八十

67580

二十二日(10月8日)

糊灯笼:支出贰百四十
黄糕、鸭蛋、包子:支出一千九百八十
大鸡蛋糕:支出三千九百六十
柿子:支出贰千
裁尺贰根:支出三千
高白面:支五千八百
录豆:支出贰千
收什木匣:支出三千
点心四样:支出一千六百
豆腐浆二天:支出四百
韭菜花:支出贰百
大少爷、成官剃头:支出一千六百
请汪老爷车:支出三千
法源寺送菊花赏:支出四千

32780

廿三日(10月9日)

请凌老爷车:支出四千
打灯笼点心:支出五百
寿烛褂皮:支出一千八百
帮分:支出四千
羊烛五斤:支出六千八百
雇车上龙泉寺:支出五千
茶房木炭十斤:支出一千八百
臭豆腐、烧酒:支出五百
收什家伙洋火:支出七百廿
冰糖半斤饼二斤:支出一千六百八十
豆付浆二天:支出四百
面桃五斤:支出贰千五百
切面五斤:支出贰千
冰糖葫芦:支出一千四百
小笼屉:支出四百

锅刷、小锅盖：支出一千〇六十
碱把儿钓：支出五百六十
洋火：支出六百
木炭：支出一千八百

37520

二十五日（10月11日）

大洋蜡十包：支出二十六千
大、三少爷剃头：支出一千贰百
抄报京报：支出二十四千
汪宅送开箱礼赏：支出贰千
弥陀庵送柿子：支出一千
小李儿送辣菜：支出一千
豆付浆二天：支出四百
月白布：支出一千一百廿
金高纸：支出一千六百
大少爷买眼镜一付：支出十五千
城内打更老张找补工出、点心出：支出五千
又张二打更工出、点心：支出八千八百
抬小轿换帽子二人：支出八千
三少爷买茶镜一付：支出二十二千
唐王行满圣教序一部：支出十五千

132120

二十七日（10月13日）

大皮纸四张：支出四百
碱、石头粉子：支出一千一百廿
合子皮：支出三千七百
香油：支出四百
存法源寺石榴、木莉各二分推花酒：支出四千
平果十五个梨十个：支出六千三百
羊烛五斤：支出六千八百
筛米赏酒：支出三千
老姨太太送礼赏：支出六千
蓝布双屉帽盒三个：支出四十二千
写账笔二支：支出一千贰百

74920

廿九日(10月15日)

豆付浆二天:支出四百
灯油盐:支出一千六百八十
火快:支出一千四百
盘香:支出贰百四十
冰花糖:支出一千六百
馒头九天:支出四千六百四十
衣包一个:支出十六千
桌毡一块:支出七千
松花十五个:支出三千三百
糊灯笼:支出贰百四十
棘金七十四斤:支出五千九百廿
书房点心蜡烛等用八月初至廿九共:支出四十千〇贰百四十
城内账领钱二次:支出四百千
城内喂养八月初一日至廿九止:支出四百五十千
点心二人:支出十八千
厂子转门二个:支出九千四百四十
牲口饮:支出四千
(定)[丁]掌打策:支出十一千贰百
油灯:支出三千六百
挑简:支出贰千
糊灯笼:支出一千贰百
刷子、筛子、扫帚:支出七千贰百
换季帽子:支出四千
宅内喂养八月初一至卅日:支出贰百七十千
打琮丁掌:支出六千贰百
甜水:支出八千
糊大、小灯笼:支出九百
水车挑简:支出一千
收什水桶:支出九千
甜水井节赏:支出贰千
换季帽子:支出贰千
1292400

领京平足银贰百两正,100100,合票钱贰仟零贰拾千
领京平松银叁佰两正,101700,合票钱叁仟五百拾千
领前存钱伍百叁拾壹千六百八千
换银入钱伍仟五百叁拾千
连前存并换银,共领钱陆仟零六拾壹千六百八十
本月共支钱四仟六佰六十千零四百文

除支净余存钱壹仟四百零壹千贰百八十

九月初二日(10月18日)

三少爷月费:支出十千
五、六小姐月费:支出贰拾千
大、三少奶奶月费:支出叁拾贰千
张永:支出六千
赵升:支出六千
孔福:支出六千
赵祥:支出五千
谢董:支出五千
赵喜:支出五千
束元:支出五千
初顺:支出五千
吴彬:支出五千
张兴:支出五千
张顺:支出四千
陈厨:支出十千
老温:支出四千
老李:支出四千
张六:支出四千
老吴:支出四千
老刘:支出四千
老郑:支出四千
二刘:支出四千
老米:支出四千
吴二:支出四千
老刘:支出四千
张二:支出四千
高五:支出十二千
王二:支出十二千
老常:支出十二千
老张:支出十二千
韩家:支出五千
闫家:支出五千
孔家:支出五千
束家:支出五千
赵家:支出五千
臧家:支出十千
陈家:支出十千
孔家:支出五千
高家:支出五千
余家:支出五千
王家:支出五千
姚家:支出五千
臧家:支出五千
王家:支出五千
刘家:支出五千
张家:支出十千
赵家:支出五千
赵家:支出五千
薛家:支出五千
王家:支出五千

南北门房油灯五个：支出十五千
门房茶炉煤：支出十五千
路灯二个更房灯一个：支出九千
上房后院油灯一个：支出三千
厨房油灯三个：支出九千
马号油灯一个：支出三千六百
羊烛五斤：支出六千八百
大少爷打辫子：支出四百
东厢风门换荷叶：支出六百
打官更一月：支出四千
请凌老爷车：支出四千
小账本二本：支出一千六百
收什铜锁：支出五百
豆付浆二天：支出四百
平果十个：支出五千
肉饱子四十个：支出一千贰百
麻片：支出七百廿
酱罗卜：支出六百四十
饼二斤：支出八百

417260[①]

初三日(10 月 19 日)

水斗子二个：支出贰千
笊篱二把锅刷：支出一千六百八十
大皮纸：支出一千
红青洋布：支出一千一百
肉饱子四十个：支出一千贰百
煤坡箩：支出一千贰百

8180

初四日(10 月 20 日)

大皮纸：支出贰千
白面三斤：支出一千三百廿
猪肉：支出三千八百四十
山药：支出六百
蚧由：支出贰百
城内用红眉茶一斤：支出十二千八百
高毛尖茶一斤：支出九千六百
桶条一根：支出一千
收什木桶：支出一千贰百
收什皮箱：支出一个三千

---

① 底本为 407260，据实际数额改。

收什铜锁:支出一把八百

36360

初六日(10月22日)

豆付浆三天:支出六百
冰糖:支出一千七百廿
灯油又壶:支出贰千一百廿
洋铁灯一个:支出一千贰百
饼二斤:支出八百
碱一斤:支出六百四十
切面、酒:支出六百
片儿饽饽合子皮:支出四千五百
沙篋吊子:支出六百六十
香油:支出四百
大小钉子:支出四百
棉烟十包:支出二十千
大少爷剃头:支出六百
糊各房窗户纸工料:支出卅九千
高毛尖茶一斤:支出八千
次毛尖茶三斤:支出十四千四百
送白宅幛子、做金字:支出五千
成文纸二刀,每刀三百六十张:支出二十一千
西毛头纸一刀:支出六千六百
羊烛五斤:支出六千八百
片鸭子、酒、蒸饼:支出一千三百廿

136360

初七日(10月23日)

木炭十斤:支出一千八百
送蒋宅点心二匣:支出九千八百
打灯笼点心:支出五百
三少爷剃头:支出六百
收清江信鲍:支出一千
收什皮箱:支出六百
席:支出贰千五百
丝线带子一根:支出九千
胰子碱:支出一千六百四十
录盆二个:支出一千三百
豆付浆二天:支出四百
杷儿钓:支出五百六十
灯花纸:支出四百
酱罗卜:支出六百四十
表心纸十刀:支出六千四百
肥皂胰子:支出一千贰百

38340①

① 底本为38700,据实际数额改。

初九日(10月25日)

豆付浆二天:支出四百
白面:支出贰百
饱子皮:支出贰千〇六十
碱、石头粉子:支出一千一百廿
收什木盘:支出一千
馒头十天:支出四千八百
煤炭筐:支出三千〇六十
火快子:支出八百
木炭十斤:支出贰千
洋铁壶二把:支出三千
白菜廿斤:支出一千
红糖:支出九百六十

20400

共支钱陆百伍拾七千贰百六十

十一日(10月27日)

老爷出城挪铺盖车:支出三千
大少爷打辫子:支出四百
刘老姨太太车:支出八百
片鸭、酒:支出六百
请凌老爷车:支出四千
寿烛桃票换新票:支出六百
烧酒:支出四百
红糖饼:支出六百八十
收什运斗:支出六百
铁铲、钓子:支出一千七百
□饼三斤:支出一千贰百
冰糖:支出一千七百六十
灯笼:支出一千
高丽纸、皮纸:支出八百六十
小坡萝一个:支出贰百
花盆四十个:支出六千八百

24600

十二日(10月28日)

打灯笼点心:支出五百
三少爷剃头:支出六百
收什铜盒、香炉盒:支出六千
和、成官剃头:支出贰千
汪宅送小姐点心赏:支出一千
门房用(条)[笤]帚:支出一千
桂等四人剃头:支出八百
打扫中厕:支出贰千

豆蔻四两:支出廿八千
弥陀庵送果子赏:支出贰千
饱子皮:支出一千九百六十
兰花朝烟:支出五百

46360

十三日(10月29日)

豆付浆三天:支出六百
洋铁壶一把:支出一千五百
锅盖、笊篱:支出一千六百八十
点心六样:支出一千六百
檀香末:支出九百六十
碱末:支出三百廿
大(篆)[箬]帚:支出贰千四百
木炭十斤:支出一千八百
棘针科八十五斤:支出六千八百
皮纸十张:支出一千
木炭十斤:支出一千八百
红糖:支出九百六十
酱萝卜:支出六百四十

22060

十六日(11月1日)

豆付浆三天:支出六百
收什铜壶:支出一千贰百
鸡蛋卷:支出八百八十
鸡蛋糕:支出七百廿
栗子:支出五百六十
黄豆三斤:支出一千贰百
饱子皮:支出贰千一百四十
又小鸡蛋糕:支出七百廿
磨剪子:支出一千贰百
高白面:支出五千六百
灯油:支出一千一百廿
白碱:支出九百六十
羊烛五斤:支出六千八百
洋报八月:支出五千五百

29200

十七日(11月2日)

抬小轿二人点心:支出三十千
糊灯笼:支出贰千
打灯笼点心:支出九千
李妈下工媒人共:支出六千
寄杭州信二次:支出贰千
王妈下工出媒人共:支出六千

孟妈下工出媒人共：支出六千
城内打更点心：支出四千八百
跟班点心：支出三十六千
木炭：支出一千八百
棉烟一包：支出贰千
门房茶叶：支出四千
高毛尖茶一斤：支出八千
次毛尖茶三斤：支出十四千四百
大羊烛二斤：支出贰千七百廿

134720

十八日(11月3日)

三少爷剃头：支出六百
老爷出城挪铺盖车：支出一千
请凌老爷车：支出四千
纸片烧酒：支出五百
裕大人车班饭：支出五千
沈大人车班饭：支出四千
续大人车班饭：支出四千
徐五大人车班饭：支出四千
许亲家大人车班饭：支出四千
廖大人车班饭：支出三千
吴老爷跟人饭：支出一千
车厂：支出四千四百八十
收叶三姑奶奶信：支出一千
打灯笼点心：支出五百
全金寿烛百支：支出十九千贰百
狗窝二个：支出六百
点心四样：支出一千四百八十
酱萝卜：支出四百八十
小皮纸：支出一千八百
饼四斤：支出一千六百
胰子：支出五百
桂元：支出贰百
饱子皮：支出九百
冰糖、白糖：支出贰千八百四十
红糖：支出九百六十
碱：支出六百四十
鸡蛋卷：支出一千五百

69780

二十日(11月5日)

大将军帽：支出一千八百
洋铁吊子：支出一千
收什家伙：支出五百
饼二斤：支出八百
馒头十天：支出五千一百廿
红眉茶一斤半：支出十九千二百

大洋蜡二包:支出廿六千
木炭十斤:支出一千八百
更房点心、茶叶、烛:共支出二十千〇四百
76620

共支钱四百零叁千三百四十

二十一日(11月6日)

本家五少爷专差宋升赏给制钱五千,合票出廿千:支出二十千
城内账领钱:支出贰百千
羊烛五斤:支出六千八百
大少爷剃头:支出六百
老姨太太跟人汪升赏给:支出五千
请汪老爷车:支出三千
漆针线嶒萝十个(蓝)[篮]二只、工料:支出廿六千
藕、桂元:支出五百八十
帮分:支出四千
黄豆:支出一千贰百
饱子皮:支出贰千
支各瓦:支出五百
268680[1]

二十二日(11月7日)

收什蜡阡:支出六百
拈布:支出一千八百
笊篱:支出一百四十
绳子:支出一千贰百
竹刷子:支出一千六百
(箓)[笤]帚:支出一千四百
山(茹)[菇]:支出五百
胡萝卜:支出贰百四十
灯油:支出一千一百廿
小鸡蛋糕:支出七百廿
麻片寸金糖二斤:支出一千四百四十
10760

---

① 底本为269680,据实际数额改。

二十四日(11月9日)

请凌老爷车:支出四千
羊烛五斤:支出六千八百
饱子皮:支出贰千贰百
点心四样:支出一千四百八十
冰糖:支出八百八十
碱二斤:支出一千贰百八十
大将军帽:支出五千四百
棉烟十包:支出二十千

42040

二十六日(11月11日)

黄豆:支出一千六百
烧酒:支出四百
毛□粗洋布:支出一千九百六十
点心饼:支出八百
切面:支出贰千四百
玉面馒头卅个:支出一千八百
点心蒲包:支出三千
饱子皮:支出三千
酱萝卜:支出六百四十
丁子:支出贰百
表辛纸七刀:支出三千八百
唱曲儿车饭九人:支出廿二千
抄报京报:支出二十四千
大、三少爷打辫、剃头:支出一千
吴宅送喜果赏:支出贰千
收郑庄来信力:支出一千

69600

二十七日(11月12日)

小米、黄豆:支出贰千贰百
麻罗子:支出贰千
录盆:支出贰千
更子:支出一千三百
表辛纸:支出六千四百
盐二斤:支出五百六十
盘香:支出贰百四十

14700

廿九日(11月14日)

小米、黄豆:支出贰千贰百
盘香:支出贰百四十

红糖:支出一百
肉馒头:支出六百
烧酒:支出四百
饼一斤半:支出六百
馒首:支出八百
馒头九天:支出四千三百廿
羊烛五斤:支出六千八百
寿面票廿斤:支出七千贰百
次毛尖茶三斤:支出十四千四百
锅魁木炉大八个 4800,中六个 3600:支出六十千
铜锁二把:支出四千
油布吃肉口代一个:支出一千
文采斋:支出五十千
赏陈厨子:支出二十千
太太:支出壹百千
书房点心等物九月初一至廿九:支出七十四千七百四十
城外喂养九月初一至廿九:支出贰百六十一千
打琮丁掌:支出六千贰百
座车、水车、挑筒:支出三千
甜水:支出八千
水车换瓦丁:支出三千三百
毡屉油布大灯笼套:支出七千
城内喂养九月初一至廿九:支出四百三十五千
车夫二人点心:支出十八千
打琮丁掌:支出十一千贰百
厂子:支出八千
牲口饮水:支出四千
灯油糊灯笼:支出四千八百
挑筒换当:支出贰千
转门四回:支出贰千八百八十

共支钱壹仟伍百十七千八百文

领京平足银贰百两正,101000,合票钱贰仟贰百千
领前存钱壹仟四百零壹千贰百八十
换银入钱贰仟贰百千
连前存并换银,共领钱叁仟六百零壹千贰百八十
本月共支钱贰仟伍百七十八千四百文
除支净余存钱壹仟零贰拾贰千八百八十

孙毓汶信稿

一、福建学政任职时期

同治九年(1871)至十一年(1873)

致衍圣公函四月初六日

都门握别，裘葛屡更；闽海遄来，瑶华先贲。荷殷拳之垂注，实篆结以难名。敬惟上公姻台大人，派衍东山，恩承北阙。主持礼器，分茅接洙泗之源；弼亮天家，列爵在信躬而上。叨居莩末，与有荣施。弟篸节忝持，萍踪远泛。天南迢递，觉策驭之弥劳；堂北瞻依，幸安车之无恙。三春既望，行抵闽垣。接篆后当即部署公私，出棚按试各属。窃念庠序为育才之地，藻芹皆先圣之遗，愿藉家传，以为箴佩，曷胜殷企。专肃复请崇安，统祈丙照，不宣。

姻愚弟顿首

四月初六日

致下里场王兰舫函四月初六日

夙附通家，未下孔融之拜；兹来闽海，先开龄石之函。备荷诚垂，尤深感叹。敬惟兰舫三兄世大人，泰履延鸿，升恒展骥。论抒盐铁，犹传花榜之声华；才裕茧丝，行被枫廷之简擢。引詹芝宇，曷尽藻忱。弟篸节忝持，榕垣甫莅。滥膺剧任，恐玉尺之难量；缅想先型，惧金根之误读。祈颁钟律，以一佩循。专覆敬请升安，并璧衔版，不宣。

世愚弟顿首

致马巷通判洪丽笙函四月初六日(八行)

联襼西清,曾同视草;停轺南国,快睹栽花。辱铺藻之先颁,益浣薇而生感。敬惟丽笙仁兄同年大人,典午荣膺,晋安分守。人来天上,本非百里之才;恩拜禁中,行志三迁之喜。遥詹芝采,曷罄芜忱。弟千里乘轺,三春息辙。未操桂斧,难搜匠石之材;初莅榕城,又叱王尊之驭。兹择于清和上浣出棚开试兴、泉,次第按临各属。棠阴不远,葭溯殊殷。专此肃覆,敬请升安,祗璧谦版,不宣。

年愚弟顿首

致浙江候补县傅味泉函四月初六

趋凫过浙,正逢于役出畺;剖鲤见书,远荷殷勤垂注。就谛味泉二兄世年大人襄猷漕运,楙绩最拟。莺乔卜首善之区,凤阙下真除之诏。遥詹裔采,曷尽豫忱。弟跋涉程途,迁延三月,暮春望后始达闽垣。猬集公私,殊形历碌,兹准于清和初七起程按试各郡。谬膺衡校,恐目论之多迂;远贲针车,庶心聋之或启。专此肃覆,敬请升安,惟希荃照,不宣。

世年愚弟顿首

致延平府徐少青函四月十一日

道出泉平,备承雅照。正拟肃笺称谢,猥承华翰先颁。三复回环,五中篆结。敬惟少青仁兄大人,双熊教治,五马宣风。表携琴饲鹤之清,当跃剑成龙之地。鸾纶行贲,豸绣即膺。骧首升华,倾心凫藻。弟忝持簜节,初莅榕城。自比薪劳,愿采中原之菽;目惭藻鉴,恐遗沧海之珠。芝宇远递,葭思倍切。专此肃覆,敬请升安,祗完联版,不宣。

愚弟顿首

致泉州府张小舫函四月初六日

未挹仇香，先披郇翰，浣薇三复，篆结五中。敬惟小舫大兄大人，一麾典郡，十部宣风。麦秀两岐，接渔阳之家政；芝函三锡，擢豸斧之升阶。引跂黄堂，奚为再祷。弟忝持簜节，初入榕城。海上鲛珠，恐收罗之无计；天南鹭堠，觉涉历之方多。棠治行来，葭思先切。专此肃覆，敬惟升安，祇璧联版，不宣。

愚弟顿首

致永春州翁兰畦函四月初六日

初莅榕城，即闻蒲政。辱藻函之溢饰，弥芜悃之感惭。就维兰畦大兄大人，典午宣猷，抚辰介祉。桃源地古，鸣琴久莅名区；荆楚多材，锡綍定垂恩简。遥詹喬采，曷罄颂忱。弟忝绾轺车，愧无藻鉴。未必携琴海上，能效成连；差欣着屐山前，先逢灵运。荔支初熟，棠治方来，再接麈谈，先殷鹄跂。专此肃覆，敬请升安，并完芳版，不宣。

愚弟顿首

致莆田县米柳汀函四月初四日

接披华翰，备荷藻存。就讳柳汀大兄大人，鼎祉便蕃，升华翕集。凫飞化洽，协蒲邑之三称；鹗荐荣膺，荷芝章之叠贲。莺柯在望，鹄跂良殷。弟簜节忝持，蓂阶屡易。初窥壶峤，恐藻鉴之难胜；再策笋舆，计花封之将莅。专此覆请升安，并璧芳版，不宣。

愚弟顿首

致泉州厘局委员李卓如函四月初六日

接披华翰，备荷锦存。就讳卓如大兄大人履繶延釐，升祺笃祜。摄官欃之征榷，绩著阜财；膺帝简而真除，秩迁典郡。遥詹喬采，曷尽景忱。弟秉铎迢遥，念衡才而滋愧；停轺瞬息，又行部之难迟。愿藉箴言,以为圭臬。专此覆请升安,并完谦版,不宣。

愚弟顿首

致南平彭荷庵四月初六、建安王厚庵四月十一、瓯宁陆运轩四月十一(合稿)

道过棠垔,备承荃照。辱华缄之先贲,尤感歉之交萦。就审荷庵、运轩、厚庵大兄大人泰履咸绥,升恒萃吉。布雉驯之雅化,紫甸膏敷;沐骥展之殊恩,黄堂秩晋。莺迁指顾,鹄跂心殷。弟犀照未悬,漫秉量才之尺;骊歌乍赋,又登按部之车。芝宇远违,葭思曷极。专此覆请升安,并完芳版,不宣。

愚弟顿首

致长乐王勉斋四月初六、晋江许昆士四月初六、沙县钟小溪四月十一日、连江朱莲星四月初六(合稿)

接披藻翰,备荷锦存。就谉勉斋、昆士、小溪、莲星大兄大人(以下同前稿。"按部之车"下"冀接芝仪,以开蓬塞")……

致邵武府叶黼臣函四月二十日

芸馆细书,曾学花砖故步;榕垔奉使,快聆荆部循声。荷郇翰之先颁,弥感惭而莫释。敬惟黻臣老前辈世大人,棫绩熙春,凝禧时夏。严助移情会郡,鸾章特贲乎承明;封公再入冀州,骖篠欢迎夫神父。仰鸿勋之卓著,缅豸绣之荣膺。引跂檝辉,奚如藻颂。侍菲材滋愧,簜节谬持。海上鲛珠,恐搜罗之无计;天南鹭堠,觉涉历之方多。兹正按试兴安,计庾岭梅开,始克遄来棠治,冀亲矩诲,先切神驰。赐柬逾格谦垂,悚惶无地,附函恭璧全缄,幸勿再施,实深祷切。专肃敬请台安,祇祈荃察,不宣。

世侍生顿首

致建宁府李蔼堂函四月廿六日

道出芝城，藉瞻棠荫。乍合萍而又别，辱摛藻以鸣谦。驰感私衷，笔难尽罄。敬维蔼堂大兄世大人，一麾典郡，七邑瞻型。柘浦风清，碑口颂剑牛之化；枫宸露湛，简心注琴鹤之名。豸阁行迁，芜私尤切。弟忝膺衡鉴，未得针芥。蒲邑初来，喜见豹班之一；笱将递策，再攀凫舄之双。芝宇遥违，葭思曷极。专覆敬请升安，祇祈鼎照，不宣。

愚弟顿首

致邵武税厘局委员陈克庭函四月廿六日

接披华翰，备荷锦存。就谉克庭大兄大人，履繶延釐，升祺笃祜。摄官榷之征榷，绩著阜财；膺帝简而真除，秩迁典郡。引詹芝宇，弥切葭忱。弟秉节迢遥，甫自兴安，策驭持衡，兢惕莫从。沧海探骊，愿藉针言以为圭臬。专此覆请升安，并完衔版，不宣。

愚弟顿首

致厦防厅刘觉岸函四月廿六日

两接瑶槭，备纫瑑饰。就稔觉岸大兄大人，鼎祉便蕃，升华翕集。典午树莎厅之绩，化洽鹭门；重申廷枫陛之恩，秩迁熊轼。莺柯在望，凫藻良殷。弟秉节迢遥，甫自兴安，策驭持衡，兢惕莫从。沧海探骊，承寄示尊大人惠赐一函，业已拜展简书，有暇行当即肃覆笺也。专此覆请升安，并完衔版，统希雅照，不宣。

愚弟顿首

致霞浦刘夙寅、永安范庭玉、顺昌韩槐庭、龙溪黄星樵、邵武邓小田、建宁黄酉山、漳浦斌子廉、德化刘敬亭函四月廿六日

未接兰仪，先披藻翰。就谉夙寅、庭玉、槐庭、星樵、小田、酉山、子廉、敬亭大兄大人，履繶便蕃，升华翕集。温惠叶南熏之奏，千宝鸣弦；殊恩从北阙而颁，五花映绶。引詹裔采，曷罄颂私。弟初入莆阳，

又叱王尊之驭;未操藻鉴,难搜匠石之材。愿接芝标,以开蓬塞。专此覆请升安,并完芳版,不宣。

愚弟顿首

致安徽安庆府刘小松函四月廿六日

都门捧袂,裘葛已更;闽海停轺,鳞鸿忽至。感崇情之眷注,弥芜悃之萦回。敬讳小松老前辈世大人,豸节荣旋,虎符晋绾。南湖喜满,正逢琴鹤重来;合浦珠还,共仰剑牛旧政。芝纶即贲,兰阁行迁。远跂樾辉,弥殷藻颂。侍自惭樗栎,忝掌鉴衡。鹈辙长驱,怅天南之道远;豹斑甫见,觉沧海之珠多。三春行抵闽垣,即于本月初出棚按试各郡,初窥壶峤,祇凛冰渊。尚祈远锡箴言,以为荃佩,是所敬祷。专肃寸覆,敬请台安,祇求亮察,不宣。

世侍生顿首

致永春州翁兰畦函四月廿七日

违隔鸿仪,时深鹄跂。〇广文来,接读藻函,藉讳前肃覆笺已登青睐,忭慰奚如。敬惟兰畦大兄大人,政与日新,绩随时楙。惠泽比薰风之播,琴韵流清;恩膏洽梅雨而敷,纶音贲宠。引詹升祉,曷尽豫忱。弟蒲邑遄来,管窥伊始。自惭目论,多遗抱璞之珍;愿启心聋,行领粲花之论。兴安试事已竣,即日起程按临贵治。望云翘首,溯露殷心。先此敬请升安,并璧芳版,不宣。

愚弟顿首

致厦防同知马儒林函五月十二日

道出渔梁,缅瞻芝宇;遄来蒲邑,接展藻函。就讳儒林大兄大人,升祉便蟠,鼎裀笃祜。熊轼荣回于榕峤,紫甸凫飞;鸾纶宠贲于枫宸,黄堂骥展。引瞻吉采,曷罄颂忱。弟秉节迢遥,再向兴安,策驭持衡,兢惕莫从。沧海探骊,愿藉针言以为圭臬。专此覆请升安,并完芳版，不宣。

愚弟顿首

致本省将军兼署总督文星崖（文煜）函五月初四日

违隔光仪，时深驰仰。怅驰驱之在道，徒事凫趋；感节序之已更，虔申鲤祝。就维星崖六叔大人，离明丙照，鼎福辰绥。大树荫浓，蔼八闽之瑞气；兼垠节建，扇万户之薰风。缅蒲酒之遥斟，禧凝地蜡；拜葛衣之新赐，宠荷天家。引跂卿云，奚尽颂日。侄忝持簜节，初入桃源。愧无拔薤之才，徒抛驹隙；抚此落梅之候，尤切芜私。兴安试事早竣，该郡生童尚称绥静。兹于初二日到永，部署开考。知关荩系，一以附闻。专此肃贺午禧，敬请台安，统祈荃照，不宣。

世愚侄

致抚台王补帆（王凯泰）函五月初四日

兴安接奉赐函并石亭碑记一道，当即手肃覆笺，计登签掌。兹届蕤宾转律，地蜡逢时，敬维补帆老前辈世年大人，离明丙照，鼎福辰绥。执葵箑以扬仁，十郡军民同歌保艾；建纛牙而敷政，九天纶綍重奖安榴。引跂卿辉，弥殷忭颂。〇勉效持衡，愧难铸镜。薰弦逖听，抚时益切葵倾；芜牍谨裁，祝福但深蒲拜。自兴安启行，沿途无阻，刻于初二日到永，次日开考。知关荩注，谨以附闻。专此肃贺午禧，敬请台安，统希雾照，不宣。

世年侍生

致臬台傅星添函五月初四日璧柬

南浦骊歌，萦纡襟抱；东风鲤信，拜领情文。感奖饰之殷谆，实悚惭之靡况。敬惟星源老前辈世大人，顺时介祉，重午凝釐。犀照高悬，手铸江心之镜；象刑惟允，民歌续命之丝。酌艾酒以宜时，拜葛衣之宠赐。引詹卿采，曷尽豫忱。侍哲乏知人，益智愿分楚粽；情殷削陡,扬仁敬效齐纨。兴安试竣,生童幸各静绥,于月初遄来永春,即日开考,堪慰荩注。专此肃贺午禧,敬请台安,恭璧大柬,不宣。

世侍生

致粮运叶善堂函五月初四日

南浦骊歌,才分风笛;东风鲤信,已展云笺。荷藻饰之殷谆,弥芜衷之篆感。敬惟善堂仁兄大人,茂对昌辰,禧延重午。棠风黍雨,八闽洽望岁之心;艾绿榴红,五色映酬庸之诏。引詹德采,弥切颂忱。弟拔薤未能,采兰忽届。学新声于鹳鹆,舌强难调;介景福于鸳鸯,心诚善颂。兴安试竣后,于月初遄来永春,生童幸各静绥,堪慰锦注。专此肃贺午禧,敬请台安,祗璧大柬,不宣。

愚弟顿首

致盐道裕泽生函五月十六日璧柬

乍策笋将,忆荷鸣驺于祖道;再周蓂叶,已逢烹骛之良辰。藻翰先颁,芜衷倍切。敬维泽生仁兄大人,禧凝卓午,绩楙调辛。飞绛节以安商,梅雨润画熊之轼;拜彤廷之宠锡,葛风含绣豸之衣。引跂樾辉,奚尽艾祝。弟桃源暂驻,槐夏方长。拔薤未能,绮序虚逢斗草;拜蒲有愿,燕私弥切倾葵。此间试事已竣,不日起程按临泉郡。望云弥远,溯露尤殷。专此肃覆,敬贺午鳌,并请台安,恭璧大柬,不宣。

愚弟顿首

致延建邵道钟康侯函五月十六日璧柬

暌隔眉仪,时殷心溯。度光阴于马足,蒲节瞬逢;拜谦饰于鲤缄,芜衷志感。敬维康侯三兄世大人,禧延重午,茂对昌辰。巡禹甸以扬休,蒲剑桐琴,龙津化洽;拜尧阶之锡宠,香罗细葛,豸绣辉流。引跂吉晖,奚尽颂日。弟才难拔薤,节届采兰。丹陆驱驰,遥爱赵卿之冬日;朱英璀粲,虚期庶子之春华。现在试竣桃源,不日按临泉郡。镇瓜初试，弥厚心期；保艾先歌，聊同膜拜。专此肃覆，敬贺午禧，祇请台安，恭璧赐柬，不宣。

世愚弟顿首

致补用道前福州府尹竹民函五月十六日璧本

簿领劳膺，策驭方周两郡；葩华萍布，开函如觌五花。浣罢蔷薇，向深葵藿。敬维竹民仁兄大人，冰台佩洁，玉轸歌薰。梅坞去思，碑口颂蒲鞭之治；兰台涉级，简心沛芝綍之恩。骧首莺柯，倾心凫藻。弟桃源驻足，槐夏逢时。心待镇瓜，冀凝尘之可扫；手徒束笋，嗤造榜之同艰。幸照榴华，俾深兰佩。专此覆贺午禧，敬请台安，祇璧谦版，不宣。

愚弟顿首

致龙岩州州同樊鹤岭函五月十六日璧本

接披华翰，备荷藻存。就维鹤舲大兄大人，抚序延釐，随时楙绩。监龙津而佐治，化洽蒲鞭；沐螭陛之醲恩，荣增艾绶。引詹升祉，曷尽豫忱。弟递按桃源，值芳辰于午节；言修芜牍，寄俚颂于庚邮。专此覆贺午釐，并璧芳版，惟希丙照，不宣。

愚弟顿首

致真粮通判杨寿农、厦防同知刘觉岸函同稿五月十六日

葩华萍布，欣逢斗草之辰；兰简遥颁，如读落梅之句。辱承注饰，深切感衔。敬维寿农、觉岸大兄大人，典午宜时，昌辰介祉。蒲鞭敷化，黄堂资佐治之贤；桃印增华，紫陛下真除之诏。引詹吉采，曷尽豫忱。弟拨薤未能，采兰忽届。朱英璀粲，难期庶子之春华；丹陆驱驰，遥爱赵卿之冬日。爰歌保艾，还颂安榴。专此覆贺午禧，敬请升安，并完衔版，不宣。

愚弟顿首

致光泽县徐心燕、永福郑觐臣、泰宁县徐谏廷、崇安宋湘亭函,建阳县骆鼎臣同稿五月十六日

接奉蓉椷,备纫藻饰。就讳○○、○○、○○、襄廷大兄大人,履繶便蕃,升华翕集。温惠叶南薰之奏,千宝鸣弦;殊恩从北阙而颁,五花映绶。引詹裔采,曷尽豫忱。弟按试桃源,佳节瞬逢采艾;缅怀芝宇,临风为诵苍葭。专此覆请升安,并完芳版,不宣。

愚弟顿首

致汀漳龙道文士林函六月初七日璧本

前奉赐函,当即肃覆。兹届天端令节,复蒙云翰先颁,辱逾格之谦垂,益悚惭之无地。敬维士林仁兄大人,茂对昌辰,禧凝重午。朱旗画鼓,霞漳增豸节之辉;细葛香罗,露冕拜螭垣之锡。引詹德采,曷尽景忱。弟初访桃源,绮序欣逢斗草;愿抽江管,摛词敬颂悬蒲。此间试事已竣,即日起程,按试泉郡。听鼓声而记里,良觌非遥;幸钟律之调时,芳规可接。望风怀想,忭舞尤深。专此肃复,敬贺午禧,恭璧抝谦,衹请台安,不宣。

愚弟

致归化县周时叙函六月初七日璧本

两奉藻函,备纫琭饰。就讳时叙大兄大人,薰歌玉轸,剧治珩溪。桃印流华,五色映酬庸之诏;蒲樽霭瑞,五花崇晋秩之阶。引跂芝标,奚尽艾祝。弟忝膺衡鉴,初莅温林。佳节幸逢,益智愿分楚粽;俚词献颂,扬仁并效齐纨。专此覆贺午喜,并璧联版,不宣。

愚弟

致光泽县徐心燕函璧本

……心燕大兄大人……(前后同覆贺各县稿)

致安溪县白莲塘函六月初七日璧本

未挹仇香，先披郇翰。荷情文之重叠，弥感泐之难忘。就谇莲塘大兄大人，楙绩兰溪，凝釐蒲节。温惠叶南薰之奏，千宝鸣弦；殊恩从北阙而颁，五花映绶。引詹升祉，曷尽豫忱。弟衡鉴忝持，温林初莅。一斑豹采，先窥花县之多材；尺素鱼缄，聊颂蒲城之善政。专此覆贺午喜，并完联版，不宣。

愚弟

致浙江学巡捕候补经历郭丹来函璧本六月初七日

武林舣棹，快接光仪，别后怀思，无时少释。顷者接展云笺，备纫瑑饰。就维丹来仁兄大人，升祇便釐，鼎祺楙介。松斋寄兴，暂迁射鸭之弓；枫陛颁恩，行展飞凫之舄。引詹芝采，曷尽葭忱。弟持节闽南，方周三郡。鉴惭誉藻，幸逢铸镜之辰；笔欲铺棻，还颂牵丝之喜。承嘱云云，当为留意。祇恐蒲牢远执，难期有叩即鸣耳。专此覆贺午釐，并完芳版，不宣。

愚弟

致永春州翁兰畦函六月十四日璧本

前来鱼使，颁到鸾笺并省垣覆信一械，当即具答称谢。兹荷蓉函重贲，藻饰茂加，三复未终，五中增感。敬维兰畦仁三兄大人，礼意风猷，乐情膏润。印将交鹊，民思借冠于他年；章特颁鸾，帝重推袁之有牍。莺迁指顾，雀忭心殷。弟职愧乘轺，情虚推毂。初聆舆诵，已钦荆部之循声；再接光仪，益信康成为长者。二千石正迁刺史，七百字写赠番州。聊竭菲葑，藉名葵藿。敢谓诗能作史，采叔度于讴歌；差欣蚓可投鱼，索道衡之酬和。辱承芬齿，实切汗颜。此间试事行竣，不日又将就道。望云翘跂，曷尽神驰。专此覆请升安，祇璧芳版，不宣。

愚弟

致长汀县调署侯官县吴起夫函璧本六月十三日

初入榕薑,即闻蒲政,两披藻翰,差慰葭忱。就谇起夫二兄大人,印将交鹊,舄欲飞凫。鸣琴来首善之区,新膺艾绶;锡紵重真除之诏,晋绾竹符。引跂芝标,奚尽芜颂。弟忝持簜节,屡易蓂阶。犀照未悬,兹愧人来鲛室;鲤椷远达,已逢治起螺江。专此覆请升安,并完联版,不宣。

愚弟

致汀军同知周季贶函璧本六月十三日

葩华萍布,方过斗草之辰;兰简遥颁,如读落梅之句。辱承藻饰,弥感芜衷。就维季贶八兄大人,绶新携艾,鞭共悬蒲。化协由庚,敷政本庚经之学;秩居典午,颁恩被午陛之光。引跂升华,奚尽豫颂。弟笋将递荣,拨薤未能。丹陆驱驰,遥爱赵卿之冬日;朱英璀粲,虚期庶子之春华。敬藉箴言,以为兰佩。专此敬请升安,并完芳版,不宣。

愚弟

致福鼎黄星槎、上杭王裕泉函璧本六月十三日

接读琅函,备纫瑑饰。就谇星槎、裕泉大兄大人,禧□采艾,善治治蒲。朱缕祥华,想傅琰鞭丝之治;丹纶宏奖,有李常赐绢之荣。引跂莺柯,殷心凫藻。弟忝持簜节,载驱六月之车;远答芜椷,敬颂五时之政。专此覆贺午釐,并完衔版,不宣。

愚弟

致侯官县白静安函璧本六月十三日

前以豚儿添育,辱承吉语遥颁,正在肃谢间,又奉藻函,并以虚度年华,复蒙奖饰,捧诵之下,歉感并萦。敬惟静安大兄大人,棠荫移阴,瓜期及代。首善久劳治剧,政碑早颂阮公;简恩聿许迁官,歌篠行迎召父。引詹芝采,曷尽芜忱。弟已觉薪劳,况逢溽暑,手徒束笋,嗤造榜之无能；心待镇瓜，苦烦襟之莫涤。兹幸考毕泉州，不日起程移按漳郡，并以附闻。专此覆请升安，藉完芳版，不宣。

愚弟

致兴化府林福泉函璧本六月十六日

接奉钧函，猥以虚度年华，复蒙奖饰，捧诵之下，惭悚莫名。敬维福泉老前辈大人，祉并时隆，勋随日茂。首郡拜真除之诏，口碑颂简惠之恩。引跂樾辉，奚尽忭祝。侍于前月下旬抵泉，当即开考。访闻此间弊窦甚于他郡，加意防闲。同安面覆时校有文理不符三卷，将该童扣交府尊鞫讯，据称实系抄录记忆窗稿，并非抢替，此中曲折固未尽得其情，而各邑闻声，居然敛迹。晋属临默不到几四百人，五属取进各文亦幸均无赝鼎，武试一律静谧，藉堪告慰知己。惟连试五正场，竭旬余昼夜之力，嘻，甚矣惫，幸尚托庇无疾，可慰廑怀。兹准于十七日移按漳州，相去日遥，怀思弥切。专肃寸覆，祇请台安，敬璧抝谦，统祈垂照，不宣。

侍生

致户部秦谊亭函七月十五日

接奉覆云，猥以前尽薄忱，犹蒙齿及，展诵之下，感愧曷胜。敬惟谊亭仁兄年大人，鼎履凝釐，升恒集吉。擅才华于二妙，迓宠眷而三迁。引跂芝辉，奚尽葭想。弟清和上浣出棚，次第按临，已毕一州三郡。天南气候溽暑困人，加以泉、漳两府弊积人繁，甲于通省，防维搜剔，在在为难，所幸膺鼎无闻，生童均各静谧，顽躯亦叨粗适，堪慰廑念。此信到时，又是餐英时节，龙山嘉会，萸囊新艳之句更添几许？星翁、雪老，同切系怀，不审西园雅集时，尚忆及狂奴故态否邪？上都新事，风便幸以相闻，盼切盼切。专此肃覆，敬请升安，并希霭照，不宣。

年愚弟

致延平府徐少青函七月十二日璧本

接披棻藻，猥以年华虚度，犹荷饰存，雒诵回环，莫名惭感。敬维少青仁兄大人，望与秋高，绩随时懋。搴帷典郡，早钦琴石之清风；锡綍迁官，更领剑津之胜地。遥詹甔采，曷尽景忱。弟荏苒韶华，纪岁徒增马齿；崎岖途路，策舆又逐羊肠。棠治尚遥，葭思倍切。专此肃覆，敬请升安，祇完谦版，不宣。

愚弟

致闽县石虞琴函七月十二日璧本

前以豚儿添育，荷蒙吉语遥颁，正在肃谢间，又奉琅函，并以虚掷年华，备承奖饰，捧诵之下，歉感益深。敬惟虞琴大兄大人，履繶咸绥，升华萃吉。布雉驯之雅化，千宝鸣弦；沐骥展之酴恩，一麾晋秩。翘詹棠荫，曷尽芜忱。弟漳海停轺，校士徒惊向若；商飙拂袖，计时又到吟秋。芝宇遥违，葭思弥切。专此覆请升安，并完联版，不宣。

愚弟

致仙游县陈耀堂函七月十二日璧本

接披藻翰，猥以徒增马齿，犹蒙瑑饰优加，雒诵回环，莫名惭感。敬惟耀堂大兄大人(以下同前稿)……

致泉州府张小舫函七月十二日璧本

温陵莅止，快识荆州；漳海遄来，犹思元度。辱蓉械之先贲，弥篆感之难名。敬惟小舫仁兄大人，名与秋清，泽同露润。海云现石，鹭门应蔚嘉祥；天阙颁纶，豸阁行除显秩。引詹熊轼，曷阮凫揄。弟停鷁南州，按簿而仍如束笋；鸣蝉西陆，计时而已及烹葵。转瞬结铁金郊，商飙拂袖，征人在道，幸无烦溽若矣。承示何联三一案尚未弋获解讯等情，殊深悬系。代桃以李，玩法非比寻常，按以科条，当于抢替入场更加一等。饬拘严办，似在难延。还仗风雷，以振玩懈。毋任鹄企,专此肃覆,敬请升安,祗璧谦版,不宣。

愚弟

致晋江县许昆士函七月十二日璧本

停轺棠治,备荷云情。方蓄悃之未陈,乃藻函之先贲。回环洛诵,企结逾深。敬惟昆士大兄大人,兴与秋高,泽同露润。布雉驯之雅化,沐骥展之酡恩。遥睇吉辉,奚如颂日。弟南州停鹢,喜校士之方完;西陆鸣蝉,瞬凉秋之已到。滋惭藻鉴,徒积薪劳。承代寄永春一函,并蒙递到覆书,琐渎多多,殊深歉仄。专此覆请升安,并完芳版,不宣。

愚弟

致永春州翁兰畦函七月十二日璧本

前展云笺,未能修答,猥以豚儿添育,复蒙吉语遥颁,三复浣薇,五中篆结。敬惟兰畦仁兄大人,兴与秋高,泽同露润。缅瓜期之将及,熊轼荣移;行芝綍之宠颁,莺柯乔晋。升华在望,豫颂良殷。弟停鹢南州,按簿而仍如束笋;鸣蝉西陆,计时而已及烹葵。转瞬结轶金郊,商飙披拂,征人在道,先驱烦溽之襟,曷胜欣跃。辱承垂注,铭感尤深。场务已竣,准于十六日起程移按龙岩。此间试事静绥,更胜泉郡,并以附达。专此覆请升安,祗璧联版,不宣。

愚弟

致厦防厅刘觉岸函七月十五日

前过棠治,辱荷远临,正歉仄之方深,乃惠函之重贲,并承厚贶,祗领滋惭。敬惟觉岸仁兄世大人,名与秋清,泽同露润。鹭门敷化,颂声挟鲸海之涛;熊轼迁乔,宠眷荷螭廷之綍。缅怀升祉,曷尽豫忱。弟停鹢南州,按簿而仍如束笋;鸣蝉西陆,计时而已及烹葵。兹幸场事已竣,准明日起程,移按龙岩。诸托顺平,堪慰心注。专此肃覆,并鸣谢忱。敬请升安,惟希朗照,不宣。

世愚弟

致兴化府林福泉函七月廿三日璧本

接奉赐函,以家慈寿辰,荷蒙远颁吉藻,敬谨展诵,感激莫名。敬维福泉老前辈大人,谊重同官,情殷锡类。著清声于琴石,夙钦士行之称廉;拜恩诰于纶扉,应重日磾之承教。引詹德采,曷尽景忱。侍迢递捧舆,私愿幸偿,将毋驰驱按部,祝釐未克称觞。承摛藻以颂添筹,弥浣薇而深结篆。肃薰鸣谢,不尽葵悰。漳州试事顺绥,孱躯亦托粗安,堪慰廑注。台旌晋省当在何时?念切。专此肃覆,敬请台安。恭璧㧑谦,统求霁鉴,不宣。

侍生

致汀州府延古香函十月初八日璧本

临汀从事,畅领教言,感将益之无方,佩公勤之靡既,正拟肃笺申谢,乃承华篇先施,开诵临风,更增驰仰。敬惟古香仁兄大人,勋福交崇,声华藉甚。柏府十年之峻望,朝多汲黯之思;榕疆半壁之维屏,户祝颍川之相。鸾纶行赍,凫颂弥殷。弟握别后如期行抵熙春,风日晴和,途中尚无沈滞。邵郡文武生童为数殊少,日内已即蒇事矣。诸叨粗适,堪慰注怀。武童许存诚一案,奉到大详,并承函示一切,仰见金心银手,察勘详平,不胜佩服。许存诚本非重名,经许鹏飞质证明确,巫梅、赖捷峰因传闻误控,两造暨各廪保供无异词,并具切实甘结,自系实在情形,应即如命从宽办理,免其置议。惟巫梅、赖捷峰于发案后始行攻讦,许存诚又究供其倚借不遂,妄听轻言,均有不合,应请当堂责掌发落,以示薄惩。除另文照覆完案外,合再缕达。恩威并济,想见舆论贴然矣。弟念谌临棠治,所有考政,在在奉商,敏捷周详,依光匪浅。此次控案,未及兼旬,业已会集卷文,讯办了结,一斑窥豹,已可想见其他。佩服佩服。专此肃覆,敬请升安，祗璧谦版，不宣。

愚弟

致同安县胡谦斋函七月十五日

金铜递过，既叨供张殷情，复荷多仪厚贶，私衷感篆，莫可名言。老友乔君来，携到兰函，并承惠火炙山水四幅，领诵之下，铭泐尤深。敬惟谦斋大兄大人兴与秋高，泽同露润。布雉驯之雅化，沐展骥之醨恩。引跂吉云，奚如溯露。弟停鹄南州，按簿而仍如束笋；鸣蝉西陆，计时而已及烹葵。现在场事已竣，准明日起程，移按龙岩。诸托顺平，堪慰锦注。专此肃覆，并鸣谢忱，敬请升安。祗璧芳版，统希丙照，不宣。

愚弟

致山东巡抚丁稚璜(丁宝桢)函

远隔崇晖，时殷驰溯。去夏肃修寸简，恭叩起居，荏(冉)[苒]光阴，又更裘葛。敬维稚璜老前辈大人，勋隆表海，简重封圻。树严城静柝之威，人仰士行出镇；上瓠子防秋之策，帝嘉王景疏河。引跂节麾，奚尽豫颂。侍恭承巽命，视学闽中，腊底起程出都，道经桑梓，祗以简书匆迫，不克迂途省会，叩领教言，遐想徒劳，恋私尤切。兹已于前月中旬抵省接篆，月初出棚按试兴泉，诸托顺平，堪慰廑注。惟是初膺衡校，未得针车，深恐革弊拔尤，未能称职，乞矩规之远锡，俾韦佩之时循，是所跂祷。专此肃布，敬请勋安，祗祈赐鉴，不宣。

年家眷侍生

再启者：东省在闽捐输，历年积有十四万五千有奇，曾经卞颂臣中丞奏请增广中额、学额，以昭激劝。部议应候东省奏报到日再行会同核办，于七年八月议覆具奏，奉旨依议。当即抄录原奏，咨请贵署奏报存案。咨到后未识已否入奏？当道嘱为函询，侍事关桑梓，尤切殷盼，求即赐覆。再请崇安，统祈钧鉴。侍○○再启。

致刑部尚书全庆函

敬启者:客腊叩别钧晖,备聆矩训,濒行更叨宠饯,私衷感恋,子墨难宣。昨阅邸抄,恭谛夫子大人渥被温纶,崇司秋宪。秩宗典礼,金城夙重辛君;司寇明刑,玉陛更垂申命。引詹马帐,曷罄蚁忱。受业自拜辞后,驶征就道,行程尚幸无阻滞。惟途经四省,屡易舟车,每当水陆转移,必有一二日延(阁)[搁]。今于三月十八日到省,接篆后将应行事件并日清厘,即出省按试兴、泉各郡轮材。自懔剧任初膺,加以闽省人数繁多,革弊拔尤,均难称职。敢乞教言时锡,俾免陨越之虞,是所敬祷。专肃寸启,恭请福安,虔叩崇喜,伏祈霁鉴。受业〇〇谨启。

顿首

致中堂朱凤标函

敬启者:叩别师门,时深孺恋。濒行时渥叨宠馔,备荷训言,衔感私衷,难宣楮墨。近阅邸抄,恭谛中堂夫子荣膺简命,复典礼闱。夹袋宏收,东阁本翘才之地;殊纶叠沛,春官成考绩之书。引跂绛帷,弥殷丹颂。受业自拜辞后,驶征就道,水陆数更,今于三月十八日行抵榕垣。幸家慈身体康绥,堪纾垂注。接篆后将应行事宜并日赶办,定于四月初七日出棚按试兴、泉各郡。闽省文武两试,人数繁多,革弊拔尤,均难称职。受业真识不存,轮材内愧,惟有尽心考校,加意防维,以期无负我夫子训诲裁成之至意。专抒谢悃,虔请钧安,祇贺崇禧,伏祈慈鉴。受业〇〇谨启。

顿首

致工部尚书毛煦初(毛昶熙)函

驶征南峤,遂隔崇阶。帐饮东都,曾叨殷饯。饫郇香而心感,读江赋而情深。顷者接阅邸抄,颂谛煦初老前辈大人钦承帝简,典试礼闱。桃李春官,擢秀艳登门之选;参苓药笼,翘材裕调鼎之储。引领奎躔，倾心仪祝。侍叩辞以后，行程尚无阻滞。今于三月十八日到省，接篆后赶将应办事宜部署粗就，即于出月起程，按试兴安，次第再行各郡。滥膺衡校，未得针车，尚望钟律远贻，俾资遵守，是为至盼。专肃鸣谢，敬请台安，并贺大喜，统祈亮察，不宣。年家眷侍生〇〇〇顿首。

致兵部左侍郎胡小蘧（胡瑞澜）函

叩别台阶，时劳梦觳，缅想殷情祖道，饱饫樱厨，义结私怀，与时俱积。敬惟小蘧姻叔大人鼎祻笃祜，履纑延釐。握五戎八事之枢机，西曹望重；迓一日三迁之宠眷，北阙恩浓。引跂仰辉，弥殷豫颂。侄忝持簜节，远奉板舆。爆竹年除，记芦沟之发轫；莺花三月，幸榕峤之停轺。惟是远揖斗山，初窥沧海。识无犀照，苦玉尺之难量；便有鸿飞，冀金针之曲度。耑修寸简，敬布谢忱，顺请台安，统希荃照，不备。姻愚侄〇〇〇顿首。

致中堂瑞常函

敬启者：缅远函丈，三月于兹。濒行叩别台阶，渥蒙嘉贶，寅衷感泐，子墨难宣。恭惟中堂夫子，光赞泰阶，禧凝鼎席。三朝峻望，从容建柱石之谟；一德交孚，倚畀重金瓯之寄。引詹马帐，曷尽蚁忱。受业自历星邮，频更月琯，纵舟车之迭易，幸期限之无愆，今于三月十八日到省接篆，应行事件并日而营，于四月初出棚按试各郡。滥膺衡校，未得针车，正恐覆悚贻羞，有负栽植。尚望训言时锡，俾有遵循，是所敬祷。专肃寸启，敬布谢忱，恭请钧安，伏祈霁鉴。受业〇〇〇谨启。s

顿首

致协办文祥函

秘馆细书，久叨钧植，闽疆奉使，遂隔崇辉。感驹隙之如流，益蚁忱之綦切。途次接阅邸抄，恭审宫保中堂钦拜芝章，晋调梅鼎。司天喉舌，早深翊赞于辰衡；作汝股肱，更倚平章于午陛。引詹吉斋，曷尽甏轩。晚生篛节忝持，樗材自愧。天南迢递，敢忘叱驭之勤；堂北瞻依，幸有安车之奉。月之十八日行抵闽垣，即于次日接篆任事。谬膺衡校，绠短堪虞，尚求远锡训言，以匡不逮，是所跂祷。闽省全辖静绥，入春以来，雨旸时若，堪慰荩怀。日转清和，即出棚按试兴、永各郡，谨以附闻。专肃敬请台安，并贺荣喜，统祈赐鉴。晚生○○○顿首。

致仙游陈耀堂函四月廿一日璧本

未挹仇香，先披郇翰，浣薇三复，篆以五中。敬惟耀堂大兄大人，泰祉延鸿，升恒展骥。湖开九鲤，鸣琴接仙吏遗风；轼画双熊，晋秩拜天家湛露。翘詹莺谷，曷尽凫忱。弟篛节忝持，入郡初观蒲政；蓂枝再易，策舆行过棠郊。芜答先裁，葭思弥切。专此敬请升安，并璧衔版，不宣。

愚弟顿首

致古田吴小芸函四月十五日璧本

道出玉田，欣瞻芝宇，接披瑶翰，深感芜衷。就惟小芸仁兄大人，治起鞭丝，才优制锦。布雉驯之雅化，棠治风清；沐骥展之醲恩，枫宸露湛。引詹吉采，曷尽豫忱。弟蒲邑初来，喜见豹斑之一；笋将递策，再攀凫舄之双。专此覆请升安，并完衔版，不宣。

愚弟顿首

致南安张慕颜函四月十五日

接披华翰，备荷藻存。就谛慕颜大兄大人，敷治晋安，凝禧琴阁。布雉驯之雅化，棠治风清；沐骥展之醲恩，枫宸露湛。引詹吉采，曷尽豫忱。弟篛节忝持，入郡初观蒲政；蓂枝再易，策舆行过棠郊。芜答先裁，葭思弥切。专此敬请升安，并璧衔版，不宣。

愚弟顿首

致汀州府延古香函四月廿璧本、历

初入榕疆，即诵平原之政；遄来蒲邑，欣披龄石之函。浣罢蔷薇，向深葵藿。即辰敬维古香仁兄大人，秉铎临汀，还珠合浦。名垂奏草，缅鹓班筐羽而来；治洽悬蒲，拜螭陛简心之诏。真除指顾，豫颂心殷。弟方愧雕虫，谬来窥豹。成连海上，虞琴韵之难清；灵运山前，听屐声而尚远。兹才试毕兴安，计入九秋，方克按临棠治。行亲莲论，先切葭思。专肃寸覆，敬请升安，祇璧联版，不宣。

愚弟顿首

致寿宁县周春池函四月廿日

……春池大兄大人……（同六县通稿【二十日】）

致马巷通判洪丽笙函五月十二日

前修芜答，计达瑶签，兹奉藻函，复承瑑饰。敬惟丽笙仁兄同年大人，绩楙维寅，禧凝重午。蒲鞭敷治，悬蒲增琴阁之辉；艾绶宜时，保艾沐纶扉之宠。引詹吉采，曷罄豫忱。弟识愧抡材，益智愿分楚粽；情殷修牍，扬仁并奉齐纨。专此覆贺午釐，并璧芳版，不宣。

年愚弟顿首

致泉州厘局委员李卓如函五月十二日

前修芜答，计达瑶签，兹奉藻函，复承瑑饰。就惟卓如大兄大人，蒲樽集庆，艾绶凝釐。绩著阜财，算亥而期逢卓午；宠迓重申，抚辰而荣膺善地。引跂芝标，弥殷葭溯。弟鉴惭誉藻，欣逢铸镜之辰；笔欲铺棻，豫颂牵丝之喜。专此覆贺节釐，并璧芳版，不宣。

愚弟顿首

致海澄县朱樱船、福安县郝礼卿函五月初五日

……樱船、礼卿大兄大人……（前后同各县通稿）

致延平府徐少青、漳州府杨菊人函同稿(各府覆贺稿同)五月十二日

葩华萍布,正逢斗草良时;兰简遥颁,尽读落梅新句。辱承藻饰,深愧芜衷。敬惟少青、菊人仁兄大人,序抚天端,禧凝地腊。五花判日,系丝增五色之辉;五政宜时,锡綍荷五辰之抚。引詹升祉,曷尽豫忱。弟驻足桃源,惊心蒲节。猎蝇自笑,难期庶子之春华;停鹘未能,遥爱赵卿之冬日。聊歌采艾,以颂印桃。肃此覆贺午喜,敬璧芳版,不宣。

愚弟顿首

致海防同知谢雨亭、福安县郝礼堂函同稿(各县覆贺稿同)五月初四日

榴火方明,藻函远贲,辱承绮饰,篆结芜衷。就惟雨亭、礼堂大兄大人,艾绶宜时,兰汤浴德。制麒麟之美锦,蒲治风行;披蛱蝶之香罗,枫宸露湛。翘詹薰阁,定洽舞轩。弟益智未能,恐负采芝之愿;扬仁有藉,先歌保艾之章。肃此覆贺午喜,并完衔版,不宣。

愚弟顿首

致泉州府张小舫函(同府贺节稿)

……印桃。(下添)现永郡文试将竣,计下浣之初,即当按临贵治。晤教非远,益切神驰。……

致厦门道潘茂如函璧柬五月廿六日

才聆麈教,便唱骊歌。感驹隙之如流,瞬逢午节;辱鳞函之先贲,滋愧寅衷。敬惟茂如仁兄世大人,建节鹭门,宣威豸斧。薰弦协奏,布表海之仁风;桃印凝祥,溥巡方之惠泽。际此筵开烹鹜,卓午宜时;即觇秩晋爽鸠,重申贲宠。升华引跂,忭颂奚如。弟簜节忝持,冀阶屡易。鉴惭誉藻,徒逢铸镜之辰;迹类转蓬,又值策舆之日。此间试事已竣,不日起程按临泉郡。望云咫近,溯露情殷。专此覆贺午禧,祗请台安,敬璧尊柬,统祈亮察,不宣。

世愚弟

致邵武府叶黼臣函璧本五月廿六日

前奉赐函，当即肃覆。感驹光之转瞬，蒲节又逢；辱鳞简之重颁，芜衷滋愧。敬惟黼臣老前辈世大人，禧凝重午，茂对昌辰。薰风遍及乎熙春，悬蒲化洽；湛露更浓于时夏，保艾歌新。引跂樾辉，弥殷藻颂。侍未能拔薤，忽届采兰。丹陆驱驰，盼榴槐之远荫；朱英错杂，愧杞梓之难收。现已试竣桃源，不日起程按临泉郡。望云翘首，溯露尤殷。专肃寸覆，恭贺午釐，祇请升安，虔璧㧑谦，统祈霭照，不宣。

世侍生

致兴化府林福泉函璧本五月二十日

从事兴安，备聆钧教。祇以简考匆迫，遽唱骊歌；回溯崇情，奚尽驰恋。兹值蒲觞初泛，荷蒙藻翰先颁。敬惟福泉老前辈大人，序接天端，禧凝地腊。五花判日，系丝增五色之辉；五政宜时，锡綍荷五辰之抚。引詹光霁，曷尽忭私。侍初莅桃源，已逢榴节。簿书笲束，嗤造榜之同艰；踪迹萍飘，又策舆之有日。缅自化亶初发，时雨盈郊，比过仙游，始瞻晴霁。辱承殷注，衔感尤深。此间试事已竣，一切尚称安谧。拟廿一日起程按临泉郡，谨以附闻。专肃寸覆，敬贺午禧，恭璧㧑谦，统求荃照，不备。

侍

致仙游县陈耀堂函璧本六月初七日

道出清源，备承雅照；接披华翰，深感芜衷。敬惟耀堂大兄大人，艾绶宜时，兰汤浴德。制麒麟之美锦，蒲治风行；披蛱蝶之香罗，枫宸露湛。翘瞻薰阁，定洽舞轩。弟益智未能，恐负采芝之愿；扬仁有藉，先歌保艾之章。专此覆贺午喜，并璧芳版，不宣。

愚弟

致台防同知孙少彭函璧本六月初七日

久托兰盟,未亲芝宇。辱铺棻而远寄,弥篆结以难忘。敬惟少彭仁兄同年大人,艾绶宜时,蒲觞饮福。琴携海上,歌薰襄朱芾之猷;紵锡天廷,保艾敷黄堂之治。引詹升祉,曷尽豫忱。弟簜节忝持,蓂阶递易。初窥豹采,惭犀烛之未悬;遥望鲲隅,怅鲸波之无际。颂五花而介祉,弥愧雕虫;隔千里而投笺,聊凭画鹢。专此覆贺午喜,敬请升安,附璧联版,统希荃照,不宣。

年愚弟

致建宁府李蔼堂函璧本六月初七日

前奉云函,当即肃覆。感驹光之转瞬,午节又逢;辱鳞简之叠颁,寅衷滋愧。敬惟蔼堂仁兄世大人,楙绩专城,凝禧时夏。黄堂化洽,蒲鞭偕艾绶齐辉;赤殿恩浓,细葛与香罗并锡。引詹德采,曷尽颂忱。弟簜节忝持,蓂阶屡易。榴红照眼,喜群材斗草而来;艾绿盈眸,正多士簪花之候。惟目论深惭乎铸镜,心期遥颂夫牵丝。祗藉鲤缄,聊申芜贺。专此覆请升安,敬贺午喜,藉璧谦版,不宣。

世愚弟

致浙江江山县张六舟函璧本六月初七日

道出江郎,感承雅照;时逢地腊,接奉华函。敬讳六舟大兄大人,绩随日茂,政并时隆。花满河阳,五气焕仙霞之彩;薰延琴阁,三宵沛湛露之恩。远跂芝仪,弥殷芜颂。弟识惭藻鉴,幸逢铸镜之辰;笔欲棻铺,还颂牵丝之喜。专此覆贺午釐,并璧谦版,不宣。

愚弟

再启者:承赐交舍侄转索拙书,尚未加墨,容作就后再行觅便寄上。附此再请升安。〇〇再启

致汀军同知周季贶函璧本六月初七日

未挹仇香，先披郇翰。浣薇三复，篆结五中。就谛季贶八兄大人，佐治临汀，凝禧时夏。秩崇典午，仰熊轼之同扶；命拜重申，卜隼旟之高建。引瞻芝采，曷尽葭忱。弟簜节忝持，桃源初访。才凭目论，恐握鉴之终虚；德幸耳详，已买丝而欲绣。赋余采艾，又绾柴车；节届插茱，方来崇治。望云弥远，深切翘勤。专此覆请升安，祗完芳版，不宣。

愚弟

致邵武厘局陈克庭、建宁厘局许季荃函(同稿)璧本六月初七日

葩华萍布，欣逢斗草良辰；兰简遥颁，尽读落梅新句。辱承藻饰，深感芜衷。敬惟克庭、季荃大兄大人，绩楙昌辰，禧凝卓午。朱旗画鼓，兰桡增桁渡之华；细葛香罗，莎阁拜枫宸之锡。引詹升祉，曷尽豫忱。弟藻鉴滋惭，佳节幸逢铸镜；菉铺有愿，摛词还颂牵丝。专此覆请升安，并璧谦版，不宣。

愚弟

致闽县石虞琴函璧本六月初七日

江干结筏，感送我之情深；岭畔停轺，喜怀人之书至。就谂虞琴大兄大人，禧凝地腊，序接天端。艾绶荣膺，领袖壮鹓班之气；领符晋绾，丝纶迓螭陛之恩。翘首莺柯，倾心凫藻。弟识难拔薤，徒逢采艾于五时；笔欲铺菉，还颂治蒲之三善。专此覆贺午釐，并璧衔版，不宣。

愚弟

致政和县翁西山函璧本六月初七日

……西山大兄大人……(前后同各县覆贺稿)

“先歌保艾之章”(下接添)“前荷惠笺，未经递到，并以附达，专此

覆贺”(下同)。

致云霄同知觉罗三照(星舫)、清流县郑晴岚函璧本六月初七日

……星舫、晴岚大兄大人……(前后同各县覆贺稿)

致漳平县张荫南函璧本八月初六日

接读华函,备纫瑑饰。就讳荫南大兄大人,荣权鹊印,治剧龙门。花县烹鲜,先试调羹之手;芝垣锡綍,行迁典午之阶。骧首升华,殷心豫颂。弟忝持簜节,屡易蓂阶。藻鉴滋惭,漫秉量才之尺;棠封近接,能窥入罔之珠。莫睹芝仪,奚如葭溯。专此覆请升安,并完芳版,不宣。

顿首

致上杭县王裕泉函璧本八月初六日

未亲雅度,先拜华缄。荷瑑饰之殷谆,弥芜衷之篆结。就惟裕泉大兄大人,鼎扆感绥,升恒萃吉。雉郊风古,仰雅化于金丰;熊轼阶迁,沐殊恩于玉陛。莺柯在望,凫颂良殷。弟递按龙津,校士惟惭藻鉴;徒抛驹隙,抚时已届桂秋。转瞬道出棠亖,藉瞻芝宇。临风翘跂,驰溯尤深。专此覆请升安,并完芳版,不宣。

愚弟

致侯官县白静庵、瓯宁县陆厚安函(同稿)璧本八月初六日

接奉华函,蒙以家慈寿辰,远颁吉藻,谨诵之下,篆感弥深。就惟静庵、厚安大兄大人,烦剧荣膺,贤劳楙著。情殷锡类,早资封鲊以称廉;诏下真除,更荷颁鸾而晋秩。引詹裔采,曷尽豫忱。弟千里捧舆,差慰承欢之愿;三秋在道,未开介寿之筵。辱被徽言,益深铭勒。专此肃谢,敬请升安,祗璧芳版,不宣。

愚弟

致兴化府林福泉函九月初十日璧本

接奉赐简，猥以豚儿弥月，辱荷崇夸。正在肃谢间，又蒙桂饰优加。浣诵之余，益深惭感。敬惟福泉老前辈大人澄怀若月，清节为秋。朗映冰壶，兰佩著悬鱼之洁；宠颁珠綍，桂香拂绣豸之华。引跂黄堂，弥殷丹颂。侍惊心有枕，明眼无囊。未获真才，殊负家丞之实；言思吉士，敢忘永叔之声。汀郡文场早毕，武童步射亦将次就竣。此次人数减少，诸托顺平，堪慰廑注。专此肃覆，敬贺秋禧，祗请台安，恭璧抝谦，不备。

侍生

致邵武府叶黼臣函九月初十日璧本

尘踪踯躅，趋棠治而匪遥；秋气澄清，与蓉椷而俱到。浣薇三复，篆结五中。敬惟黼臣老前辈世大人，望与秋高，恩同露湛。朗挹仰冰轮之映，月满熙春；酬庸邀珠綍之颁，日升峻秩。引詹德采，曷尽景忱。侍明眼无囊，惊心有枕。言思吉士，敢忘永叔之声；未获真才，弥负家丞之实。汀郡试事已竣，转瞬行履化亶。廑教将聆，曷胜快慰。专肃寸覆，敬贺秋喜，祗请台安，恭璧抝谦，不备。

世侍生

致延平府徐少青、建宁府李蔼堂函九月初十日同稿璧本

月逢剥枣，正秋气之平分；笔檀铺芬，荷云函之远贲。敬惟蔼堂仁兄、世少青仁兄大人量涵金镜，心洁冰壶。海石云开，清节映槐阶之月；天廷露湛，芳华流桂盏之霞。引跂黄堂，奚尽丹祷。弟惊心有枕，明眼无囊。金粟香飘，梦岧峣之鹫岭；银湾路阻，赋洄溯于鸥程。晤期匪遥，翘思倍切。专此覆贺秋喜，祗璧谦版，不宣。

愚弟

致连江县朱莲星、邵武厘局委员陈克庭九月初十日，**龙溪县黄星樵**九月十四日，**侯官县吴起夫**九月初十日(同稿，州、县通稿同)

接展兰函，被纫桂饰，就惟〇〇、克庭、星樵、起夫[1]大兄大人，绩随时楙，兴与秋高。歌冰镜于堂前，风清棠舍；呼玉盘于天际，露湛枫宸。骧首升华，殷心豫颂。弟韬车忝绾，徒乘博望之槎；简版频裁，愧乏君卿之笔。肃此覆贺秋喜，并璧芳版，不宣。

愚弟

致邵武县邓小田函九月初十日璧双本

接披藻翰，蒙以家慈寿辰，远颁吉语，正肃芜椷申谢，又承桂饰优加。浣诵回环，益深篆感。敬惟小田大兄大人……(以下同州县覆节通稿)

致连江县朱莲星函九月初十日

……〇〇[2]大兄大人……(前后同侯官白、瓯宁陆覆寿同稿)

致福州府赵樾芗函九月十四日璧本

容易秋风，纪月已逢剥枣；迢遥芳讯，朵云备荷铺菜。敬惟樾芗仁兄大人，心印冰壶，量涵金镜。风清首郡，楼台欣得月之光；露湛心纶，班秩卜梯云之回。引詹裔采，曷尽豫忱。弟惊心有枕，明眼无囊。未操桂斧，恐负家丞秋实之才；言跂榕垣，仍虚杜老东流之愿。晤谈尚远，驰跂尤殷。专此覆贺秋喜，并璧谦版，不宣。

愚弟

致漳州府杨菊人函九月十四日璧本

南州停轴，幸接芳仪，挚谊殷拳，荣于尊毂。正拟肃笺申谢，华简

---

①② 〇〇处应为莲星。

乃承先颁。盥诵回环，弥深驰念。敬惟菊人仁兄大人，量涵金镜，心澈冰壶。海石云开，清节映槐阶之月；天廷露湛，酞华流桂盏之霞。引跂黄堂，奚尽丹颂。弟惊心有枕，明眼无囊。未获真才，空负家丞之实；言思吉士，敢忘永叔之声。汀州文武两试，一律静绥，武场人数减少，加意畏法，蒇事颇速，堪慰锦怀。承示武童陈昭明一案尚未提到人证，殊深悬系，还祈迅饬拿办，不至久延，是为妥要。专此覆贺秋喜，敬请升安，祗璧谦版，不宣。

愚弟

致龙岩州联勃斋函九月十四日璧本

藿溪停躅，兰教欣聆，嘉贶华筵，两叨盛意。别后寸衷洄溯，与日俱深。际桂序之初逢，辱藻函之先贲。敬惟勃斋老前辈大人，量涵金镜，心澈冰壶。海石云开，清节映槐阶之月；天廷露湛，酞华流桂盏之霞。引跂裔辉，奚如额颂。侍惊心有枕，明眼无囊。未获真材，空负家丞之实；言思吉士，敢忘永叔之声。汀州文武各场业已完竣，不日起程移按熙春。棠治益遥，葭思倍切。乞箴言之时锡，俾渴念之幸消，是所跂祷。专此肃覆，并鸣谢忱，敬贺秋喜，祗请升安，藉璧抝谦，不备。

侍

致厦防厅刘觉岸函璧本九月十四日

……觉岸世仁兄大人……（前后同州、县覆节通稿。）

致光泽县徐心燕函九月廿八日璧本

迢遥按部，幸接棠疆；藉甚传声，欣闻蒲政。正殷心毂，忽捧手函。就谉心燕大兄大人，升祉蕃釐，鼎裀笃祜。布雉驯之雅化，名与秋高；卜骥展以迁阶，恩同露湛。引詹芝采，曷尽葭忱。弟策驭薪劳，停车枫晚，幸樵川之可采，愧藻鉴之无方，愿藉箴言，以为荃佩。承寄到尊大人名(箸)[著]三种,容即开读以慰夙钦。纪年一书在京时本有之,为人久假,今拜嘉惠,欣羡何如。专此肃覆,敬请升安,并璧芳版,不宣。

愚弟

致龙岩州联勃斋函九月廿八日璧本

前逢桂序,远拜兰函,当即肃具覆笺,计邀丙鉴。正在心驰之际,又蒙手毕之颁。敬谛勃斋老前辈大人,望与时隆,政随日茂。龙津教治,久钦半刺之风流;螭陛颁恩,行晋一麾之阶秩。引詹卿霱,曷尽豫忱。侍再易蓂阶,方临邵郡,愧梗楠之未采,幸蒲柳之依然。汀州武试,为著名积弊之区,越考重名,相沿成习,侍严加查察,按律治惩,人数因之减少,两试均臻妥速,堪慰廑注。兹于日昨按莅樵川,计半月可以蒇事,惟崇辉之弥远,觉翘跂之益劳,削牍临风,尤深驰溯。专此肃覆,恭请升安,敬璧㧑谦,不备。

侍

致直隶大名府裕寿泉函十月初九日

朋盍燕台,久陪朔饮;骁征越峤,未习南烹。朵云忽堕于天涯,旧雨恍逢于座上。就审寿泉仁兄大人,升祉蕃釐,鼎裀笃祜。布剑牛之雅化,功著天雄;高琴鹤之清名,恩颁天阙。临风逖听,积日殷心。弟簜节忝持,蓂阶屡易。识惭誉藻,珠搜沧海而多遗;迹比劳薪,斗望京华而增感。祈颁钟律,以益佩循,专此肃覆,敬请升安,不备。

愚弟

致大田县田东甫函十月初九日

接披藻翰,备荷锦存。就谛东甫大兄大人,鼎履凝釐,升华翕集。布雉驯之雅化,琴阁风清;沐骥展之浓恩,莎厅荣晋。引詹吉采,曷尽豫忱。弟识惭誉藻,恐无拔薙之能;笔欲铺棻,藉贺牵丝之喜。专此覆请升安，并完联版，不宣。

愚弟

致泉州府章果堂函十一月初十日璧本、历

久阔光仪，时萦臆愫。春初郯城道上，曾睹前旌，泱漭尘沙，未得下车握手，洎乎棠封校士，饱听舆讴，梦毂回旋，更无日不为神驰左右也。比奉惠函，敬审果堂仁兄大人荣觐彤廷，渥邀丹注。二千石重磨肘印，共欣海石云开；尺一符荣晋头衔，已兆台垣日上。联翩鹊语，迭递莺迁，鸾廷恩布。遥跂吉辉，奚如溯露。弟忝持簜节，屡易蓂阶。坐爱枫林，睹秋容之已饱；识惭藻鉴，恐冬目之徒花。策舆待发芝城，纪序已飞葭琯，薪劳徒积，建树毫无，乞赐兰言，以为荃佩。专此肃覆，并贺任喜，祇请升安，敬璧谦版，不宣。

愚弟

致厦门厘局委员补用知府吴佑庭函十一月初十日璧本、历

未挹仇香，先披郇翰，回环三复，感篆五中。敬惟佑庭仁兄大人，熊轼高凭，鹭门荣驻。官櫳陈法，阜财通海峤之商；天阙颁恩，晋秩掌监司之任。升华引跂，豫颂尤殷。弟簜节忝持，蓂阶屡易。芝城递按，又停一月之车；藻鉴未能，恐负三冬之士。祈颁钟律，以益佩循，承附到敝门人信函，业已接阅，渎神并谢。专此肃覆，敬请升安，祇璧联版，不宣。

愚弟

致新选漳浦南场大使刘某函十一月初十日

京华一别，时切驰思。昨接奉手函，欣谛年兄大人荣选漳浦，现已莅任，披阅之下，奚如快慰。铜柯困久，岂文战之无功；盐铁论参，亦仕途之借径。惟查此缺为闽省最瘠之区，味同鸡肋，然初任得此，仍望实力为之，优差调缺，非劳不获耳。仆从事半年，心力交瘁。近将建宁考毕,不日移按延平,所在搜剔之难,防维之苦,几不可以言语形容,幸小惩大戒,各士子尚有畏法之心,弊窦渐就除革,孱躯亦觉耐劳,堪慰心注。台旌抵闽不远,良觌有时,殊为欣幸。专此布覆,即问升祺,惟照不一。

友生

致四川门生车春谷函十一月初十日

睽违雅度,裘葛叠更,驰系之怀,无时或释。接披手毕,藉谂春谷贤弟,家山养晦,学海探源,三冬益富乎胸罗,万里弥切夫心盼。闽疆奉使,半载于兹,去腊奉母出都,至暮春既望始抵闽省,接篆后当即部署出棚,历试六郡两州,辗转长途,磨砺瘴窟,加以弊繁人众,防维搜剔,殊困心神。幸从事以来,孱躯尚可耐劳,考事均称绥顺,堪慰远注。驹光如驶,转瞬岁阑,拟俟开春再考省会、福宁两郡,盖计三年无一息瞬也。承示今科春试以家计为难,未能北上,深代惋惜。蜀道殊遥,惟○好音是盼。专此,即问文祺,惟照不一。

○○○

致邵武县邓小田函十一月初十日璧本

熙春停轴,幸接芳仪,荷雅照之周详,尤私衷之篆感。顷披瑶翰,就谂小田仁兄大人,升恒萃吉,鼎履咸绥。葭琯飞灰,际一阳之来复;枫廷锡綍,定三善之称能。指顾莺迁,心殷凫颂。弟骊歌乍赋,�辙未停。听记里之鼓声,程堪计日;数调阳之钟律,晷正如流。每思多士于三冬,滋愧寸长于一线。祈颁圭臬,以益荃箴。专此肃覆,敬请升安,并璧芳版,不宣。

愚弟

致兴粮通判杨寿农、晋江县许昆士、同安县胡谦斋、莆田县朱柳汀、台防厅游绍先函十一月初十日同稿璧本、历

八月正中，辱颁华简，一阳来复，初达邮签。怅鹭堠之迢遥，仰鸿仪而洄溯。就谗寿农、昆士、谦斋、柳汀、绍先大兄大人，绩随时懋，兴与秋高。仰冰镜于堂前，风清棠舍；呼玉盘于天际，露湛枫宸。骧首莺柯，殷心凫藻。弟载驱鹈辙，屡易蟾圆。坐爱枫林，睹秋容之已饱；识惭藻鉴，愿冬目之无花。幸藉针车，以为圭臬。专此覆贺秋喜，并璧芳版，不宣。

愚弟

致福州府林福泉函璧本

远隔鸥程，幸双鱼之长达；传来鹊语，欣五马之荣移。正思裁贺芜笺，猥辱先颁藻翰，回环展诵，篆结莫名。敬惟福泉老前辈大人，熊轼乔凭，鳌峰晋典。治推第一，擢吴公而先领一麾；诏迓迁三，比韦谡之历周三郡。豸章行绾，凫颂先殷。侍结秩行迟，还辕方促。名区求剑，抡才多愧夫龙津；险濑放舟，入梦尚惊乎猿峡。幸崇晖之可接，倾积愫之有时，遥望三山，先萦五内。延平人数无多，弊亦较少，惟文风则又逊于各郡。现在文场已完，日内正校阅马射，计下月初六可以蒇事起程矣，知注并闻。专此肃贺任喜，祗请升安，恭璧拀谦，统希亮察，不备。

侍

致安溪县陈鸣岗函璧本

接读攽函，备纫注饰。就谗鸣岗大兄大人，凫飞旧舄，雉化新琴。朗映冰壶，仰虚堂之初启；宠颁珠綍，卜华秩之高膺。引跂芝辉，奚如葭溯。弟半年秉节，惭无衡鉴之才；千里投笺，藉贺牵丝之喜。肃此覆请升安，并完联版，不宣。

愚弟

致调补噶玛兰通判洪燮堂函璧本

接读攽函,备纫注饰。就维燮堂大兄大人,升祉蕃釐,履祺茂福。冰壶朗映,虚堂仰明镜之照;珠綍宠颁,官阁志牵丝之喜。引詹芝采,曷尽葭忱。弟半载周驰,结轶方回榕会;一尢未拔,从公徒积薪劳。幸藉兰言,以为荃佩。专此覆贺节喜,并完芳版,不宣。

愚弟

致平和县王勉斋函

接披华翰,备荷雅存。藉稔勉斋大兄大人,凫飞旧舄,雉化新琴。冰镜明悬,仰虚堂之初启;珠纶宠贲,卜华秩之高膺。引跂芝辉,奚如葭溯。弟半年秉节,喜结轶之方回;千里投笺,际牵丝而献颂。专此覆贺任喜,并完芳版,不宣。

愚弟

二、其他

致署吏金永年施恩开复示函稿

金永年办公失察,本院履任伊始,本不应遽行开复,姑念该吏当差年久,历届承值各任有年,贻误又据胡连溪恳禀前情,所有经承庐州府事件,准其仍归金永年专办,并与张俊杰同办岁科咨部文件,以资熟手。此系本院格外施恩,该吏嗣后办公惟当慎之又慎,勿得再有贻误,致干究革。特示。

致傅哲生(傅庆贻)同年函稿

哲生仁兄同年大人阁下：十五日早郑大令赍送印件到此，捧诵环示，一切备承关爱，纂结难报。就审节履绥祥，式如远祝。承豫发秋季养廉，乃弟所不敢请者，关爱殷执，怜济急需，感仁可已？至夏季全廉，应初罢任，虽承雅意，弟实万无祇领之理。补廪出学一项(系照向章)，亦同此例。兹请将原单并银一封仍交郑令带回呈缴。至弟接印系十七日，养廉亦系无几，俟后再领可也。昨接幼帅信云廿外有折弁进京，弟受篆折拟即就近附带报去，台端折到京，前后亦不过数日也。胡履翁系邑众世兄弟，而卅年未得一见，今具缄先达渴忱，乞晤时代为道意。弟八月如蒙留任，明春拟先考安庆府，以遂瞻就之怀。专此手泐，即请台安，余惟心照不一。

愚弟○○○顿首

另示一行，惶恐无地。弟仍作衍文读，不敢置□也。郑令□□□□□□□，人极明晓，恳弟代求宪恩栽培拔置。谨附函陈及，统惟心督。

复吴镇军家榜(吴朝杰)函稿

朝杰仁弟军门大人阁下：前岁台旌入觐，一谈而别，曾未申杯酒之敬，至今以为歉歉。顷者姑溪弭节，飞堕瑶华，捧诵再三，如亲晤语，就审起居万福，快慰颂忱。兄此番冒暑遄征，因直东驿路水阻难行，遂尔改计，航海到沪，后仍派江轮相送，虽行程遥远，而金、焦、甘露瞥眼如飞，咫尺旌麾，莫由促膝，真憾事也。兄初九到此，十七接篆，现将署事布置就绪，七月初八日赴金陵录遗，计八月初旬可以回署。今年暑虽酷热，幸废躯尚可耐劳，堪纾爱廑。兄此次只携幕友、家人前来，内子及小儿女辈七月中旬起身，计中秋节前必过扬州，届时乞派一炮艇护送，如庚辛赴闽故事，尤深感泐。兴吾兄有厦门之行，其替人倘为吾弟，则以同城之近，复联同气之欢，其愉将更何如耶？盼甚盼甚。专函肃复，即颂勋祺，诸希心鉴。愚兄。

复夏子松(夏同善)同年函稿

子松仁兄同年大人阁下:顷奉惠书,并读大札,具悉壹是。比审节祺绥吉,式慰企忱。秋闱肉饼等类已奉明示允办,弟应仿照而行。至劝捐一节,在局外言之也甚易,然以弟鄙见,廪之得已,则吾即已。诚以学政向士子劝捐为自来所无,况假学官耆年之手,尤恐于意外滋弊。当两省数万云集之时,人数既众,贤愚不一,一言不合,动致嚣腾。录遗不予取舍之分,劝捐正当考试之际,诚恐失志不取之士子、遇事生风之晋绅,藉为把柄,布散谣言。设学政以捐纳之有无为遗才之弃取,现已捐而遗案无名,或索取原项以作归资,或□□□□以为要挟,此等□弊,难任其望。弟虑士子大半寒苦,凤、颍、淮、徐九府更多远道而来,旅费本苦无多,割雪裁冰,亦复何忍?此一元、二元、三元之数,在上海殷富挥金如土之地不以为异,而寒士视之,则非小数,尚不比肉饼一项之不为己私,弟已觉较为易于开说也。总之此事未允,能不一办最好。若万不获已,或请商之幼丹前辈,于金陵各局中择一处为闱捐交纳之地,吾两人同出一示,有愿捐者径赴该局自交,不愿者听,概不经教官、学官之手,亦无须向学政衙门□明捐数,如此则既不阻诸生好义之心,亦可免意外腥膻之事,稍白彼据于此。以上所云,祈兄先与幼丹前辈熟商,弟初四启行,初九必到,彼时再当从长面议也。专此奉复,即颂台安。浙省荷附此函,余容晤罄。弟得知晋灾近已少纾,朝廷又发重帑。肉饼一项,秀才已尽人情,今即再事搜求,看来止属无几,藉此收场,以应浙省诸公关照之意,似亦未为不可,想台怀密虑,必有同心也。

复李少(筱)泉(李涵章)制军函稿

筱翁尊兄大人阁下:金陵扃试,接诵赐书,当即肃复一缄,不审以何时得达。顷奉朵云,备承宠饰,遥想庾楼赏月,清兴殊常,恨未能列坐胡床,畅聆玉屑也。弟于初七日回太平,试事诸托顺适。今年上江壹捻赴考者多,虽换计本亦应排八千二百余号数,满额取送,删落方九百余，来考士风淳静，从事竟无一祈请之人，而弟弥深彤抱矣。令侄世兄近试优场，厚重安详，迥超流俗，楷字亦谨严有法，再加精进，所选正未可量，贡途特借径耳，不足喜也。兹附恳者，江蓉舫观察令弟人霖、人清，皆慷爽能文，而久困于秋试，蓉舫为捐一盐大使，分发两淮，补署无期，家累甚重，上有七旬老母，甘旨缺然，特恳弟代为先容，绍祇谒行辕，叩求赏派鄂局差。弟与蓉舫卅载深交，并悉台端亦至契，不揣冒昧尚介一二，倘蒙推爱栽培，择薪资稍优者赐派一席，则高谊无□，当与蓉兄共铭弗谖。此侍见其人之本色可靠，可一览而知也。恃爱琐渎，惟希鉴亮。专此复请台安，并贺秋祺，恭返尊谦，诸惟心鉴不一。

愚弟孙毓汶顿首

致姚彦侍（姚觐元）方伯函稿

彦侍二兄世大人阁下：今春荣觐，虽再三畅聚，而十年旌诸，因之转深。别后复承厚贶，□□匆促，尚未函谢，感不可言。迩惟政履秋清，潭祺楙介，宜如远祷。弟于五月杪航海至沪，又假江轮抵太平。眷属未同来，行程尚无累赘。金陵试遗场者匝月，诸叨顺适，堪慰贵垂。兹有恳者，江蓉舫兄令弟人霖、人清，皆慷爽能文，而久困秋试，蓉兄为捐盐大使，指分两淮，补署无期，而其家累极重，七旬老母，甘旨缺然，兹恳弟致书筱帅求一鄂局差使。筱帅与蓉舫素亦至契，敢求吾兄鼎力玉成一薪资较优之处，俾得稍济家用，则隆情逾格，当与蓉兄共铭弗谖。此君书生本色，人极可靠。此书即交面呈，其家况及蓉舫处一切垂询可知。专书布臆，敬颂秋禧，即请台安，统希爱照。

世愚弟

致傅哲生（傅庆贻）同年函稿

哲生仁兄同年大人阁下：顷自金陵返棹，接诵赐书，备承宠饰，遥报庾公□月，清兴殊常，恨不获列坐胡床，畅聆玉屑也。弟在南京匝月,试事均托顺平。今年上江壹捻赴试者多,向来正案到者以七折五计算,今岁几及九折,已照本省应排号数八千二百有奇,满额取送,而遗卷尚在九百以外,幸士风尚静,一据先期牌示,于事竟无祈诉之人,而较下江之□坐求解,全榜及第,则□未免抱歉。其实不取之卷再三覆校,即令入场,亦万无侥幸之理,捐分任□,系随手改写者,知尚有此一场之限制,未为无益。质之我兄,以为然否?徐府考生□□□□□□□□一人,究核情形,可为痛恨,弟来时供招尚未上,制军立意重办,此等狂狠,全非士类,真非严惩不可了。弟回署即患寒热时症,日来稍觉痊可。专此布覆,敬请秋禧。兹查□□第一函另示□语,足征至好真挚情怀,不以世俗见弃,今次赐函称呼何又麾诸门外?捧函惊怖,不敢仰视,谨全械恭缴,务乞我兄大人与履平世兄以此俯允所请,万勿再施,其为幸无有涯涘,至祷至祷。叩顿首。

复胡履平廉访函稿

秋客金陵返棹,逢持赐函,知前柬一缄,已达记室。又以月到中秋,绮言寐纾,遥想当楼冷荚,定多玉局新词,襄首裔霞,莫名忻颂。弟在金陵试遗场者匝月,一切均托平顺。今年上江赴试者多,正案几及九折之数,此间正案买卖向不截数,以致续行补取之案不敢早发,计至初四日始毕,乃通计号舍,业已淘送无余,所遗虽尚有九百余卷,皆系疵累甚重,再三翻阅,万难节取,外(问)[间]似尚见谅,竟无拥众□□之人。特收下江之号合省系全榜及第者,弟未免相形见绌矣。外论有何事项,幸以见示。弟频年□递,心气亏耗,时有怔忡不寐之症,近复成时疾,卧病将及旬日。比阅邸抄,知蒙留任,尚未见部文。三年重任,虑不克胜,知己何以教我者?前次专为来书称呼款式,沥诚坚恳从实,何此次发函依旧未蒙俯允?是世交世好□□□不免扳附,弟私心怦怦,殊深惶恐。顷与诣里书亦切实谅恳,谨此再缴全函,愿自今以后,切勿再施,感荷隆情,实无既势。专此祗颂秋祥,不尽即此。

世愚弟

□□□□初一日

再昨见《申报》谕旨，知蒙恩留任，现拟发各属催考牌示。向来接新放者，皆九、十月始到，故年前不开考。弟之来此已久，年内不考，则所置幕友毫无事事，明春有数人赴闱，计不如现在之齐整。现拟先催各府初试，弟于十一月中旬到省开考，封印前毕事。九、十两月本□□府县考，均来得及，但不知有无别项窒碍？特此先函奉商是否可行，乞裁询示覆。弟将俟环章到后，再为办文也。

复潘伟如（潘霨）中丞函稿

伟如大哥年世亲家大人阁下：金陵返棹，接诵惠书，知久卿代寄一缄，已达签室。比值蟾辉三五，遥想节楼吟赏，定多玉局新词，恨未能列坐胡床，畅吟佳什也。弟此番航海南来，九日而至姑孰，眷属未随行，故行程颇为轻迅。赴南京试遗场者匝月，考事均托顺平。昨日见《申报》，知蒙留任。迩来心神大耗，每尽夜不成眠，迢递三年，大难交卷。回忆三山奉使，幸附同舟，内存将母欢荣，外藉良朋规益，此情此景，那可复得？知己闻之，当亦代为感叹也。闽中赐书早已装池成册，此后试瞻之札仍冀真迹，但从未得大示，因在精不在多也。专函肃复，敬请秋禧，浣冀爱毛，不尽颂话。

致李中堂（少翁，李翰章）函稿

少翁中堂阁下：自别钧辉，瞬将三月，比值秋高气爽，定卜公衮增龢。前肃附函托刘□翁观察特递，谅已早尘青览。明月照床，神驰无已。晚到任后将署事稍为布置，于七月初八日赴金陵，八月七日回署，试事均托顺平。今年上江壹捻赴考者多，向来正案均照七折五计算，今届几及九折。虽通计本省应排号数，满额取送，所遗尚九百余未取，特下江全榜及第，向其借号期之衣，可无如何也。遗卷再三亲校，一一评骘，外间似尚见谅，出场竟无一祈请之人，亦足见士风之醇正矣。令侄世兄近试优场，厚重安详，定卜他年伟器，再加精进，所造正未可量,贡途特借径,不足喜也。昨接部文,忽蒙留任,惟自揣心血枯槁,□□于前,迢递三年,殊觉望而生畏,惟望矩刑时颁,俾有遵守,至为祷盼。晚今年如不出棚,毫无事事,顷与傅哲翁函商,拟十一月考省城,有九、十两月工夫,府县试似来得及。□须得回书,再定行止。昨得□□□信,恭派在榷关局当差,既获薪资,更资学习,感荷曷其有极。专肃鸣谢,敬颂尊安,诸希垂照不宣。

晚生○○○顿首

致裕寿山(裕禄)中丞函稿贺任喜

寿山中堂尊兄大人阁下:忆在蓉舫座上一□而别,迄今十余寒暑矣,迢递旧雨,忽复同舟,欣庆之私,匪言可喻。弟□□挂帆之日,□闻荣觐入城,可云失之交臂。比审我兄□接大喜,再莅彤庭,新帝简之恩,公归之望,兼圻纶阁,指顾期之。弟藻鉴已无,冰衡复忝,幸树依公之愿,弥□奉教之私。现拟十一月按试省垣,扬亲光霁。昨函复哲生方伯至,想已代达渴忱矣。良□匪遥,神驰无已。专函手肃,就颂台安,祗贺任喜,诸祈爱察不一。

愚弟

致沈中堂(沈桂芬)函稿

春明再上,曲荷钧培;使节忝膺,备承矩训。忆自台陛叩别,月琯屡更,念福荫之遥睽,实瞻依之倍切。敬惟宫太保中堂,台斿萃祉,公衮延龢。频岁赉纶綍之章,一德重铨衡之寄。黄扉引领,丹祝倾心。晚材愧驽庸,学犹鹢退。十年秘馆,甄录久荷于兼收;两度文衡,搜采未闻于一溥。何期樗质,更玷薇垣。虽钧播之无私,奈片长之鲜效。缅旧庐而思染翰,墨花应识于当年。求大木以副翘材,藻鉴敢疏于此日?专陈寸启,敬布感忱,肃请崇安,伏惟垂鉴。

晚生○○○顿首

致宝中堂(宝鋆)函稿

春明再上,曲荷恩培;秘馆勤趋,备闻师教。比以皖疆奉使,更蒙宠锡饯筵,感慈煦之逾恒,轸孺怀而靡既。敬惟中堂夫子,台阶笃祜,公衮延龢。频岁襄纶綍之章,一德重铨衡之寄。绛帷引领,丹祝倾心。○○自五月杪航海南来,行程尚属妥速,接篆后将署事稍为清理,即赴金陵录遗,计试事匝月而毕,诸叨平顺。八月初旬回署,旋奉留任之旨,当行文各属,催取府县试,○○拟十一月出棚,先考省城,度岁后再赴皖南一带次第按试。昨者接奉部文,猥以菲材,洊升薇省,一年之内,屡荷迁除,念栽植之频施,愧纤毫之未效,惟有殚竭心力,于考试一切益加勤慎,以冀无负我夫子似海裁成、有加无已之至意。专肃寸函,敬布感忱,祗请福安,诸惟慈全。

受业

致景秋坪(景廉)师函稿

春明再上,曲荷钧培;使节忝膺,备承师训,自违矩范,屡易蟾图,孺慕之私,无时少释,敬惟夫子大人……(同宝)

致全中堂(全庆)师函稿

春明再上,曲荷钧培;使节忝膺,备承矩训。忆华筵之宠饯,忽月琯之频更。骧首师门,弥殷孺慕。敬惟中堂夫子,台阶萃福,公衮延厘。□□呈盖代之华,瑞已周于花甲;夙綍迓殊迁之锡,欢共洽于林壬,引睇斗山,莫名轩致。○○……(同宝)……专肃丹启,敬贺崇禧,祗请钧安,诸希慈鉴。

受业

再承谕寄傅门生一纸,○○到太平后即专函寄交覆书,谨遵师命随时栽植,以副慈怀。王君今科赴试乡闱,七月初旬来太平录遗,文、诗均极佳,置之正取第一,今年大可望中,谨附陈之,仰希莞鉴。

○○又启

致徐荫轩(徐桐)函稿

荫翁七哥大人阁下：叩别以来，瞬四阅月矣。比维起居百福，潭第凝庥，至以为慰。昨见邸报，欣悉总试京闱，远想□等参差未归，兼□春官桃李之句，真属□不一来也。领诵首题，尤为超诣。紫阳于博施济众如何解说，不着一字，其衣帛名内九州四海诸迹象语皆置诸外注，真千古不窥之秘籥。弟常蓄一瞽论，设非于中和位育一日先后天下归仁之理、三十二应十四无畏、一报返源亦俱解脱之义旁推交通，了无障碍，皆未足语此教外别传之妙谛，是为佛说，抑波旬说，渴仰□诲，愿乐欲闻也。闱墨绿装本、朱印题名录务乞赐寄一分，至盼至盼。弟自航海南来，行程妥速，到任未几即赴金陵录遗，匝月蒇事，诸叨平顺，八月初旬回至太平，现考武闱遗才，拟十一月赴省考首府，回来度岁，明春至夏考皖南各属。知关爱注，缕此陈及。弟半年之内两次迁官，实深感悚惕，此后惟有尽心所事，以冀仰报。知己衔感，浮词非所云也。弟在闽时虽刻意殚竭，精力尚觉敷用，今此自试，大逊于前，金陵劳攘月余，归来气胀心躁之疾又历半月始愈。伏思此事群起交攻，专恃忍为抵备，三年迢递，何以克胜，殊觉望而生畏。此时考期尚远，眷累未来，半日偷闲，安心是药，转瞬鸡鸣钟动，又将击鼓私呼矣。兄出闱后馆事谁托，不审年内可望成否？逊庵前辈似有专道之望，此才老矣，盼其速化，以为展布之地耳。专肃布臆，敬请台安，余容续陈不一。

如弟○○顿首

致王夔石(王文韶)函稿

京华供职，时奉清辉，叩别以来，屡更月琯。缅青垂之逾格，抚素悃之深萦。敬惟夔石尊兄大人，禔福宜时，棻猷冠古。司天喉舌，已隆益贲之勋；作汝盐梅，骤入鼎调之重。麻宣伊迩，藻祝逾虔。弟驽质难前，駪征又赋。沐春雨无声之润，鉴莫涤去尘昏；值秋风战□之初，珠已惭于网失。复返秣陵之棹，旋叨薇阁之除。丹地回瞻，觉斗依之倍切;玉音遥企,愿针度之频施。专函肃启,敬布微忱,祗颂台安,诸希崇照。

愚弟孙○○顿首

致翁叔平(翁同龢)函稿

叔平六兄大人阁下:出都时奉谒,拒领请返数四,未获晤言,实深怅歉。临行复蒙惠赐各物,感激之至。别来瞬四阅月矣,迩惟起居万福,至以为颂。弟到沪后与六世兄分手,海轮妥速□行。到任未几即赴金陵,匝月而归,试事尚叨平顺。今年上下江录遗均按号数满送,下江几于通榜及第,上江年岁存到赴考者多,遗□尚有一千五百余,外间亦知实不能取,尚无求请之烦。□士□□□□于福建。惟弟身体精力则远不逮前年,金陵归来又□心□之症,三年迢递,殊觉完卷匪易。惟有随时自揣,不敢□向时之竭尽无余。盖此事专恃一心为抵御,又何能偷闲□□,每一念及,殊深焦灼。□福必甚朴勤,在弟处亦与儿辈无异。到此并未饮酒,看来量本不大,特以饮少辄臻得名,故扬威尚非难耳。荒江僻处,本□少官场应酬,制军亦尚未至,一刹那间,安心是药。十一月赴省城考安庆一府,明正接试皖南各郡,回来歇夏,秋初再试皖北。知关爰注,特缕及之。兹因折便赴京□□,余容续陈,不一。

致童逊庵函稿

逊安老前辈世年大人阁下:夕照一别,眩转风帆,辽海潭水,深情与之俱永。光阴荏(冉)[苒],瞬又深秋。比维史席全勤,全功告蒇。帝心简在,定卜逾格酬庸,数年之内,即晋封圻。速为恭呈□福,此侍瓣心香所朝夕虔祝者。侍到处飘忽,行程□常如鸟。接篆未几即赴金陵,劳扰匝月而归,一切尚托平顺,惟是精神、气力迥不如前。迢递三年,大难完卷。现在考牍尚远,眷累未来,半日偷闲,安心是药。十一月初即赴省城开考,回来度岁,明正出试皖南各郡。知关爰注,特附及之。太平乱后城垣未复,人烟市井气象荒凉。桓公之井,谢朓之山,一木不留,荒烟迷目,而文风从可知矣。追想小阳佳日,馆课余闲,偕□□、耐冬□吟"岭上先开"之句,高怀胜福,□丛自醉,更不审茱萸遍插时,亦以向□人为下酒物。都门佳话及馆中之事皆所欲闻,祈不吝珠玉,琐屑示知,是所翘祷。此次折弁入都,倘蒙覆示,尚可速到。辛伯、雨臣、仁趾、益吾、抟九、柏华、□卿、小渟定□日日欢聚,文卿尝念元□,均祈先道渴忱,容再一一拜致。

致张兰圃函稿

兰圃世年大人阁下:夕照一尊,柘潭千尺。飙轮电转,倏忽天涯。荏(冉)[苒]光阴,又是秋声四壁。金陵试日,得闻宫赞之喜,半符少司成之祝词,不碍专用道之激箭。挥杯顾影,御书饱饫,日久不饮矣,此夕胜筵也。弟接篆未几,即赴金陵,匝月而归,一切尚叨平顺。现在已不□伯乐,顾影无俦。吾兄此时应早荣行,沙云园房屋本不甚多,馆中仍需常一人床居,已□之否?黄绫已早告葳,讫可少休矣。小云书来,云长夏酒兴益豪,倘足新篇,希急迎见示。弟到姑孰一切近状,尝与柏华一札,嘱其呈览,无须再赘。现在□□仍未入京,□无消息。现定十一月赴省开考,明正出试皖南各郡。现计仍有五十日闲空,自夏徂秋,沿江劳扰,藉此稍为苏息,以备擐甲再战。自揣精力迥逊闽中,迢递三年,殊觉望饼冀呼也。上都新事近日胜游,骤望德言不遗,□章远锡,是为至祷。此次折弁,倘蒙复示大草敬行,可速到也。

致沈师函稿

□别慈躬,瞬四阅月矣。比维福躬安康,潭第临庥,定符寸祝。眷属七月十八日自京起身,事前因会项不到,阻雨耽延,○○接钊□信,略知梗概,一切仰费清神之处,更须候门生妇到后面述方可详告。伊等中途绝无信来,今已重阳,杳不知其何在,实为闷闷。已两次差人往接，计旬日内当有折回消息也。〇〇到任未几即赴金陵录遗，匝月而回。贱体一切尚好。半年之内两次蒙恩升转，师母多年盼望，藉此少慰慈怀，惟有尽心考试，以冀仰报万一。年前一切，潘莲翁前有移居故宅之说，现放奉天，不知曾否移寄，又或改租他处否，此事统蒙费神经理，感不可言。惟望随时致办，不胜叩祷。以择想小，至盼至盼。此次折弁前往，乞详示一切。

致彭芍亭（彭祖贤）函稿

金陵返棹，接诵赐书，伏审禔福胜常，快如臆颂。弟自四月奉使，五月航海南来，至八月初旬回署，胶扰数月，始得少休。自揣心力迥逊于前，迢递三年，实深悚惕。现定十一月赴省考首府，岁杪毕事回署。明正开印后次第按试皖南各郡。现弟之眷属未来，去考期尚有□□工夫，半日偷闲，安心是药。文巡捕早经派定。前弟□□命下，看其俊发，问无□命，□□□等语，似以官衔须改。弟□碑时弟确记是三四月间，似是因伯奚等□格子另□取回，记忆不甚真切，然大概如此。确仍□爱伯小照之卷无饰篆，吾兄试再思之。弟五月收拾行李，几于无地不搜，实无此件也。钟生□□蒙派金溪，今闻感甚。俨臣夫子云其班次可望□补，此后仍求□□格外栽培，此君□□晓事有作为而不孟浪，玉人心镜，无冰不□，无俟罄陈也。□□□□来荐幕友，无如弟处已及八人，再难安置以后者。弟欲为两儿请一西席，而数月迄不可得，昨有楚北幕友荐一孝廉，亦尚未得回信，不知□□幕客中有方严善教、改笔灵敏者否？但恐□子九岁须上书及□□不对事，乞兄代为探访，九兄意以为好，乞先示知，勿与本人说明，弟如楚北先生未成，仍当专札奉问也，□□□柳门接手，恰可全数交代，无庸再觅别枝。

再致恭声云函稿

声云九兄世大人阁下：捧诵还章，惶恐无地，何见弃前情之甚也，谨以全函奉缴，嗣后彼此相约，都不必官样文字，斜行小草，更倡迭和，是所愿也。倘再如此见□，相见时定以百榼奉敬，勿得议罚。鹤铭之□久原不忘者，以□除之适当也。弟自五月航海南来，复至八月金陵返棹，乃得将就苏愈。现定十一月初赴省考安庆一府，封印左近当可毕事。与省中僚友往还数日，归来度岁。明正开印出试皖南各郡。饱闻美政□张，□□行有日矣，何□如之？专函手覆，附以谢忱，敬颂勋安，诸希爱照不一。

世愚弟

复吴子健（吴元炳）中丞函稿

金陵匝月，快接清辉，□以场务匆匆，未得畅抒积情。比承华札，以弟迁官薇阁，藻藉逾恒，洛诵再三，弥殷翘仰。就惟子健尊兄大人台禄旋晋，禔福增绥，引企裔采，莫名抃颂。弟自返棹姑孰，少资休息。现拟十一月初赴省试安庆一府，岁杪归来。明正开篆后次第出试皖南各郡。轻材自惕，乐诲遥睽。冀砭订之频施，俾末弦之有藉。专函肃复，敬颂台祺，统希心鉴不一。

愚弟

复傅哲生（傅庆贻）函稿（□龙友、官桂卿）

前奉还云，备承挚爱；近叨除目，又荷倍存。诵藻饰之逾恒，抚芜忱而增感。就审哲翁仁兄同年大人，升□翕福，履缦绥祥，引睇裔晖，莫名心颂。弟绩纶愧拙，□□契疏。廿六年染指，才荒空忆舍人旧簿；千余□收珠，力短尚需执友良规。幸晤教之匪遥，益驰神于无既。专函肃谢，祇颂台安，诸惟荃鉴，不一。

年愚弟

复孙古亭太守函稿

久阔芝仪，时殷葭溯；近承华翰，备荷绮存。比审古亭老前辈大人吉叶履旋，恩隆晋接。龙章锡福，枫廷宣纶綍之华；骖筱腾欢，蔀屋慰云霓之望。升陛即晋，豫颂允符。侍学逐年荒，识同尘蔽。寻谢朓山边之宅，惭胜具之无存；听成连海上之琴，幸师资之在迩。抠衣非远，临颖神驰。专缄布覆，祗颂台禧，敬谢芳谦，诸希蔼鉴，不具。

馆侍生孙〇〇顿首

复薛慰农(薛时雨)函稿

慰农尊兄同年大人阁下：契阔光仪，迢遥岁纪。比承华翰，备荷注存。比审禔福胜常，潭祺楙介，至以为慰。世兄英达夙成，才沉思敏，将来必为伟器，优途特借径耳，不足喜也。弟以菲材，谬膺衡鉴，即遍分应考之事，检点时虑未周，重以珂乡人文渊薮，三年承乏，倍切冰兢，乃辱厚期，谕以前贤盛轨，实觉惭悚交并矣。弟现拟十一月初赴省试首府，岁杪归来，明春开篆后出试皖南各郡。知关垂系，附此陈及。昨托世兄代为留意西席，今承另示，感不可言，惟三日前接楚北友人来信，已请定汉阳高茂才，约于月内可到，则此说可暂从爰议，感承延访之烦、垂示之速，五中篆结，匪可言宣。专函肃发，即颂台祺，统希爰鉴，不一。

通家年愚弟

致何铁笙太守函稿

铁笙仁兄大人：弟五月出都，未及面别，秋来披诵大疏，贾长沙之文，何其痛快周悉乃尔，言人所不敢言，必为人所不能为，圣明洞鉴，剧要荣膺，他日担荷殊常，此实哉基之始，是宜为苍生贺，不读吾党之荣也。弟□□手龟，中画老秃，拟防薄技，再试逾穷，过来人当掩视而关耳。洪南陔旧仆刘□笔札匀秀，人亦清秀，自后一官一集，手断钞存，当可供磨毫伸纸之役，未知兄视其可否？姑孰、维扬，不殊邻区，欧阳公蜀岗新咏，定时时先睹为快。手肃布贺禧安，不尽欲述。

愚弟

致方子箴(方濬颐)函稿

子箴亲家仁兄年大人阁下:姑溪舣棹,即闻台旆东还,其时瞿塘六月,惊电归船,方谓浑身是胆,比得来书,云陆行至夷陵,乃知兄于此道,正存王阳畏然。鬼愁忙退,乃弟其年入蜀之语,亦复特特惊人,范石湖之新诗,令人神往矣。弟兄之近遭,无可言者,昔人以言,不过曰天下冤之而止,何妙肖也?圣明在上,谢公再出,必不还邗上。旧游之地,小住为佳,何必故乡,徒增烦□,此鄙人身亲阅历之谬解,聊供龃然而已。弟心眼俱盲,承乏珂乡文武之地,惟有惭怖。知己何以教我?今于十五日赴省垣开试各郡,岁杪仍回署。明正出试皖南,七月再往江北。知关怀念,附及之。江虹舫需次两淮,近况正窘,弟为函启筱帅,获一轮修,兄盍就近一为援手,俾再得百余金,即可敷粱之家用矣。伯康胶续谁氏,弟尚不知,疏昧之至,乞再信示及。专函肃发,敬颂台安,诸希荃照,不一。

年姻如弟

致佩蘅(宝鋆)师贺年函稿

敬启者:窃受业去秋专肃奉函,祗陈谢悃,谅已早呈慈览。比际风诏初转,鹊语遥传,恭审中堂夫子禔福骈绥,宸恩优渥,仲冬金书告蒇,欣承异数酬庸。月汀、东甫两世兄同膺懋赏,德门引领,欣抃奚如。受业于去冬十一月赴省开考首郡,安省应试者以首府为最多,点数文武,合计万六千余人,幸士习尚不顽犷,整肃易就范围,匝月毕事,场事均托顺平,堪纾慈念。受业现回至太平度岁,开印后再赴宁、徽一带。知关爱系,谨此缕陈,专肃寸启,附呈年敬。○○敬叩春釐,祗请福安,伏希垂鉴。受业○○○谨启。

敬再启者:先岳汪文端公诸子夙叨恩□,备荷栽培。树屏在湖北需次,已承嘘植,现得善后局差,每月薪资六十金,可敷日用。树廷随受业来皖,在署读书。现惟树堂在京当差,伊写作俱佳,在刑部办现审数年,例案熟习,听断亦精审,惜去岁选补户部四川司,实缺既任,断不能下场，而读律之能，亦从束阁。树屏出京，本有夙累，现在结费又少，长安不易，出路毫无。夙谂我夫子笃念师门，高谊隆情，有加无已，可否于秋坪夫子、韫卿尚书处鼎言以奖加之，□□或□□□银处更替出缺时赐派一席，俾稍舒内顾，奋勉当差，此后求进有阶，皆出我夫子云天之赐；又念其实有可用之时，冒昧代陈，谊关至戚，仰希慈植，伏惟恩鉴，不胜情悚企切之至。○○谨又启。

致傅哲生（傅庆贻）方伯函稿

哲生仁兄同年大人阁下：皖垣聚首，畅挹教言，屡饫芳筵，备承关爱，寸心藏耳，何日可忘？比值黍律回春，定卜芝纶汲宠，即降垂穹，式洽颂私。弟自返棹姑溪，二□均叨轮适，现定二月初六日赴宁郡按试，计考毕皖南，当在五月中旬也。□□回署，适○□师母已来，数日医药，盛情备述，师母感激涕零。鹤孙世兄尚未赴京，师母遣其祇谒崇阶，面伸叩谢。伊系黔捐分部学习主事，今携照呈览，其以后应如何？承□薪资或竟入局学习之处，统乞面谕遵行。谨肃寸缄，附陟谢悃，祇请春安，惟希爰照，不具。

年愚弟

致徐筱云（徐用仪）函稿

筱云年兄大人阁下：自去秋九月后，彼此未通书。冬月在皖垣扃试，恭审荣擢奉常之喜，凤诏初转，鹊报遥闻，□□之□，莫名欣忭。比维升阶迭晋，眷注日隆，至以为慰。弟试毕安庆，于岁杪廿四日回太平。省试人数最多，点数文武共万六千余人，匝月毕事，□□□惫，幸士习尚不顽犷，整肃易就范围，终场尚属静谧无弊，堪慰爰注。弟于开印后出棚试皖南各郡，归期当在五月中浣。去冬江南自十一月下旬以后，雪泽极为妙沾矣。昨见邸抄，知京师亦渥被祥霙。此雪衣普南北，日期皆不等，寰宇绥壹，何劳各卜？会议条奏甚多，□沙三君事及黄漱兰之自请议处，均不知其由，现在以何定论，乞公余详示；两次会稿可否另录重寄，尤深翘切。新春定多佳兴，初二团拜当已循旧举行，弟□于荒城岩除，并爆竹声不闻于耳。山中人不知年，信有之矣。贱躯承一切均托顺平，兹乘由谦吉升会上京致五十金，仰收菲意，伏乞心存。专此肃颂贺大喜，并祝春釐，诸惟爱鉴，不一。

致徐铸庵函稿光绪六年五月七日(1880年6月14日)发

铸庵仁弟大人阁下：去秋一函布臆，谅荷青垂。握别以来，瞬更裘葛，暮云春树，梦想为劳。比惟休闻日隆，升阶即晋，至以为颂。兄以气寒，承乏□□，竭力披防，渐以其余任为虑。去冬试毕省垣，今春应按宁、广、徽、池四属。现回太平开考，计下月杪可以蒇事，场务诸叨清谧。贱躯惟不戢旧恙愈，其余尚粗可支持，可纾爱系。今另启者，比奉大部札文，以去岁优生未经具题为问。此事兄去岁到任后即另署吏详查，缘由同治年旧案，会奏变通优生考试，以后历届均无题本，殷、祁两任均系会同督、抚岁递誊册，亦未奉部文查驳，故此次仿照成案办理，□□□□考语，另□同前任科考一等卷等，敬赍此件合咨誊册于上年十一月初七日发驿，发□提□□送部。此等卷差驿递，不应浮沉，因何□误，深切于闷，兹已备文罄叙前因，并抄去岁咨文、科名册照录一分粘呈，由驿卒急递，计月内总可邮到，专此手布。务乞世弟大人到部时关照一切，现详左右，首即前两任身亲其事者，更可一问而知矣。至兄本任萃优当在后年，应无由兄任奏复旧章抑或照章之处，老弟代赐详酌示下。盖学政衙门应题之件不止此一事，如到任等件，□□□□，□□□□，安徽皆无之。署中并无写本之人，只子弟侍即为代办，以□□事办过一次在□□，尚系借制署本房为之也。但奏复旧章，在殷任已应办理，此时若从新提起，则前任以事遗漏者，由部中奏改外规，更觉未密，是否可例循旧法成案办理各处，统希我弟深虑□度示我，不胜心盼，专此布候履祉清佳，鹄候回示。都门近事，尚祈徐徐寄示，以广见闻。叩首。

致裕寿山(裕禄)中丞函稿

寿翁仁兄中丞大人:顷奉环章,备纫饰注,就审起居万福,上侍增□,至以为慰。弟自到姑孰,即日开试本郡,现于月之廿日蒇事,天气亦不太热,一切平顺,堪慰爱怀。兹有请者,场务试用通判万君兆夔,江西西□人,前在安省充坐□局委员,久隶帡幪,备叨恩睐,因告省亲回籍,现已服阕,连年措资不敷,不克入都验放,仍拟回省投辕,叩求差使。弟与为戚谊,知其前在安省有年,又曾依辕下,其办事节谅,早在洞鉴之中,谨不揣冒昧,代为一言,可否推量栽培为感。统希裁钧,不胜悚感之至。专此手肃数行,即交万君赍呈。顺颂崇安,祇祈函照,不一。

贺梁耘圃方伯夹草

再恳者:兹有宿迁训导韩君抡元,绩学能文,考成德谨之令兄也,刻赴金陵,叩谒案阶,乞弟预求宪恩,随宜嘘植,□弟先□□,谨附呈名条一纸,仰希亮察。又木厘局委员州同俞克□系侍闽中拔生,人尚勤奋,□□近依衫帽,尚求推爱训诲栽培,不胜心企,并附名条,统惟爱鉴。

侍

致吴朝杰(吴家榜)函稿

朝杰仁弟军门阁下:自春仲出试皖南,电掣輶程,瞬经四月,竟无半日之暇得以握管为歉。顷奉惠函,以节届天中,吉词宠饰,时正扃试本郡,亦未得及时奉报,歉何如也?兄皖南试事一切粗适,严加防范,亲提面试,所取亦幸无赝鼎,堪慰系怀。归署后见内子目疾竟愈十之八九,只右目微有纤翳未退,幸不碍。克庶目已照常看细字。此初意所不及料,特附陈,藉抒弟夫人爱注。半年以来,贱躯粗安,尚耐劳苦。此后只一月歇息,七月初再赴皖北,归期需在岁杪矣。附启者:镇江韩广文抡元与弟世好,品学俱优,惟赋闲日久,家况清寒,现伊令郎松蕃在兄处阅卷,今乘省亲之便顺谒钤辕,并呈广文名条一纸,乞推爱传宣,特荐一安研之地,不胜心企。此信即交韩山人带呈。顺颂台安,祗贺午釐,诸希亮鉴,不一。

子箴兄近日已回籍否?数月未接渠信,乞再函示为叩。兄又启。

致吴子健(吴元炳)函稿

子健尊兄大人阁下:昨肃贺缄,谅尘荃览。自仲春出补以后,辅程蓬转,未获手奏寸笺,仰叩起居。池阳试毕,接奉赐食并回折合引,感谢之至。比审四月节祺懋介,式譬颂忱。弟自四月杪回至太郡开考,现于廿日蒇事,计月七冬至,今试过安庆及皖南四府一州。向来南试毕后奏报一次,今已缮就,专差赍呈,仍附大疏恭递,莫名心感。弟处万寿贺折,系托枢友代办,此次折件附大疏到京,想总在花衣七日之前也,尚祈示及为叩。皖南文风素好,兵燹后大逊于前,近惟徽、宁两郡尚为可观,然人少额多,后路所取,总觉不足。洎此亦迩来各省通悉,难还复旧观也。士习尚近柔驯,严加防范,尚无枪替。弟于正场后仍加面试一场,虽试前难免劳累,而较为信心所录尚无赝伪,堪慰爱怀。半年以来,苊劳备至。岘翁接篆当在秋初,梁消息如何?闻传侯三月内由英起程,未审公论何似,尚求再便谕及,不胜感激。许丞、俞倅均荷推爱栽培,一派□□,一改木厘,感激无既,□□附此嘱谢。即颂台安,统希垂察,不具。

附呈折费廿四金,祈饬交。

致张福泉函稿

福泉仁兄同年世大人阁下:池阳试日,接奉惠书,病中尝手覆寸函,未达记室,曷胜怅歉。比审道履胜常,潭祺from介,甚慰下怀。今春珂里应试者发只七人,二百余人□□客籍。林朴庵同年于州武昌卷□□院试□两三卷相符,于草函□□□剔出正案,所取似皆已出,外论何似,老仁兄幸从实训示也。弟辅程违时,至四月初回考太平,现于廿日一律蒇事,场务均叨清谨,特精神已逊从前,勉强支持,仅无疾病，不堪为知己告也。承示谭君事，弟所以迟迟未覆者，以弟处幕友本七人，乃两人赴春闱者均约无论中否必归。今者一人以事不先来，昨始接信。此地卷数不多，棚室尤隘，束脩秦关外房敬数十元，向来大南数七倍。今乞与谭君约，如可以俯就，即乞于六月廿日前命驾到太，关传到后送至，省使中途遗失。倘不克枉驾，亦乞速赐复言为祷。专函肃复，敬颂台安，不尽颂状。

弟〇〇顿首

弟拟十一月杪赴庐，归期约在岁杪，恐须余滁、和一两处明春再考。

致裕寿山(裕禄)中丞函稿

寿山尊兄大人阁下：弟自七月出试淝郡，邮程蓬转，未获手贡寸笺，歉仰曷可言喻。此值雀梅远作，节辰延绥，式如远祝。弟试毕庐、六、颍三棚，近赴寿州开考。江北文风以合肥为较好，阜阳、英山亦尚属可观，士习大率朴实驯顺，气质近刚，而可以理喻令之。皖南如示，场务一律平静，贱躯亦尚耐劳无病，堪仰慰荩怀。本拟年内考毕泗州而归，后因凤阳之赴盱眙向行水路，天气严寒，湖水多冻，陆路则店、道去日皆恐棘手，故改计由凤阳试毕返回太平，明正再考三州，季春上浣返省，岁试可毕，即渡江试皖南各郡，七月赴省接试江北，仍留三州俟后年考试，向章多如此办理。明岁有一闰月，为计现尚从容也。自七月后，江南北大半苦旱，弟所历如庐江、六安，雨水尚不缺，颍上多未种麦，农田盼泽孔□。小阳月今天气和暖，仍冀慈霖渥被，□人□大官矣。日似愿旋回，见闻誊抄两本，近日不审公论悦否？禧圣慈躬已全获安痊，曾示臣工否？乞抄函示及，不胜翘切。舟行少晤，手陈近状，余俟回太平后再布。即颂台安，统希爱照。

弟〇〇顿首

再：陆刺史颐勋亲老累重，蒙宪恩派署六安，渠编述之余，感激无地，惟夙亏太重，计今米只完其半，昨专函求弟代陈下情。念刺史久承栽植，今此所请又为全□□□起见，用敢冒昧附陈，并将原函呈览。可否之示，钧裁必有定衡也。

刘□山先生有言：研精殚思，执着不迁，以愤而通。巧生于专，盖专精所极，□鬼神来告，天地有不能问者。□以□近年林吴之制洋火，非虚言也。制造火药之法，戚氏《新书》而外，未见别有著录。近年泰西林吴之术，创越前古，洋□洋药，均收利用，盖□中技巧，□□中国哉？盖殚思专力之效耳。秋浦大令奉裕大中丞令创制加工火药，用□少而收功速，绘图详说，明著其效，其视洋药尤□之处，别有神奇，盖行说中“洋油匀实”四字尽之而已，其□□□也。余今岁按试皖南，道出屯溪，见山川秀美，田畴丰沃，□□不作，诵□群兴，心目为之一畅。及与秋浦谈，□其于□□、劝学诸善政，虽纤□事情，□□汲汲，如恐弗及，为□言如恐弗尽，乃信任之盛为□□，而昔说中之四言为秋浦一生得力处一端而已也。方今时□孔亟，内而振武强干，外而折冲御侮，其有待于秋浦者正未可量，则秋浦之用此四言，其亦当上而益神其效乎？聊志数言，以当左券，是为序。(□□□□□□此四言者，亦正未可知也。余方将衍其传，以为秋浦《纪效》之书也。)

孙毓汶奏折稿

奏为接奉朱谕谨就天津见闻所及折稿咸丰三年(1853)

奏为接奉朱谕。谨就见闻所及恭折覆奏仰祈圣鉴事。咸丰三年七月二十七日(1853年8月31日)奉到朱批:知道了。孙虽未留津,原因统带满洲官兵非汝所长。而在彼数月,于一切情形,自必深悉。及直、豫军务光景,如有所见所闻,仍著随时驰奏,候朕采择等因,钦此。

臣查天津为水陆要冲,而尤以海口巡防更关紧要,盖缘各省艚船连樯并进,商贾之懋迁于是乎集,即奸宄之溷迹亦于是乎来。本年江、浙两省海运沙船一千数百只,耆舵水手万余人,加以剥船二千余号,及一切夫役不下数万人,弹压稽查,均宜严密。当经臣等督率习员一力赶办,沙船于起卸后即饬迅速回去,剥船梭织,运通亦令随时归次。现在水陆一律肃清,市集不惊,闾阎安堵,此天津地方情形也。

其直、豫军务光景,以臣所闻,怀庆城外逆匪,经各路大兵围剿,自可悉数歼除,并经钦差大臣讷尔经额于七月二十一、二十六等日札调天津镇标库存五万斤铜炮三十尊、大沽口存放五千斤铁裹铜炮三尊、三千斤炸炮三尊等解清化镇大营应用,据称贼匪虽屡有斩获,恃其木垒、土城坚厚,匿不出战,非用大炮轰击,不能迅解城围等语,是以上炮位一经解到,扫荡妖氛,便可得手。

又有传抄信函云新被裹胁之睢州、归德等处匪徒逃出日众,各处皆有拿获,贼势益孤等语。此外传闻不一,大抵皆以该逆势已穷蹙,总可剋期歼灭。盖此股逆贼不过由汜水、巩县、刘家口抢夺煤船渡河,本属有限,即使沿途裹胁,亦必易于解散,但令黄河船只悉数撤收,断贼北窜之路,不致再有偷渡,则釜底游魂,何难尽殄?至直、豫、山东接壤地方,昨据天津镇总兵特克慎巡阅回津面咨,各路水陆营汛分段设卡,防守均极严密,所过城市、村庄亦皆办理团练,足备守御之用。此臣近日所闻之实在情形也。

盛京调驻天津官兵现到五起,共兵一千二百五十名,驻扎天津西关外之小园地方,均经庆祺督率该镇道等妥为弹压,并无滋扰情事,居民甚属安静,堪慰宸廑。

所有臣现在闻见各情,理合缮折具奏,嗣后续有所知,仍当遵旨随时奏闻,以仰副圣主除暴安良刍荛必采之至意,是否有当,伏乞皇上圣鉴。谨奏。

奏蒙恩简放安徽学政到任日期折稿光绪五年六月十七日(1879年8月4日)

奏为恭报微臣到任日期叩谢天恩仰祈圣鉴事。窃臣承恩简放安徽学政,于五月初十日跪安,仰荷皇太后训勉周详,莫名钦感。臣当即束装就道,于六月初九日驰抵安徽太平府驻所,旋准护抚臣傅庆贻委员赍到关防,于十七日臣当即恭设香案,望阙叩头,祗领任事讫。伏念臣山左下士,知浅癖至,久厕词垣,叠司文柄,温纶视学兹土,臣惟有特遵慈训,于阅文防弊,一切认真办理,以仰酬高厚鸿慈于万一。所有微臣到任日期,理合缮折具陈,恭谢天恩。臣于拜折后将应行事件赶紧料理,即于七月初四赶赴金陵,办理录遗并合考优贡事宜,合并禀明,伏乞皇太后、皇上圣鉴。谨奏。光绪五年六月十七日(1879年8月4日)。

奏奉旨安徽学政毋庸更换恭谢天恩折稿光绪五年八月十七日(1879年10月2日)

奏为恭谢天恩仰祈圣鉴事。本月十七日,臣接准吏部文,称八月初一日内阁奉上谕"本年值更换学政之期,安徽学政孙毓汶甫经到任,毋庸更换"等因,钦此。窃臣学疏刻楮,识昧提衡,累叨文场之司,曾乏涓流之报，近复承恩于虞阶，俾令视学于皖疆。鉴珪月以监心，乍拨澄江之棹；先琐闱而吁复，恐遗赤水之珠。仔肩才盼于替人，温诏复隆于再命。三年任重，五内惭深，臣惟有倍恃冰渊，益添圭臬。遴才剔弊，冀仰承慈训之周详；崇实黜浮，庶稍答□祉之高厚。所有微臣感激下忱，理合缮折具陈，恭叩天恩。臣于拜折后行文通饬各属举办童试，一俟附近各府州陆续报齐，臣即行出棚，次第按临岁考。合并奏明，伏乞皇太后、皇上圣鉴，谨奏。光绪五年八月十七日(1879年10月2日)。

奏奉旨补授内阁学士兼礼部侍郎衔恭谢天恩折稿光绪五年九月初七日(1879年10月21日)

奏为恭谢天恩仰祈圣鉴事。窃臣接准吏部咨称："八月十三日奉旨：孙毓汶补授内阁学士，兼礼部侍郎衔。钦此。"又二十三日奉旨：仍留学政之任，钦此。臣先后恭设香案，望阙叩头谢恩讫。伏念臣忝缀迩联，久邀殊遇。瀿瀛视草，洊领职于端寮；闽蜀回槎，复□□于皖省。荷隆施之逾格，方内省以滋惭。兹复仰沐鸿恩，超跻凤阁。□峻□台之秩，仍叨文柄之荣。三迁晋被于丝纶，四序未周于寒燠。宠不期于梦寐，戴实重于邱山。惟有益儆鸦濡，倍勤驽策。溯臣父薇垣晋秩，即在西江视学之年；洎微臣桂苑题名，旋预中禁簪毫之选。再世而华资共陟，卅年而仙药重登。订夙误于金根，敢径志一门之荣幸；恃先型于玉尺，庶稍酬九陛之洪慈。所有微臣感激下忱，谨缮折恭谢天恩，伏乞皇太后、皇上圣鉴。谨奏。光绪五年九月初七日(1879年10月21日)。

再臣前于八月初行文通饬各府州县办理童试，其附近各属限于年内报齐。臣现定于十一月初旬按临省城，先试安庆一府，计封印前后可以竣事。明正开印后出棚，次第试皖南各郡，理合附片陈明，谦奏。

奏奉旨赏加随带三级恭谢天恩折稿光绪六年二月廿四日(1880 年 4 月 3 日)

奏为恭谢天恩仰祈圣鉴事。臣于本月二十三日考试宁国棚次，接准实录馆文称：光绪五年十二月二十五日（1880 年 2 月 5 日）奉上谕：前离馆总校官内阁学士孙毓汶等赏加随带三级等因，钦此。伏念臣猥以菲材，久趋秘馆。光分乙阁，惭乏效于编摩；稿进丁年，已渥叨夫甄叙。旋奉持衡之命，未修校字之勤；恭逢庆典告成，复荷醲恩曲沛。纵前劳而勿弃，蒙峻级之优加。宠渥靡涯，感惶言地。臣职羁骁赋，迹阻鹓行。捧瑶笈以随班，遥企金坡之盛事；将冰壶而选士，冀酬玉陛之隆施。所有微臣感激下忱，谨缮折恭谢天恩，伏乞皇太后、皇上圣鉴。谨奏。光绪六年二月廿四日（1880 年 4 月 3 日）。

再：臣于去冬十一月按试安庆，岁初蒇事回署。今春二月初六日出棚，先考宁国、广德，现已试竣，场务均平顺无弊。去年江南□雨雪优沾，农田润泽，臣经过地方，春苗滋茂，民心安乐，堪慰圣怀。臣拜折后即驰赴徽州，以次接考池、太，一俟皖南岁试全竣，再当专折奏报。谨将现考情形附片陈明，伏乞圣鉴。谨奏。

奏皖南岁试全完具陈情形折稿光绪六年五月廿五日(1880 年7 月 2 日)

奏为皖南岁试全完，谨将考试情形恭折具陈，仰祈圣鉴事。窃臣前于宁国棚次附片具奏去冬出试安庆及本年二月试毕宁、广两属情形，奉旨："知道了。钦此。"臣随即驰赴徽州，接考池州，至四月杪回至太平开考，现于五月廿日蒇事，计自去冬十一月至今，安庆一府及皖南四府一州岁试全毕。臣恪遵慈训，严加防范，专心校阅，并于童试正场后仍加面试一场，亲校文理、笔迹，枪替无从侥幸，录取之卷，尚无弊混。至各处文风，以徽之婺源、宁之泾县、太平之太湖为最，而桐城、歙县、旌德次之，池、太、广又次之，士习驯顺，武场□弓刀者较弱于北省，然弓马娴熟、后场可观者亦不乏人。臣于试毕发榜日，惟以屏黜浮华、讲求报极、勿安习陋、勿囿时趋，向各生童剀切劝谕，以副我圣主作育人材之至意。皖南地方从前被扰最重，凋敝已甚，近岁

□□屡告，民力渐纾，荒田大率垦辟，庭舍尚有增添，经过处所，□□□府，农田畅茂，民情安恬，共庆有收，堪慰宸廑。再皖北各属府初考现已陆续报齐，臣于七月初旬驰赴庐州，次第按试，一俟通省岁考全竣，再当专折奏报。所有微臣现在试毕皖南情形，谨缮折具陈，伏乞皇太后、皇后圣鉴，谨奏。光绪六年五月廿五日（1880年7月2日）。

奏遵旨查明抚臣（裕禄）被参各款据实复陈折稿光绪八年（1882年）四月

奏为遵旨查明抚臣被参各款，据实覆陈，仰祈圣鉴事。窃臣于三月二十一（1882年5月8日）恭奉寄谕，有人奏安徽巡抚裕禄信任劣幕陈应璬、余青照，盘踞把持，物议沸腾。已革道员裕庚总管报销局，弥缝军需销款，交结州县。又该抚开送筹解甘饷人员内知府彭禄、知县沈鉴二员，并未兼筹甘饷，滥膺保荐，各等语所奏是否属实。著孙毓汶确切查明，据实具奏，毋稍瞻徇等因，钦此。

臣跪傍之下，仰见我皇上整饬官方，严防弊混之至意，当即备录原参各节，密札布政使卢士杰、按察使胡玉坦，确据见闻，详稽档册，缕晰声覆，以凭核办。兹据该司等会衔举覆，并开具按款，详查清折，前来据称。

查陈应璬，年六十四岁，浙江绍兴人，向在安徽游幕多年。经前藩司吴坤修于署理巡抚任内延请入幕，办理钱谷事宜。裕抚院并非与其有旧，因闻其人品学尚优，素不与人交接，是以照旧延请，并非盘踞把持，亦无声名狼藉情事。余青照，系俞青照，年五十一岁，浙江山阴人，前升任广东巡抚转任皖藩时，延办钱谷。裕抚院由藩司升任，遂延入抚署，仍办刑钱事宜。抚院事必躬亲，紧要事件，皆与司道公同定议，或手书密商，审择而行。幕友不过随办例行公事，校对档案，至加盖图章，系别处幕友，向来各此无关。经查而画稿定案，皆系自行裁决，并未闻有惮幕不惮官之说。如果幕友肆行贿赂，物议沸腾，则在省司、道以下各官亦岂毫无闻见？原奏所谓信任纳贿各节，实无确据。

又查已革道员裕庚,本系安徽候补人员,光绪元年随英前抚赴粤,因案革职回京,经直隶总督李委办赈务,平糶出力,奏承谕旨,赏还布政使衔。五年冬间来皖,裕抚院因虑江防有事,该员久在皖营,情形熟悉,是以留于防营,藉资差遣。七年,始委会办报销事件。该员勤慎自守,绝不与闻地方公事,即司、道亦并未时常见面。原奏所谓交结州县,能无招总而不通声气等语,原系拟议之词,不能指有实据,并未闻有“似官非官,似幕非幕”之说。至报销事宜,均系循照例章办理,其裁数造报,向由藩、司核明盖印。详咨裕抚院任内报销之案,由历任藩司会督局员先后办过五案,均已奉到部覆,核准其一切用款,叠经奏咨裁并,如各营长夫马与委员杂项等款,均经分别裁减,确有案据可凭。现在用款几如数米而炊,销数亦各画地自限,既无滥支滥应之弊。则报销之案,一切实用实销,无所用其弥缝,且该员亦止于查造册籍,(句)[勾]稽数目,并不经手银钱。所有原奏弥缝销款各节,实无其事。

又查彭禄,本系安徽候补同知,于同治九年到省筹办协饷出力,经钦差大臣左奏保补缺,后以知府用。同治十三年(1874),委办转运局。光绪二年(1876),调办捐输局。五年,遇知府班请咨引见,十二月二十七日(1880年2月7日)回省。六年正月初五日(1880年2月14日),委署宁国府事。因新疆军务平定,筹饷出力,案内经钦差大臣左奏保补缺,后以道员用。其委署宁国府事,系在引见回省以后。原奏所称未经回省派委署事等语,实无其事。

又卷查皖省捐输局,经部议只准在本省设局,收捐收数本亦无多,旋于光绪五年(1879)停捐撤局。捐款皆系随收随解,有档可稽。捐生缴捐,例有定数,无法侵渔,何能陡致巨富?至候补知州沈鉴,先在皖南厘局当差,光绪元年(1875)因开办芜湖关务,派丁赴部抄录册案章程。二年,派充芜湖关委员。五年十二月,委署巢县。六年八月交卸,因新疆平定筹饷出力,经钦差大臣左亲保补缺,后以直隶州用。

七年九月始委办盐河厘局。其先后奉委差缺，年月均有间断，并非络绎。而委解税册、委解吉林饷银，皆非优差，尤为人所共悉。原奏所诏“纷纷传说幕中有人好做官”等语，悉无其事。其彭禄、沈鉴二员所得西路奖案，由钦差大臣左因新疆底定，奏明查取历年各省关筹办西征协饷，各员择其尤为出力者，准予保奖。由陕西抚院咨皖查开汇案，保奏该二员历办厘税、转运、捐输，实系历年筹饷尤为出力人员。是以由前署藩司王思沂开单呈请裕抚院咨送保奖，俱有案卷可查，实无徇私、冒滥、情弊各等。于以上各条，臣详加复核，该司等所称当属实在情形。

伏念臣日到皖以来，两周通省，再至省垣，每遇接见地方官吏，佥标抚臣廉正、持躬、勤明，率属三年之久，并无异词。比与抚臣面晤，谈及各属民风吏治，曲折周知，极为谙悉。证以该司等所称事必躬亲，狡栗皆自行裁决等语，其并非专任幕僚，毫不加察，自难逃圣明洞鉴。至原参陈应璈款内之盘踞把持，声名狼藉；余青照款内之肆行贿赂，物议沸腾；裕庚款内之交结州县，声气据握；彭禄款内之办捐致富，豫委署事；沈鉴款内之纷纷传说幕中有人，据该司等确查，均无其事。

臣亦未以所闻其裕庚办理销案，并无弥缝。彭禄、沈鉴筹解甘饷，实有劳绩，皆按籍可稽，不容虚捏。至于督抚衙门不无一二亲信旧幕襄办腐案，其得力属员差委较多，亦系事理之常，但无偏纵弊端，均可无庸置议。惟查报销一局为皖省军需销款出入总汇之地，剧要甲轮各局。今裕庚以离省已革之员在局办事，经据查并无原参劣迹，而外论易启猜嫌。可否请旨饬下抚臣将裕庚开去报销局差，抑或饬令回籍，以息浮议之处。恭候圣裁。

所有臣奉旨查办缘由，谨据实缕晰覆陈是否，以尚伏乞皇太后、皇上圣鉴训示，遵行谨奏。

光绪八年四月

奏劣迹幕僚不许再出游幕庶足以绝其弊端折

再前年左宗棠查明周□润所参前江西抚臣李文敏案内奉旨勒令回籍。回籍劣幕高隆宴,闻仍盘踞省城,干预潘霨抚署公事,其旧日徒党众多,广通声气,表里为奸,不可穷诘,应请饬查究办,以肃幕僚。近来所参各省抚藩衙门劣幕之案不少。惟查明后,只以勒令回籍或驱逐出境议结。该幕依旧盘踞把持,即或去而之地亦复能旧其伎俩,作恶如初。而该抚藩因其公事熟悉,于需正殷,虽有谕旨,视罪弁髦。拟请嗣后凡被参之幕,如果有劣迹,即按其罪名拟以充徒,或递解回籍,交地方官严加管束,不许再出游幕。庶是以绝其弊端。是否有当,伏乞圣鉴训示施行。谨奏。

奏陈查核道员刘传桢被参各款片底稿

再臣风闻安徽候补员刘传桢出身微贱,自幼即随从逆匪李兆受,慧黠便佞,甚为兆受所昵。反正后,历保知县,后入前安徽巡抚英翰军营,□差趋迎,英翰亦甚宠用。即由知州经保道员,并委总办各局事务,坐拥厚资,骄恣渐甚,屡为兆受庭辱,赖英翰左右之。该觉靦然不以为意也。英翰升粤督,即改捐粤省,相随以去,巧于舞弊,故劾疏漏未之及。英翰去官后,改捐江西。到省数月,同寅耻与为伍,乃仍回安徽候补。抚臣裕禄初未之异也。该道结交院幕,潜通声气,由是抚臣任之委办军需局。变利刻薄,众情交怨。惟工于窥探抚臣意旨,言无不行。劣员之谋差扶者因而麕集其门,络绎明意,分布江之南北。倘不入其党,即于抚臣前设词媒孽,必使获咎而后已。其蒙蔽尤在军需局,局中公事,丝毫不使人与闻。若接术举发,却牵引多人,致成大狱,转不得不设法消弭。该道小有才智,抚臣始信用之后,为其要挟,积久恐成尾大之势。

八年,署凤颍道篆,当时舆论哗然,即巷议街谈,咸怀诮骂,谓若人亦权篆监司耶。近又闻委权官庭滁和道篆矣。军兴以来,流言甚杂,以微贱之人,历保监司,招权纳贿,吞蚀帑项,且历署监司,若不严刑惩办，何以清流言而警官邪？请旨办事认真之大员秉公查办，据实纠参，至裕禄身任当圻，信用私人，亦有应得之咎，可否请旨一并惩办。伏乞圣裁，为此款片具陈，谨奏。

奏陈访问真确之湖北学政收取书价及应城膏盐税课二事拟请敕一并查办片光绪十年(1884)闰五月

再述经者，方除弊为急。臣有访问真确者数事，谨呈皇太后、皇上陈之。

一、湖北学政科岁两试取进生员，有所谓“书价银”，由来已久。其始不过交制钞一二千文，名为助刊书价，后逐渐增多，变为院费名目，由六七千以至十千。近年竟加至十七八千，新生必交清此项方得覆试。青铜足陌，取办俄顷，有力者尚可以勉捐，不敢支吾。而横经员来寒畯居多，标贷既乏利益，典质又无长物，幸博一于转，若自贻伊戚。于朝廷体恤穷儒之意，殊觉相违，特既沿成陋规。该学署给役办公，亦或借资，于是尽以裁革，转恐弥缝支饬，别开弊端。应请特敕查明，体察情形，酌中定数，但令办公不致掣肘，务当损之又损，为寒士留齑粥之资，庶有志上进者不至视读书为畏途，庠序肃而人才益征鼓舞矣。

一、湖北应城县旧产石膏，咸丰初，忽于石膏井汲得卤汁，煎炼成盐，嗣经故督臣官文奏明情形，征收税课。膏、盐两宗，协济军饷，为款甚钜，商民亦尚相安。近自德安府同知蔡懋赓接办以来，百弊丛生，民愁商怨。查蔡懋赓为人贪鄙苛刻，信任家丁，因无成例旧奉，得以恣意朘削。其收课名目有六：曰水课，曰土课，曰三七减课，曰陆厘，曰锅金，曰小课。水课者，尝水之咸淡以定课之增减。派查之人，贿足则虽咸亦淡，不足则虽淡亦咸。土课者，泼水熬盐之土也。锅金者，煎盐之锅也。陆厘者，卖盐之厘也。凡此皆以查报为凭，悉无定则。三七减者，水干井停，自应止课，乃不肯遽止，必按日递减。小课者，取以修乃台之费十两加一。此其需索之大概如是。有时盐井汲取已尽,业户欲复凿膏,非馈送数百金,蔡懋赓不许辄凿。膏厘复多弊实,意为轻重,致商民裹足不前。夫物产自然之利,下以养民,上以裕国。蔡懋赓据为垄断,转累闾阎,若不严以参处贪黩,何由知儆?相应请旨,将德安府同知蔡懋赓撤任,予以应得之咎,并敕收该处盐课。明定章程,总以出盐之斤,重为纳课之准。则不准多立名目,图饱私囊。石膏厘亦应剔除弊混,以减穷黎之累。

以上二者于育士恤商,均关实政,特下情无由上达,该督抚、监司复不能破除情面,引绳批根,顷适赖派大臣查办事件,拟请敕一并详查办理,于地方实有裨益,为此附片胪陈。伏乞圣鉴,谨奏。

晓谕童试过照示

为晓谕过照事。照得向来童试每多枪冒顶替积弊,本部院遴拔真才,不厌详审。今届按临,于正案未发之前一日,每场先发提覆草案若干名,较取进定额或多数名、十数名不等。该童生认明正场坐号,随同认保庠生于次早黎明到院祗候点名面试,交卷后本部院亲校文理、笔迹,严定去取,即于是日照额发案,再候示期覆试。此次提覆草案去取尚在未定,无庸填册甘结。仰各学教官约束保廪,亦并严禁□斗,不得向该童需索卷费、钞仪,倘有朦混勒□情弊,准该童当场扭拿,本部院定行严办。俟取定发案后,该学选具姓名清册送院,以□覆试。提覆之日,文止半篇,该学无须预备全卷,除卷面底页两开外,抄纸两开,草稿一开,于正场后送进。点名时廪保带领上堂,无须唱保。至草案既验有名,虽不免额隘见遗,而入学之望已居大半,该童生务宜自爱,不得携带只字行纸,及交头接耳、吟哦说话,一有此等弊混,定行撤卷挟出。特先期诰诫,免致功败垂成,自诒伊戚也。为此仰各学教官及廪保、童生一体遵照毋违。特示。

奏病难速痊恳恩开缺调理事折稿

奏为微臣病难速痊恳恩开缺调理事。窃臣前因感受风寒,蒙恩赏假十日。嗣因大汗之后，肝阳上升，喘嗽难眠，不思饮食，专折续陈，又蒙赏假十日。连日逐加调治，病势渐退。惟夜不思眠、昼不思食者已逾旬日，精神消耗，心力、气力大逊。夜间痰嗽上升，不能成寐，日间即疲倦异常，语言亦觉气短，且两足浮肿，腰肢无力，每一起动，数步之间，必须两人扶掖，犹复气喘汗难支。

以臣自揣，自来犯病从无似此次之重，比据医家云：此症固缘感寒较重，汗出较多，亦因年逾七旬，正气太亏，以致缠绵难愈。若非安心静养，设使再有感犯，则施治更难为力。伏思现在正当军务倥偬，筹饷吃紧之际，臣之现任户部及巡防处等差使均系至要极紧，而请假两次，不视事者已及一月，以现在病势看来，其去复元尚需时日，每念职日久旷，痊愈无期，焦灼情怀，莫可言喻，惟有吁恳天恩，俯念原缺紧要，迅赐简放，以重职守，俾臣得以从容调治。一俟□□□，□□略□，即当泥首宫门，求赏差使，以冀仰酬高厚生成于万一。

所有微臣病难即愈缘由，谨沥情上陈，伏乞皇上圣鉴，不胜悚惶待命之至。谨奏。

奏病后余疾未痊吁恳天恩俯准开缺调理事折稿

奏为微臣病后余疾未痊吁恳天恩俯准开缺调理事。窃臣于上年十二月初四日因病难速痊，奏请开缺，蒙恩赏假两月安心调理，并将户部尚书、掌院学士两缺简员署理，圣慈曲逮，感悚交集。两月以来，加意医治，病势已逐渐减退，惟两腿无力，竟类痼疾，起动须人，艰于步履，精神恍惚，遇事多所遗忘，据医家云：寒气或受太深，且衰年气血未能贯注，以致缠绵难愈。以臣自揣，心力之短少、气力之疲惫迥异常时，而旷废职守，已逾三月，计至初四日假期已满，痊愈无期，殊深焦灼。吁恳天恩将户部尚书、掌院学士、管理三库事务三缺俯赐简放。瞬届初八日皇上临御经筵，臣充讲官，未能入班，应请简员充补，以符礼制。又臣去冬承修城河等工，春融后尚有补筑工，例应一并请旨派员接办。

此后如仰邀福庇，行走步履渐可支持，即当泥首宫门，求赏差使，断不敢自耽安逸，有负生成。

所呈微臣病后余疾未痊缘由，谨沥情上陈，伏乞圣鉴，不胜惶悚待命之至。谨奏。

附一：孙毓汶诗稿

一、迟盦集杜百首

归田述感一百首　　甲戌乙亥

复作归田去，悠悠沧海情。艰难随老母，容易即前程。野馆浓花发，孤村春水生。新归且慰意，心迹喜双清。

江海三年客，萍蓬无定居。此生遭圣代，高枕乃吾庐。慈竹春阴覆，荒城鲁殿余。开襟驱瘴疠，跋涉体何如。

绝域三冬暮，回舟一水香。花罗封蛱蝶，江槛俯鸳鸯。更想幽期处，应耽野趣长。如何对摇落，飒飒鬓毛苍。

富贵空回首，养亲唯小园。衰年催酿黍，堂后自生萱。屡喜王侯宅，终防市井喧。方期拾瑶草，失路武陵源。

朝夕高堂念，茅檐覆地花。心微傍鱼鸟，目断更云沙。今日看天意，将诗待物华。名园依绿水，细细酌流霞。

到此应常宿，苍苍理又元。深山催短景，卧病数秋天。药饵虚狼藉，池塘作弃捐。所亲惊老瘦，烹鲤问沉绵。

凋瘵筵初秩，秋天昨夜凉。高斋依药饵，寿酒乐城隍。客则挂冠至，愁随舞曲长。周防期稍稍，衰老易悲伤。

诏许归蓬荜，山林引兴长。远鸥浮水静，巢燕得泥忙。永痛常病母，遂空所坐堂。吞声无复道，沉恸迫中肠。

十月清霜重，沉沉二竖婴。欢娱两冥莫，抚养甚分明。落日心犹壮,终身恨不平。亲朋尽一哭,天意薄浮生。

拭泪沾襟血,悲来望白云。无才逐仙隐,何路出尘氛。风送蛟龙匣,年衰鸳鹭群。当歌欲一放,朔雪夜纷纷。

生我不得力,微声及祸枢。劳心依憩息,削迹共艰虞。绝塞乌蛮北,归飞青海隅。翰林名有素,谁分哭穷途。

入邑豺狼斗,空村虎豹争。眼前列械杻,身上愧簪缨。朗鉴存愚直,终身荷圣情。路人纷雨泣,死别已吞声。

贝锦无停织,衔枚有荷戈。於菟侵客恨,魑魅喜人过。疑惑尊中弩,谁怜醉后歌。长怀报明主,亦恐岁蹉跎。

控带莽悠悠,慈颜望远游。义方兼有训,涕泗不能收。快马金缠辔,羌儿青兕裘。我行何到此,为客恐长休。

太后当朝肃,殊私再直庐。斗斜人更望,风榭柳微舒。旧物森犹在,新诗锦不如。荣光悬日月,重此忆吹嘘。

文彩承殊渥,潘舆送喜频。奋飞超等级,感激异天真。当代论才子,青云满后尘。恩荣同拜手,时过忆松筠。

夙历轩辕纪,东堂早见招。声华当健笔,沾洒望青霄。列国兵戈暗,卑宫制诏遥。圣图天广大,皆为扫氛妖。

内帛擎偏重,恩承雨露低。自天题处湿,归院柳边迷。高枕翻星月,春风入鼓鼙。侍臣谙入仗,展转屡鸣鸡。

迥继先父祖,美名光史臣。女长裁褐稳,兽锦夺袍新。赏从频峩冕,传经固绝伦。宁闻倚门夕,酒绿正相亲。

万里瞿唐峡,方期解缆初。宫臣仍点染,使节有吹嘘。边酒排金盏,寒江动碧虚。异才应间出,尽取意何如。

峡束沧江起,双崖壮此门。长风驾高浪,绝壁上朝暾。满目一凄恻,千岩自崩奔。山猿饮相唤,壮士敛精魂。

上有蔚蓝天,猕猴垒垒悬。歇鞍在地底,其室附层巅。摆阖盘涡沸,清羸任体孱。百年不敢料,奉使待张骞。

斜日当轩盖,西郊向草堂。文章开窔奥,祖席倍辉光。行色秋将晚,前贤命可伤。平生心已折,引古惜兴亡。

鲸力破沧溟,斯人尚典刑。幽燕通使者,南斗避文星。地僻昏炎瘴,风帆数驿亭。衰年关鬲冷,恩与荔支青。

冠冕通南极,慈颜拜北堂。倒衣还命驾,献寿更称觞。万里皇华使,三千弟子行。吹嘘人所羡,回首一茫茫。

白日移歌袖,烟霞障几重。舞阶衔寿酒,峨冕耿金钟。荆玉簪头冷,庭春入眼浓。夜阑更秉烛,褥隐绣芙蓉。

乌几伴栖迟,骐骥带好儿。老人他日爱,彩服暮春宜。白露团甘子,轻红擘荔支。病身虚俊味,尝稻雪翻匙。

冬暖更纤絺,天晴忽散丝。阴阳一错乱,软弱强扶持。黄落惊山树,花开满故枝。风过齐万弩,荷净纳凉时。

登坛名绝假,枪急万人呼。尚错雄鸣管,时忧卞泣诛。北风随爽气,碧海挂新图。圭窦三千士,初宵鼓大垆。

岁满归凫舄,文章敢自诬。清关尘不杂,永夜月同孤。择木知幽鸟,栖枝把翠梧。风期终破浪,浩荡报恩珠。

挂席穷海岛,鞍马去孤城。我后鬼长啸,忠臣气不平。艰难须上策,飘转任浮生。萧瑟论兵地,笳吟细柳营。

河汉腾烟柱,飘风争所操。余生如过鸟,碣石小秋毫。漂荡云天阔,悲怜子女号。往来杂坐卧,满眼送波涛。

路失羊肠险,魂飘结蜃楼。乾坤霾涨海,老病有孤舟。苦被微官缚,真成浪出游。何时一茅屋,满壁画瀛洲。

雪岸丛梅发,吴门兴杳然。辔齐兼秉烛,衣冷欲装棉。祖帐排舟数,金壶隐浪偏。他乡悦迟暮,不敢堕周旋。

坐对贤人酒,高随海上查。盍簪喧枥马,迎棹舞神鸦。蔼蔼花蕊乱,迟迟归路赊。亦知行不逮,失喜问京华。

欲整还乡旆,岩栖在百层。使尘来驿道,舟雪洒寒灯。药饵憎加减,艰难怀友朋。乞归优诏许,益破旅愁凝。

倏忽近二纪,不及祖父茔。圣朝新孝理,烨赫旧家声。松柏邙山路,云霞过客情。悲鸣泪至地,深觉负平生。

春日无人境,藏身方告劳。杂花分户映,乱石闭门高。径没从榛草,林栖见羽毛。平生飞动意,回首兴滔滔。自此以下初归及续作不复次第

游子久不至,菁华岁月迁。柴扉临野碓,土铿冷疏烟。自愧无虾菜,人来坐马鞯。四邻何所有,把酒意茫然。

农事闻人说,驰驱丧我真。远游长儿子,主守问家臣。霄汉瞻佳士,穷愁怪此辰。江清心可莹,耻饮洿池津。

摆落多藏秽,嫌疑陆贾装。喧卑方避俗,行止忆垂堂。寇盗狂歌外,柴门古道旁。信然龟触网,养拙更何乡。

懒计却区区,村花不扫除。清晨蒙菜把,邻舍与园蔬。勋业频看镜,荒芜已荷锄。儒衣山鸟怪,犹被赏时鱼。

幽独移佳境,鷦鷯在一枝。高峰寒上日,小水细通池。耕凿安时论,柴荆学土宜。不关轻绂冕,却怕有人知。

扶病垂朱绂,低头愧野人。本无轩冕意,直取性情真。忧我营茅栋,呼儿正葛巾。礼宽心有适,对酒满壶频。

农务村村急,渔舟个个轻。地卑荒野大,月是故乡明。暂往比邻去,常从漉酒生。百年浑得醉,收汝泪纵横。

鲁酒还多醉,张梨不外求。竹斋烧药灶,樵爨倚滩舟。用拙存吾道,长贫任妇愁。谁能更拘束,天地一沙鸥。

啅雀争枝坠,春鸥洗翅呼。微生沾忌刻,朗咏划昭苏。失学从儿懒,吟诗信杖扶。百年双白鬓,随意数花须。

置酒高林下,行歌泗水春。灌园曾取适,拖玉岂吾身。纱帽随鸥鸟,花溪得钓纶。寂寥相呴沫,事业暗相亲。

寂寂春将晚,传杯不放杯。风轻粉蝶喜,野静白鸥来。归楫生衣卧,柴扉扫径开。兼将老藤杖,衰意欲登台。

暗水流花径,春沙映竹村。天清风卷幔,楼静月侵门。幸近幽人屋,吾知拙养尊。素交零落尽,愁绝更谁论。

邻家送鱼鳖，旭日散鸡豚。病枕依茅栋，深居赖独园。美花多映竹，小径曲通村。生意甘衰白，我欢兼泪痕。

凉月白纷纷，晴天养片云。诗应有神助，喧已去人群。乱后嗟吾在，愁多任酒醺。晚酣留客舞，重与细论文。

竹杖交头拄，无人碧草芳。回风起清曙，驻屐近微香。挂壁移筐果，看题检药囊。治生且耕凿，毋乃太匆忙。

有儒愁饿死，寄食一家村。小市常争米，寒灯亦闭门。野鸦无意绪，篱雀暮喧繁。甘受杂乱聒，默伤垂老魂。

直作鸟窥笼，鸡栖草屋同。负暄候樵牧，拾穗许村童。农事空山里，经书满腹中。我仓戒滋蔓，勿替丈夫雄。

童仆来城市，回鞭急鸟栖。浮瓜供老病，瓮酱落提携。郁郁星辰剑，阴阴桃李蹊。诛茅初一亩，微分是醯鸡。

几道泉浇圃，连筒灌小园。沉沉春色静，闪闪浪花翻。有客过茅宇，从儿具绿尊。脆添生菜美，自足媚盘飧。

野客茅茨小，过眉拄杖斑。桑麻深雨露，星月动秋山。北斗三更席，平田百顷间。今年大作社，相劝酒开颜。

田父邀皆去，残尊席更移。饥寒奴仆贱，乐任主人为。槛束哀猿叫，丛卑春鸟疑。时闻有余论，吾道竟何之。

灯影照无睡，娟娟花蕊红。寒沙蒙薄雾，急雪舞回风。勋业青冥上，形骸痛饮中。击柝可怜子，清漏往时同。

颜状老翁为，梳头满面丝。养生终自惜，报主尔何迟。气得神仙回，惭纡德泽私。鼎湖龙去远，白首飒凄其。

鸰原荒宿草，为恨与年深。出守吾家侄，况经长别心。沉思欢会处，久放白头吟。南海青天外，家书抵万金。

誓欲随君去，追踪恨淼茫。夫人先即世，荡子不还乡。尘匣元开镜，寒花只暂香。飘零迷哭处，今我独凄凉。

兄弟分离苦，悠悠经十年。耳聋须画字，书枉满怀笺。系马林花动，侵篱涧水悬。今朝好晴景，归雁喜青天。

渐喜交游绝,柴荆莫浪开。吏人桥外少,令弟草中来。野径云俱黑,秋山响易哀。文章千古事,吾意独怜才。

散地逾高枕,余甘漱晚汀。云溪花淡淡,野水日泠泠。醉客沾鹦鹉,抛书示鹡鸰。蛟龙缠倚剑,谁定握青萍。

茅屋还堪赋,林莺遂不歌。把交惊小陆,对酒爱新鹅。秋觉追随尽,衰惭应接多。友于皆挺拔,风雨亦来过。

褊性合幽栖,全身学马蹄。汀烟轻冉冉,霜露晚凄凄。儿去看鱼笱,朋来有醉泥。嗣宗诸子侄,须汝故相携。

今日明人眼,高城烟雾开。自须过阮巷,何事有余哀。花杂重重树,愁征处处杯。旧谙疏懒叔,问我数能来。

反是生女好,少小爱文辞。邻舍烦书札,耕岩进奕棋。白头搔更短,红嘴漫多知。假日从时饮,江湖兴颇随。

童稚思诸子,平生意有余。应须饱经术,不可好楼居。诗是吾家事,门听长者车。老身须付托,兹理傥吹嘘。

隐者柴门内,狂歌托圣朝。古苔生窄地,野竹上青霄。禁掖朋从改,离魂去住销。为于耆旧内,还往莫辞遥。

访旧半为鬼,相逢皆老夫。生涯已寥落,甲子混泥涂。山雨尊仍在,秋风病欲苏。莫令胶漆地,意绪日荒芜。

今日潘怀悬,悲秋楚大夫。江湖漂裋褐,书信有柴胡。学贯天人际,功安造化垆。索居犹寂寞,得我色敷腴。

上客回空骑,溪风为飒然。野桥齐度马,森木乱鸣蝉。迹忝朝廷旧,来因孝友偏。草元吾岂敢,莫使众人传。

旧好肠堪断,来书细作行。自闻茅屋趣,怯见野亭荒。漂梗无安地,端忧问彼苍。看君用高义,抚事泪浪浪。

自有一山川,朱楼白水边。危沙折花当,倒石赖藤缠。竹日斜虚寝,蓬门启曙烟,此堂存古制,刻画竟谁传。

肃肃花絮晚,飕飕林响交。薄云岩际宿,青柳槛前梢。绿竹半含箨,粉黛亦解苞。绮楼高树顶,栈缺燕添巢。

青青高槐叶,化作长黄虬。落落群松直,龙吟回其头。低昂各有意,感动几销忧。客睡何曾著,萧萧梁栋秋。

秋水通沟洫,亭深到芰荷。霏红洲蕊乱,隐映野云多。花动朱楼雪,风含广岸波。玉尊移晚兴,君子意如何。

窅窕一林麓,论功超五丁。入天犹石色,接叶制茅亭。寒日外澹泊,洪河左滢潆。狎鸥轻白浪,相见眼终青。

孤嶂秦碑在,无村眺望赊。冻泉依细石,秋竹隐疏花。洗杓开新醖,倾壶就浅沙。翠屏宜晚对,有待至昏鸦。

湍驶风醒酒,鱼跳日映山。登临多物色,酩酊任扶还。一径野花落,重岩细菊斑。今秋天地在,飘泊损红颜。

魍魉移深树,蛟龙斗不开。清晨望高浪,昨夜有奔雷。满目飞明镜,冥心若死灰。文章差底病,天地划争回。

快意风雨会,翻令室倒悬。茅轩驾巨浪,累月断人烟。独鹤元依渚,群书满系船。扁舟吾已就,恣意买江天。

落尽高天日,连空岸脚青。野云低渡水,山鸟暮过庭。瓢饮唯三径,悲歌在一听。雨来沾席上,醉已遣沉冥。

行潦相蹙蹙,孤城最怨思。畏人成小筑,宿鸟择深枝。不爱入州府,其如有别离。畴能补天漏,排闷强裁诗。

乌鹊愁银汉,蜻蜓立钓丝。山虚风落石,草碧水通池。柔橹轻鸥外,长吟野望时。地偏相识尽,遣兴莫过诗。

徐步移斑杖,低头著小冠。清风为我起,独鸟怪人看。自益毛发古,所悲骨髓干。焉能辍两足,九万一朝抟。

雕刻初谁料,常持小斧柯。斯文亦吾病,与道气伤和。花妥莺捎蝶,风高湖涌波。师资谦未达,佳句法如何。

鹅费羲之墨,书偕褚薛能。美名人不及,崇重力难胜。藻翰惟牵率,炎天避郁蒸。箧中有旧笔,未敢缺缄縢。

且将棋度日,当暑著来清。岂异神仙宅,如知进退情。雷霆走精锐,黑白太分明。寂寞书斋里,深凭送此生。

归兴日萧萧，天涯正寂寥。寒鱼依密藻，雨燕集深条。浅把涓涓酒，还斟泛泛瓢。百年歌自苦，不用楚辞招。

贱子何人记，柴扉永不关。秋庭风落果，客舍雨连山。牢落乾坤大，逆行波浪悭。寒花隐乱草，衰飒正摧颜。

萤鉴缘帷彻，枝惊夜鹊栖。客愁连蟋蟀，水宿伴凫鹥。野鹘翻窥草，苍鹰饥啄泥。避喧甘猛虎，归马散霜蹄。

养拙蓬为户，端居茗续煎。凭谁给曲糵，不敢废诗篇。唤起搔头急，频游任履穿。暖汤濯我足，老困拨书眠。

各有稻粱谋，斯文去矣休。清晨饭其腹，一月不梳头。尘满莱芜甑，貂余季子裘。尽捻书籍卖，吾道付沧洲。

恐有无母雏，天寒鸧鸹呼。百年同弃物，绝倒为惊吁。流恸嗟何及，低垂气不苏。于时见疣赘，处处是穷途。

筋力交凋丧，疮痍无血流。年华纷已矣，衰谢不能休。近泪无干土，看山仰白头。望云悲辘轲，淅淅野风秋。

月挂客愁村，孤城早闭门。竹风连野色，草露滴秋根，眼复几时暗。啼垂旧血痕。鼎鱼犹假息，归老任乾坤。

二、散见之作

九日偕张瑞卿、熊舜卿太白楼登高作（楼后两院，前奉太白像，后为孙文节公祠）

姑孰乱后如穷乡，雉堞废尽余城隍。
青山白纻髡若赭，登高望远心苍凉。
请仙有楼乃在城北十里外，向者三面吞全江。
比年沙洲忽坌涌，只余西南一角杳霭浮风樯。
我因令节访形胜，羊求二友行相将。
黄山塔下得线路，萦纡浅渚穿回肠。
蹊穷港断人迹绝，乃见寺门豁露牛矶旁。

抠衣入门拜遗像,酡颜千载流芳香。
循廊下觅置酒地,三层杰阁凌风翔。
惜哉幂窗无片纸,不殊露坐倾壶觞。
楼前群儿拍手笑,惊呼聚散狃如獐。
鹑衣捕虱一道士,见客哀诉泣寒螀。
乃知居人不解作重九,斯举无乃开天荒。
忆昔笥河此高会,魁才上客洪与黄。
白袷登楼赋诗罢,嘉话一夕传江邦。
胜事敻绝不可继,兵戈十载纷蜩螗。
谁欤随槎丁此厄,吾宗大节辉旂常。
秣陵一棹不复返,碧血喷薄钟山冈。
生欢岂知偕李白,死祀宜副崇睢阳。
灵祠却礼楼后巡,河山壮矣游情伤。
吁嗟乎,抚今伤昔我涕滂,眼前局促多隘妨。
安得壮士摩白刃,万顷席卷葑云苍。
景纯赋中所有地,夙逋尽责句龙偿。
采石灿烂开江光,长烟一碧秋茫茫。
酒楼疆域既恢拓,矶头副架三间堂。
一堂专本李侯祀,岁时苾芬罗柳浆。
春秋多佳日,我辈来徜徉。
凭栏酣叫四顾渺无际,不使疏狂仲则地下神扬扬。
君不见,忠臣逸士自古无合传,慎莫挽歌丛里嬉戏调笙簧。

小阳种竹,连日天气暄暖,顿饶生趣,喜作数句

到官半载不种竹,拄腹花猪那免俗。
十月移根亦太忙,懒性由来专须速。
成行列植东墙下,天遣幽人慰空谷。
暖旭探支隔岁红,轻露不改前时绿。

墙外花塍未可删,森森翠影待春还。
黄茆白苇都遮画,净看东南一面山。

太平署戏台联

地当牛渚矶头,问谁铁板铜琶,高唱大江东去
人在龙山顶上,借尔清歌妙舞,快迎秋色西来

太平署清风亭联

茗香满泛桓公井
诗思平临谢朓山

附二:湖北纪程[①]

光绪十年二月廿七日(1884年3月24日) 奉上谕:派孙毓汶、乌拉布驰驿前往湖北查办事件,随带司员一并驰驿。钦此。

三月初二日(3月28日) 进内,呈递缮牌。赴军机处,领出交办事件。奉旨次日即当呈递缮牌,此次因莱山前辈赴西陵有差,故迟至是日。

初七日(4月2日) 恭折具奏随带司官四员:俱系刑部。陈星驯、讷钦、周景曾、王联璧。得旨,著照所请,该部知道。

十二日(4月7日) 请训,蒙召养心殿。谕以此行须认真办事,自己细心,不可专靠随员,并有破除情面,不要怕得罪人等语。跪聆之下,曷胜悚懔之至。

十五日庚寅(4月10日) 辰正刻,由家启行。至长辛店早尖。饭后,与莱翁谈许久,始行。晚宿良乡县皇华馆。县令杨君印谦柄,号子英,丙午举人,接于路。至馆,复来见。是日早,微雨。尖后,雨止。

十六日辛卯(4月11日) 卯刻,由良乡启行。窦店尖。晚宿涿州。州牧查如江至馆来拜会,谈许久。是日早,微阴。午后,晴,颇燥。寄第一号家信。

十七日壬辰(4月12日) 卯刻,由涿州公馆启行。高碑店尖,

---

① 《湖北纪程》,稿本,中国国家图书馆藏,编目署名为孙毓汶,实乃乌拉布所撰。光绪十年二月廿七日(1884年3月24日)至十二月初三日癸酉(1月18日),乌拉布与孙毓汶奉旨到湖北查办事件,该日记所录行程、事件多与孙毓汶相关,故附于此。

地属新城。县令姜晴川迓于途。至馆，复来谒。饭毕，行。申刻，至北河宿，地属定兴。县令严公晤于馆次，饮馔精洁。是日，晴，午后甚热。

十八日癸巳(4月13日)　寅刻，由北河启行。安肃县尖。晚宿保定府西关皇华馆。是日，嵇镇青、藩。柏峻峰、臬。奎景轩城尉。均在西关接官厅请圣安。至馆，复来拜，均未会。是日，晴。下午，风甚大。是日寄二号家信。

十九日甲午(4月14日)　辰刻，由保阳启行。藩、臬、守尉俱送至接官厅，茶话小坐，即行。尖于方顺桥，地属满城。晚宿于望都县公馆，县令司君印铭三，慎堂。辛酉同年，至馆来谒，谈甚久。是日，晴。下午，风。

廿日乙未(4月15日)　卯刻，由望都启行。定州尖。晚宿于新乐南关行店。此店即予壬午年赴川时行馆，旧游重来，不胜今昔之感。

廿一日丙申(4月16日)　辰刻，由新乐启行。出馆后，即遇沙河浮桥。予前岁过此沙河，涡急沙多，颇难过渡。今日轿行桥上，直康庄耳。是日发第三号信。

廿二日丁酉(4月17日)　辰刻，由正定启行。本拟尖于廿里堡，而正定以此站应尖于水河，归栾城预备。及行至水河，而栾城差人并未来到，不得已，姑借水河街上碱店小坐，命家人冲炒米食之。食间，栾令桂公和适至，神色惶恐。予与莱翁以好言解之，意始安。少顷，辞去。予亦旅行。晚宿栾城县。桂和系莲舫前辈之弟，都中旧雨也。

廿三日戊戌(4月18日)　辰刻，由栾城启行。微雨，行廿里余，雨始止。尖于赵州之大石桥。晚宿柏乡县。县令郭公会昌来接，并晤于馆次。河南武陟人，甲辰举人，谈甚鄙，似非百里才也。

廿四日己亥(4月19日)　辰刻，由柏乡启行。尖于内邱县。晚宿顺德府邢台县。自柏乡南行，麦苗甚好，民物亦有富庶之象，府城内街道铺户极多，与穷乡僻壤迥别。五家兄观石洲现署侍县，今去府卅余里。是日，遣人来馆致候。

廿五日庚子(4月20日) 卯刻，自顺德公馆启行。尖于永年县，属之临洺关。晚宿邯郸县，店极湫隘不堪，出京来第一坏站也。发四号信。

廿六日辛丑(4月21日) 辰刻，由邯郸启行。尖于磁州。尖后，渡漳河。宿丰乐镇，镇属安阳县，为河南第一站也。是日大风。

廿七日壬寅(4月22日) 卯刻，由丰乐镇启行。新德府早尖。府、县等官均迓于道旁。至馆，复来见。尖后，行至汤阴县岳庙茶尖，小坐。晚宿宜沟驿，地仍属汤阴。是日，早极凉，午后和暖。

廿八日癸卯(4月23日) 卯刻，由宜沟驿启行。淇县早尖。晚宿卫辉府。太守陈印桂芬迓于淇县郊外。至府馆，复来见。汲县府首县。贾联堂枕三。亦来谒，坐谈许久。客去，始饭。是日，大风。晚饭后，雷电交作，大雨倾盆。

廿九日甲辰(4月24日) 辰刻，由汲县启行。行廿余里，借村学茶尖，小坐即行。晚宿新乡县古鄘书院。是日，雨后行沙路上，幸免扬尘之苦。

四月初一日乙巳(4月25日) 辰刻，由新乡县打坐尖。启行，至小泉，茶尖，小坐即行。晚宿获嘉县之亢村驿。

初二日丙午(4月26日) 丑刻，由亢村打坐尖，启行。辰刻，抵黄河北岸上船。经两时许，渡到南岸。尖于荥泽县之草村店。晚宿郑州。发五号信。

初三日丁未(4月27日) 辰刻，由郑州启行，尖于郭店驿。晚宿新郑县。

初四日戊申(4月28日) 辰刻，由新郑县启行，尖于章德集，地属许州。晚宿许州试院。

初五日己酉(4月29日) 卯刻，由许州启行。大石桥茶尖，小坐即行。至临颍县早尖。晚宿郾城县。临颍以南，前数日均见透雨。

是日，每行田埂上，麦陇风来，时有饼饵香也。

初六日庚戌(4月30日)　卯刻，由郾城启行。尖于西平县。饭后，行至蔡寨茶尖。晚宿遂平。连日俱走大路，幸在雨后，尚不甚热。

初七日辛亥(5月1日)　辰刻，由遂平启行。至关庙街，忽见东北黑云骤起，继以狂风，亟命舆夫将轿舁至一小店内，少遁。俟风过始行，细雨霏霏，已溺道矣。尖于驻马店。饭后，冒雨行。晚宿确山县。

初八日壬子(5月2日)　雨终日不止，确山令留住，因未进发。

初九日癸丑(5月3日)　辰刻，由确山启行。关乡内道路泥泞难行，轿夫吃力之至。至郊外，每行麦田埂上，始敢放步。遥望远山一带，苍翠欲滴，风景殊佳。新安店早尖。晚宿明港驿，地属信阳。

初十日甲寅(5月4日)　辰刻，由明港启行。至常台关早尖。饭后，渡淮河。河水清浅，对岸远山如画，堤畔稻畦井井，饶有水乡风趣也。晚宿信阳州。州牧耆寿农印郁，都中旧雨耳。发六号信。

十一日乙卯(5月5日)　巳刻，由信阳启行。至彭家湾茶尖，小坐即行。晚宿李家寨。一路竹树阴森，岗峦起伏，较河北一带尘沙扑面，何啻霄壤。是日，湖北制军等官遣巡捕持帖迎至信阳。

十二日丙辰(5月6日)　辰刻，由李家寨启行。至东篁店早尖。晚宿广水，地属应山县。县令杨公钧昨已接至李寨，今又至馆来谒。

十三日丁巳(5月7日)　辰刻，由广水启行。至郭店早尖。晚宿小河，属孝感。

十四日戊午(5月8日)　辰刻，由小河启行。刘店早尖。晚宿杨店。出京时，本发癣疮。初，余至信阳，右脚掌忽又生疮，连日肿胀，痛不可忍。寻常所穿旧靴，亦莫能穿，□借莱翁大靴服之，始能履地。然一步一蹶，当须扶掖而行，其苦不可言状。

十五日己未(5月9日)　辰刻，由杨店打坐尖，启行。晚宿黄陂县署。夜半，风雨大作，终夜未得安眠。

十六日庚申(5月10日)　雨仍未止，吴令留住，因未进发。

十七日辛酉(5月11日) 辰刻，由黄陂启行。路多沿江，尚不甚滑。尖于滠口。晚宿汉口之万寿宫。发七号信，接第一号家信。

十八日壬戌(5月12日) 辰刻，渡江。制军等官均在皇华馆请圣安。礼毕，茶叙，小坐即行。至公馆，即贡院也。是日，卞督遣委员赍来案卷，共六包，银钗二支，收存。

十九日癸亥(5月13日) 看卷。接二号家信。

廿日甲子(5月14日) 前半日，看卷。午后，与莱翁谈，至夜分始散。

廿一日乙丑(5月15日) 午前，阅报到省。折。申刻，拜折。发折后，又到莱翁处，与随员谈许久，始各归家。发八号信。

廿二日丙寅(5月16日) 早饭后，听随员等讯供。是日，提尸子余锡五、仵作李炯祥、任福、伍友等。晚饭后，造莱翁寓，谈许久。夜有雨。午后，雨住，尚未开晴。是日，彭芍亭送来接到九江电报，云：湖北接宪前际，人心摇惑，事故纷更，大清国大皇帝大德民主，亟切愿两国借此相安，永敦和好，因即议立简明条约。再立详细条约。惬卸大清国全权大臣李，所有全权议定条款，胪列于后。第一款，中国南界毗连北圻，法国约明，无论遇何机会，并或有他人侵犯情事，均应保全助获。第二款，中国南界，既经法国与以实在凭据，不虞有侵犯滋扰之事，本国约明将所驻北圻防兵，即行调回边疆，并于法、越所有已定与未定各和约，皆置不理。第三款，彼国既惬中国和商之意，并敬李大臣力顾大局之诚，情愿不向中国索偿赔费，中国亦宜许以毗连越南北圻之边界，载有法、越与内地货物，听凭购销，并约明日后，遣其使臣议明详细商约，税则务须格外和里，期于法国商务极为有益。第四款，法国约明与越南议改条约之内，决不插入伤碍中国威望体面字样，并将以前与越南所立各条约关涉东京者尽行销废。第五款，此约既经彼此签押，两国定派全权大臣，限三月后，类照以上所定各节会议详细条款，将和约缮写中、法文各两分，在天津签押盖印，各执一分为据。按公法通例，以法文为正。宣呈四月廿日寅初三刻九江电报局接天津来报抄呈。照此报,则和议已成。惟其中尚有不可解之字,不知作何隐语。

廿三日丁卯(5月17日) 晨起。终日雨。广缉未止,听随员等讯供。今日又添传伙夫梅天兴、张奎,脚夫汪猫子,局书雷大礼等名。午后,起牙牌,课得"鹍鹏将图南"之占,或于归期有关合耶?晚饭后,与莱翁谈,竟夕。夜,忽起大风。

廿四日戊辰(5月18日) 早饭后,听随员讯供。今日又添传医生王本俊等。晚饭后,随员过谈,莱翁亦在坐,灯下阅连日所讯草供,其中言哤语杂,尚无真正头绪。是日,雨后甚凉,服重纬尚不觉热。

廿五日己巳(5月19日) 辰刻,接奉廷寄一道,有续查事件,当与莱翁商办覆奏。接谕日期并咨到各处文官。莱翁走后,始饭。散堂后,到莱翁处谈,随员亦在坐。归后,始饭,时已子初矣。

廿六日庚午(5月20日) 晨起,江夏令罗公馈鲥鱼。早饭,命庖人蒸,食之,鲜美而肥,甚觉适口。连日堂讯,无实供。午后起牙课,有占得"括囊浑不语,知津还是问津人"之白,又课得"守株待兔有时获,缘木求鱼何处来"之占,似于此事颇有关合,臆度之,亦似得其所招,然未知究竟验否。晚,雅农过谈,竟夕。

廿七日辛未(5月21日) 晨起,藩司过谈,有交查事件。走后始饭。随员于五点时候返堂,同到莱翁处包封奏折。封毕,回家晚饭。连日讯,无真供,势不得不少示以威,然徽扑之声,呼号之惨,终日聒耳,令人不愿闻,抑真不忍闻矣。是日,午后微雨。

廿八日壬申(5月22日) 晨起,拜折。发折后,同莱翁回家早饭。饭后,纵谈至上灯时,莱翁始回家。是日,察证刘德钧、雷大礼,俱漏泄其光矣。

廿九日癸酉(5月23日) 晨起,过莱翁处谈。饭后,始归。从莱翁借得《集杜联语》一本。午后无事,间作钞胥,聊以破寂云尔。晚饭后,随员过谈,莱翁亦在坐,至更深,始各散去。

三十日甲戌(5月24日) 晨起,莱翁来商及覆检一节。敝意仍以少迟,俟讯有端倪,再检为安。莱翁走后,始饭。下午,随员及莱翁又来,仍拟早检,于是商办一切札文。晚,与莱翁共饭。

五月初一日乙亥(5月25日) 晨起,阅三县供章。饭后,写家信。晚,随员来谈现审案情,莱翁亦在坐。

初二日丙子(5月26日) 晨起,发家信。饭后,过莱处少坐。晚,随员来谈。拟发检验札文,大约定于初七八日开检。发九号家信。

初三日丁丑(5月27日) 饭后,莱翁来谈,至上灯时始去。是日,接到藩道膏盐厘课清单覆章。此续交查案问事也。

初四日戊寅(5月28日) 晨起,江夏罗令来,言尸场现已备妥,仵作所用各件亦均备齐,请定检期。饭后,过莱翁处谈。下午,接奉廷谕,俟湖北事竣后,前往安徽省查办事件。晚,与莱翁回家共饭。饭后,随员来谈许久。

初五日己卯(5月29日) 饭后,写家书,寄家兄处。下午,莱翁暨随员过谈,并询由京带来之仵作荀义,谈前渠所验过伤毒之说,以备初七日开检也。

初六日庚辰(5月30日) 饭后,过随员处,谈许久。归后,莱翁来谈。去后,始饭。莱翁约定明日卯刻赴尸场开检。是日,接吉字三号来信。

初七日辛巳(5月31日) 卯刻,赴尸场开检。是日,本省督抚、司道各员均在坐,眼同检验。据仵作荀义唱报,顶心血瘀,实系应伤。尸子等均取具切实甘结,本省大吏亦均无异言。归时,已交亥正。沿途投递呈词者甚多,半多无关紧要之事,于此见楚人之好讼矣。

初八日壬午(6月1日) 晨起,过莱翁处谈。归后,始饭。午后,作回书。是日,四随员坐堂讯供,究未能问出确据。晚饭后,封信,拟明日发交。

初九日癸未(6月2日) 晨起,发家信。饭后,拟到莱翁处一谈,因堂上有人,未便过往。迷闷无聊之至。晚,随员过谈,莱翁亦在坐。是日,发十号家书。

初十日甲申(6 月 3 日) 晨起,微雨。午后,委青盐洪委员来见。莱翁因亦过谈。洪走后,饭,十点钟始散。

十一日乙酉(6 月 4 日) 晨起,过莱翁处。因饭等,至晚始归。

十二日丙戌(6 月 5 日) 晨起,司道蒯式来见,有商办之件。因会于莱翁处,去后始饭。晚,约随员过谈,莱翁亦在坐。是日亥正后,接到报到省回折:奉旨知道了。钦此。

十三日丁亥(6 月 6 日) 晨起,随员已上堂。饭后,听随员讯供,犯、证人等情词狡展,未得确据。晚饭前,莱翁来,少谈即去,盖恐迟则随员上堂,不得作片帆飞渡也。

十四日戊子(6 月 7 日) 晨起,随员已上堂。饭后,莱翁过谈,因连日讯无确供,莱翁颇作退步想。余力劝其此事断无中立之势,既已检验有伤,我们只得凭伤讯鞫,现虽众供狡展,细心研求,久之自有端倪矣。莱翁亦深然之。晚饭,陈、周来谈。深咎莱翁之议。

十五日己丑(6 月 8 日) 晨起,陈雅农过谈,惭忿牢骚,颇不可耐。余力劝其努力作去,自有头绪。始转怒为喜,欣然而去。下午,过莱翁处谈,有商办要件。饭后,始归。是日,接四、五号家报。

十六日庚寅(6 月 9 日) 晨起,发家书。饭后,过莱翁谈。饭后,始归。发十一号信。

十七日辛卯(6 月 10 日) 巳刻,江夏令来见,有商委之件。饭后,过莱翁处阅折,奏报开检,并续接廷寄日期,当交李供事包好,预备明日辰刻拜发也。

十八日壬辰(6 月 11 日) 辰刻,拜折。发后,莱翁过谈。走后,始饭。午,写家书,因前日所发之信尚有未尽之言也。

十九日癸巳(6 月 12 日) 晨起,莱翁因留共饭。午后,江夏令来,有面奉之件。是日,热甚。晚饭后,微有凉风。睡时,风止,愈热。

廿日甲午(6 月 13 日) 晨起,随员已上堂。饭后,过莱翁处谈,少顷即回。晚饭后,莱翁过谈,随员亦在坐。至更深,始各散去。连日诸公讯无确供,大有难色,不知将来当作何结局也。

廿一日乙未(6月14日) 晨起,讷子襄来谈。饭后,过莱翁处,下午始回。晚饭后,莱翁来谈,随员亦来。始知今日犯供少有活动,不日可以奏功也。是日,接阅申报,余已于本月十五日蒙恩补授工部右侍郎,兼管钱法堂事务。曷胜感激,悚惶之至。

廿二日丙申(6月15日) 辰刻,又接廷寄一道。差俟湖北事竣后,前往江西省应查事件。午前,莱翁来贺,因留共饭。午后,过莱翁处谢步。晚,约讷子襄来谈,至更深始去。是日,发十二号家信。

廿三日丁酉(6月16日) 晨起,莱翁过谈。饭后,随员亦来,因言连日讯供尚无确据。

廿四日戊戌(6月17日) 巳刻,司道来见,有商办之事,莱翁亦在坐。客去,始饭。饭后,亲提梅天兴、张奎讯,其大概供词,狡展可恶。

廿五日己亥(6月18日) 晨起,到随员处谢步。饭后,莱翁来,同提案证刘德钧、雷大礼讯问,仍无确供。

廿六日庚子(6月19日) 晨起,莱翁过谈,因留共饭。饭后,提余锡五、王本俊讯供,据王医生供,是日到局,余已死,并未看病。问其何以致死,则坚称实不知情。此供虽有未尽之辞,然已得其大概矣。

廿七日辛丑(6月20日) 晨起,莱翁过谈。饭后,提伙夫梅天兴亲讯,始供当日并无拣药灌药之事。至余死果系因伤、因病,尚无一定确供。是日,随员提讯,案内要证等均供出余死实因与干、王口角,被殴身死。至夜四点时,复提干瑞堂研问。

廿八日壬寅(6月21日) 晨起,莱翁来谈,因留共饭。饭后,作家书。是日,干、王均有口供,实系因殴致死,草供单均已画押。

廿九日癸卯(6月22日) 晨起,莱翁过谈,颇有欣喜之色。饭后微雨,天气凉爽。是日,发十三号家信。

闰五月初一日甲辰(6月23日) 晨起,陈、周来谈,据云:昨夜干、王已应殴打,日内当再加研鞫,令其逐细供招,不日可奏大概情形矣。饭后,过莱翁处谈。晚饭后,细阅尸奏原稿,盖无一语蹈虚云。

初二日乙巳(6月24日)　饭后,过莱翁处,会武汉各学教官为商办学政院费。走后,又与莱翁谈许久。是日,接奉补授侍郎部文。

初三日丙午(6月25日)　晨起,罗令来会,有应询之件,莱翁亦在坐。去后,始饭。晚,复至莱翁处谈。是日,接六、七号家信。

初四日丁未(6月26日)　晨起,随员来谈,莱翁旋至。饭后,督署编译德海笔政来会,令渠代备满谢恩折。去后,与莱翁亲提各要犯证,逐一研讯。是日,干、王均画细供。晚饭后,作家书。

初五日戊申(6月27日)　午后,随员来谈,莱翁亦在坐。晚饭后,又过莱翁处。

初六日己酉(6月28日)　午后,过莱翁处谈。次,适接彭抚来函,内有由京寄来电报,始知余于本月初二日又蒙恩辅补工部左侍郎矣。

初七日庚戌(6月29日)　午后,过莱翁处谈。晚饭前,始归。是日,郧阳一府三县俱呈递亲供谢革令,仍前狡执,实属可恶。

初八日辛亥(6月30日)　晨起,莱翁来谈,共饭。饭后,江夏令来会,有面询之事。晚饭后,复到莱翁处商办覆奏折件。是日,发十四号家信。

初九日壬子(7月1日)　晨起,过莱翁处谈。饭后,接奉上月十八日所奏回折:奉旨,即着该侍郎等严行审讯,务得确情,以成信谳,钦此。是日,雅农所拟大概情形奏底业已脱稿,尚有应删改之处。晚饭后,复至莱翁处商定一切,大约明午后便可付钞矣。

初十日癸丑(7月2日)　午后,随员来谈,议定奏稿,雅农诸人意见每与莱翁不合,余力为解劝,并商定明日未刻提众犯证过堂定案。

十一日甲寅(7月3日)　饭后,提诸犯证亲讯,均无异词,因并令画供。晚饭后,到莱翁处,商定学院费,并膏盐各折稿。

十二日乙卯(7月4日)　晨起,编译官德公来会,送满谢折,谈许久,始去。饭后,过莱翁处,商发江西赣南道处札文一件。

十三日丙辰(7月5日) 晨起，过莱翁处阅折。饭后，命供事包封。酉刻，拜发。晚，随员来谈，商赴江西事宜，莱翁亦在坐。

十四日丁巳(7月6日) 晨起，到莱翁处，商办行文江西，并札知九江道预备公馆。午后，罗令来会，嘱备船只，以便驶到九江。晚饭后，作家书。

十五日戊午(7月7日) 晨起，莱翁过谈。饭后，雅农来，将所拟奏结折稿呈阅，大致清妥，无甚删易处。阅毕，送交莱翁。

十六日己未(7月8日) 晨起，至莱翁，商定奏稿。午后，雅农来谈，以见证内有雷大礼者，未宜遽科以徙也。是日，发十五号家信。

十七日庚申(7月9日) 晨起，约雅农来，有商办之件。午后，莱翁来谈，并约王星瑞来，将奏稿内所拟各罪名处分详加考核，以便明日缮写也。

十八日辛酉(7月10日) 午后，过莱翁处谈。热甚，旋归。晚，愈热，终夜不得寐。

十九日壬戌(7月11日) 午后，来谈，莱翁亦在坐。日落时，始各散去。是日，天热愈甚。

二十日癸亥(7月12日) 辰刻，江夏令来会，有商办之件。午后，阅折。晚饭后，灯下书楹联廿余对，皆辞不获已者也。

廿一日甲子(7月13日) 辰刻，看供事包封奏折。未刻，拜发。莱翁同来商定廿四日一准起身赴江西矣。

廿二日乙丑(7月14日) 晨起，过莱翁处谈。因是日有轮船之便，拟遣仵作先行赴京也。是日，发十六号家报。

廿三日丙寅(7月15日) 晨起，命家人收拾行李。午后，发交船上。巡捕回报船只均已备妥。余与莱翁俱坐满江红，用轮船拖带也。

廿四日丁卯(7月16日) 晨起，省城各官均来送行，均未会。午刻，起身，至皇华馆，督抚等寄请圣安。礼成，即行至江干祭神，行三献三叩。礼毕，即上船。乘风破浪，其快可知。晚，泊齐济江黄州属。地方,行百四十余里。是日,接八、九、十号家信,发十七、八号家报。

廿五日戊辰(7月17日) 寅刻启行。申刻,至九江镇,计行三百六十余里。九江镇米淮森、道洪绪、县童时宣,俱迎至镇口。旋即上岸,乘肩舆赴公馆,馆即学署。至馆,镇、道复来拜会,俱见。

廿六日己巳(7月18日) 晨起,大雨如注。午后,始止。前在湖北行文江省,提取藩、臬各卷宗,并已解到,即与莱翁分阅。拟阅毕,即交随员等详核也。饭后,写家书。

廿七日庚午(7月19日) 晨起,复阅卷。午后,阅毕,发交随员。是日,发十九号信。

廿八日辛未(7月20日) 午后,随员来谈,商提补催各卷案。

廿九日壬申(7月21日) 晨起,过莱翁处谈,商检应抄各卷,交书手抄写。午后,莱翁又来谈,晚与共饭。

六月初一日癸酉(7月22日) 晨起,九江道来拜会,有面询之件。午后,接到前行赣南道回文一件,大略与两司所覆各章不甚相悬也。

初二日甲戌(7月23日) 晨起,过莱翁处商办覆折,并拟行各省城催抚台应覆各件。午后,随员来谈。

初三日乙亥(7月24日) 晨起,大雨如注。午后,愈甚。至晚,仍不止。据巡捕云:去得廿里许,有通远驿,水深灭顶,连日文报不通,恐前咨查江抚各件,一时不能登覆也。奈何奈何。

初四日丙子(7月25日) 午后,江抚委员送到公文一函,并抄折各件。余与莱翁阅毕,当即商定奏折。晚,交随员誊清,明日便可(膳)[缮]写。

初五日丁丑(7月26日) 午后,饬巡捕、知州、江道预备船只,以便拜折后驰赴安徽查办。奏结折件定于初七日拜发。

初六日戊寅(7月27日) 午后,阅折。阅毕,即命供事包封,以便明日拜发。

初七日己卯(7月28日) 巳刻,拜折。午后,命家人收拾行李。

九江道洪绪、府□嘉布、德化县童时宣拜会送行。是日，发第廿号信。

初八日庚辰(7月29日) 辰刻，由九江引辕启行。至江干，镇、道均寄请圣安。礼毕，余与莱翁祭江神，行三叩礼毕，即登船。甫上船，接到前在湖北所奏郧案大概情形，并学政、膏盐，并余谢折等件回批。另外，又有廷寄一道，命查有人奏参江抚各款。当即与莱翁商议，初七日所发折业已奏明驰往安徽，现在确难转到江省，拟俟安事完后，再赴江省查办续交之件。随员旋亦过船共议，亦均以为然。遂命开船，前赴安徽省城。酉刻，抵黄石矶，怀宁属。

初九日辛巳(7月30日) 辰刻，抵安省，藩、臬、道、府、县俱接，拜会于船次，请下船，就公馆，余与莱山力辞之。午后，报到，封折，拟明辰拜发。晚，写家书。

初十日壬午(7月31日) 辰刻，拜折，奏案设在英果敏公祠。藩、司来见，会于船次。午后，随员过谈，有商办之件。是日，发廿一号家信。

十一日癸未(8月1日) 晨起，藩、臬来会。族叔彬质臣因催塔饷在皖，知余适到，过谈，甚畅。晚饭后，接奉郧案回折，并有续奉廷寄一道，为寿州知州沈庆立事一并查办。因复约藩司来商一切。

十二日甲申(8月2日) 晨起，莱翁过谈。藩、司旋送到覆章各件，因与莱翁共阅，即拟覆奏各折。

十三日乙酉(8月3日) 晨起，将昨拟折片各稿交随员缮写。午后，送阅。与莱翁商定明日申刻拜折，十五日辰刻起程。是日，接十三号家信。

十四日丙戌(8月4日) 晨起，封折。申刻，拜发。发折后，入城拜客。酉刻，回船，适新任臬司张芝浦到省来拜，会晤于船次，畅谈甚快。晚饭后，质臣家叔来谈，更深始去。是日，接十一、二号家信，发廿二号家报。

十五日丁亥(8月5日) 卯刻，由安省启行，仍坐满江红船，用轮船。藩、臬各官来送，俱未见。定海轮船行不甚驶，戌刻，始抵湖口,行二百八十里。

十六日戊子(8月6日)　卯刻,由湖口启行。连日东北风,船行甚驶。酉刻,至仓邑,地属新建,去省城百廿里。明午便可到省。是日,行二百四十里。

十七日己丑(8月7日)　卯刻,由仓邑启行。午后,抵江省,抚、司、道各官均迎至岸,会于接官厅。茶坐小叙,即至公馆。馆即贡院,屋宇尚宽阔。

十八日庚寅(8月8日)　辰刻,两司来会,谈许久。饭后,过随员处小坐。

十九日辛卯(8月9日)　辰刻,两司来会,谈许久。饭后,抚院送来应查各文件,计手折七分。是日,发廿三号家信。

廿日壬辰(8月10日)　辰刻,两司来会,有面谈之件。两道亦来,均见。粮道嵩言农谈潘务甚详,意以催欠为能,颇有自命不凡之概。

廿一日癸巳(8月11日)　晨起,首、府、县来会。据奉原参劣幕高隆谦现虽出省,其家属尚在省城居住,饬其赶紧逐出境外,未便任其逗遛。

廿二日甲午(8月12日)　辰刻,续奉寄谕一道,有交查广信府事件。午后,请藩、臬来辕问话。是日,接十四号信。

廿三日乙未(8月13日)　发札。两司派员来辕,差往广信文一封。

廿四日丙申(8月14日)　辰刻,两司会委候补府王凤池来辕。候委会谈许久,人极谙练有识。并有候补县随员二人,拟明日启行赴广。是日,发廿四号家信。是日,接十五号家信。

廿五日丁酉(8月15日)　晨起,两司来会。午后,随员过谈许久。

廿六日戊戌(8月16日)　是日,恭值万寿圣节。寅刻,率随员等谨设奏案,行礼。礼毕,天尚未明,复小睡。始起。连日皆雨,至午新晴,风甚凉爽。是日,发廿五号回章。

廿七日己亥(8月17日)　晨起,两首县来会,催其赶紧转送两司,将所查各件即日□送前来,以凭核办。晚,司详文来言调省各员连日均已陆续报到,并办上饶捐簿一箱。

廿八日庚子(8月18日)　晨起,两司来会,谈许久。午,约随员来谈。

廿九日辛丑(8月19日)　辰刻,上堂。提调省各员来辕问话。见后,令其下堂,各具亲供,三日内呈递。

三十日壬寅(8月20日)　晨起,雨。首县来会,将昨日各员所具亲供送到呈阅。午后,随员来,有商办之件。是日,接十六号家信。

七月初一日癸卯(8月21日)　晨起,两司来会,有商办之件,并会详办理丁□章程。

初二日甲辰(8月22日)　晨起,两首县来会,并送至庆云厅具亲供。午后,随员来谈。讷子襄感冒,拟请官药局医生来诊视。

初三日乙巳(8月23日)　晨起,首府来会,两司旋亦来会。是日,发廿六号家信。

初四日丙午(8月24日)　饭后,随员来谈,并商拟所接呈章各批。

初五日丁未(8月25日)　晨起,两司、首县来会。午后,传候补道贺元彬来辕问话,为新喻殴官案内事也。

初六日戊申(8月26日)　晨起,随员来谈,并商提革员杨观成过堂,佥谓可以少缓云。是日,接十七号家信。

初七日己酉(8月27日)　晨起,写家书。午后,拟批连日所接呈词。

初八日庚戌(8月28日)　晨起,两司来会。午后,接阅沪局来电,云:初四日厦门开仗,(德)[法]将孤拔被炮打死。阅之,曷胜欣庆。是日,接十八号家信。

初九日辛亥(8月29日)　晨起,两司送到广信府各卷共二十六宗。午后,检阅府卷,罚款甚多,旋知弹章之实出有因也。发廿七号信。

初十日壬子(8月30日) 晨起,两司来会。午后,写家书。

十一日癸丑(8月31日) 晨起,与莱翁商办奏折。午后,又谈许久,并阅看原参各片。是日,发廿八号家信,接十九号家信。

十二日甲寅(9月1日) 晨起,委员王守凤池由广信提案回省章见,谈许久。午后,查阅案卷。

十三日乙卯(9月2日) 晨起,与莱翁商办折稿。午后,随员来谈,并商拟续交事件折底。是日,发廿九号家信。

十四日丙辰(9月3日) 晨起,随员来谈。午后,将折稿发交随员缮清。

十五日丁巳(9月4日) 晨起,两首县来见,属其往安庆发电信,要定海、安澜、铁皮三轮船,即日来江预备。

十六日戊午(9月5日) 晨起,传董守过堂,将原参各款开具清单,令其逐件尽复。午后,随员提问董守家丁。

十七日己未(9月6日) 晨起,与莱翁谈及正折内尚有应添入各节,当请随员来商。午后,接安徽查办知州沈庆立来文一件。是日,接廿号家信。

十八日庚申(9月7日) 晨起,董守呈递亲供。午后,随员来谈。

十九日辛酉(9月8日) 午后,随员王将正折缮毕,呈阅,与莱翁对折。

廿日壬戌(9月9日) 晨起,两县来见,属其速发传。拟定于廿四日启行。午后,随员来谈,并呈拟定续查奏结折稿。是日,发卅号家信。

廿一日癸亥(9月10日) 午后,收拾发还藩、臬、司各案卷,并命家人等检点行李。晚,作家书。

廿二日甲子(9月11日) 午后,随员将续查奏折缮呈,与莱翁核对。

廿三日乙丑(9月12日) 晨起,两司、首府、县均来拜会,谈许久。午后,同随员等监视供事封折,定于明午拜发。是日,发卅一号家信。

廿四日丙寅(9月13日) 晨起,差巡捕持帖到抚、司、道各处辞行。未刻,拜折。发折后,赶紧启行。至接官厅,抚、司、道等俱跪请圣安。礼毕,小坐即行。至渡口上船。因有小雨,开至离城十里之牛坊停泊。

廿五日丁卯(9月14日) 晨起,雨止,而北风作,船不易行。午后,至王家坡停泊。

廿六日戊辰(9月15日) 风犹昨,因未开船。

廿七日己巳(9月16日) 风并西北,船仍不易行,用炮船拖带,仅行数十里,至樵舍停泊。计离省四日,只行六十余里,未免令人焦急。

廿八日庚午(9月17日) 晨起,风势少息,即命舟人开船。申刻,至吴城镇,计行一百廿里。抵镇,知问津轮船已到,明日即可用之拖带矣。

廿九日辛未(9月18日) 卯刻,由吴城开船,用问津拖带,仍是顶风。开轮后,少觉颠簸。过南康,则风平浪静。申刻,抵湖口。

八月初一日壬申(9月19日) 辰刻,由湖口开船。申刻,抵黄石矶停泊。是日,发卅二号家信。

初二日癸酉(9月20日) 卯刻,由黄石矶开船。申刻,抵大通停泊。是日,开船时风大。午后,少息。抵大通时,已风平浪静矣。本可顺流驶下,而莱翁意欲迟了,余亦未便勉强促之进发也。

初三日甲戌(9月21日) 辰刻,由大通开船。午刻,抵黄鱼峡,因风大,遂停泊焉。

初四日乙亥(9月22日) 卯刻,由黄鱼峡开船,过荻港,遇常平轮船自下游驶上,因将随员及供事坐船解下,令其代拖。问津轮船只拖余与莱翁坐船二只,行少快。未刻,至芜湖停泊。连日皆是顶风,今日尤甚,抵泊头许久,随员等船犹未至,因遣南京来接之江安轮船往接,至十点钟时仍未见到,不知何故。

初五日丙子(9月23日) 众随员不至。午后,杨石帅由清江赴闽,道经芜湖,过船拜会,谈许久。余与莱翁旋即回拜。至下午,随员始到,因未开船。昨日解缆后,风愈大,常平轮船拖带随员等坐船三只,颇觉吃力,故迟至今日下午始到。据随员云:此日情状甚险。

初六日丁丑(9月24日) 卯刻,开船,风渐息。酉刻,抵瓜州,共行三百六十里。自出江西省后,行船之快,无有过于今日者。

初七日戊寅(9月25日) 辰刻,开船。至扬州城北少停。酉刻,抵露筋祠停泊。

初八日己卯(9月26日) 辰刻,开船。至清水潭,水浅,江安轮船不能拖带,不得已,解去,令其先行回省。乃用济川、常平两轮船分带。至酉刻,抵汜水停泊。

初九日庚辰(9月27日) 卯刻,开船,风颇顺。酉刻,抵浦。署潘督、清河县俱来见。

初十日辛巳(9月28日) 晨起,署潘督孙文起来拜。是日,发卅三号信。

十一日壬午(9月29日) 命家人收拾行李上车,定于明晨启行。

十二日癸未(9月30日) 辰刻,启行。署潘督孙等跪请圣安。礼毕,即行。午刻,至渔沟镇,早尖。三十里。晚,宿众兴集,四十里。属桃源县。县令龚之格来见,议论风生,的是能言。

十三日甲申(10月1日) 卯刻,启行。至仰花集,早尖五十里。尖后,微雨,泥路不甚易行,因坐太平车冒雨进发。酉刻,至顺河集六十里,雨已大。至夜半,行李车未到,司员亦未到齐。

十四日乙酉(10月2日) 巳刻,行李车始到。午后,启行。酉刻,至峒峿宿焉六十里。

十五日丙戌(10月3日) 辰刻,启行。未初刻,抵红花埠,因有小雨,遂宿于此。

十六日丁亥(10月4日) 晨起,雨仍不止,因有行文江西、安徽两省事件,饬供事赶紧办理,遂未启行。

十七日戊子(10月5日) 卯刻,由红花埠启行。午刻,至郯城十里铺打尖。五十里。晚宿李家庄。六十里。是夜,子正后接到廷寄一道,命往河南,有应查事件。当与莱翁商定一切,至天明始寝。

十八日己丑(10月6日) 晨起,随员过谈。午后,饬供事办理应行各处文件,并札开封府预备公馆。是日,发卅四号家信。

十九日庚寅(10月7日) 晨起,包封覆奏折件。未刻,拜发。随员陈雅农,系河南人,应行回避。与莱翁议定,先饬伊回京销差。

廿日辛卯(10月8日) 辰刻,启行。折回郯城十里堡,微雨,泥路难行,因宿于此。是日,发卅五号家信。

廿一日壬辰(10月9日) 卯刻,启行,雨息而路不易行。未刻,抵红花埠宿焉。

廿二日癸巳(10月10日) 卯刻,启行。一路每沿沙堤行,尚不甚滑。未刻,至峒峿驿,舆夫力竭,不能再行,遂宿于此。

廿三日甲午(10月11日) 卯刻,启行,雨仍不止。晚宿宿迁县。

廿四日乙未(10月12日) 卯刻,启行。皂河尖。晚宿邳州,借火房为公馆,屋极宽大,而黑暗异常,不啻地狱。行役之苦,可胜言哉。

廿五日丙申(10月13日) 卯刻,启行。巳初,行至石碑,地属睢宁县,而该县并无预备,不得已在村厅小憩。晚宿双沟,地属铜山县。

廿六日丁酉(10月14日) 卯刻,启行。尖于张家集。晚宿徐州府。自十五日阴雨,至今日始晴,一路御风而行,颇快心目。

廿七日戊戌(10月15日) 卯刻,启行。尖于何家寨。晚宿何家集属萧县。

廿八日己亥(10月16日)　卯刻,启行。尖于黄家口。晚宿砀山县。

廿九日庚子(10月17日)　卯刻,启行。尖于小阳集。晚宿马木集。属商邱县。

卅日辛丑(10月18日)　辰刻,启行。午正,至归德府,因候随员许久始到,遂宿于此。夜半,奉到回折,并有续交廷寄一道。

九月初一日壬寅(10月19日)　卯刻,启行。尖于宁陵县。晚宿睢州。

初二日癸卯(10月20日)　卯刻,启行,尖于皇乡堡。晚宿杞县,汴省巡捕持藩、臬函本来接。询知从宣中丞阅边,尚未回省。首府鞠捷昌接至县东十里,到馆,复来会晤。

初三日甲辰(10月21日)　寅刻,启行。尖于陈留县。申刻,抵省。河督、中丞等官均迓于接官厅。小坐,即至公馆。馆在通半街,周氏旧宅。

初四日乙巳(10月22日)　晨起,两司来拜,会谈一切。午后,与莱翁商拟札稿。

初五日丙午(10月23日)　晨起,河督成来拜,会谈许久。北道许仙屏亦来,谈及河工,侃侃而言,颇爽直可喜。是日,发卅六号家信。接廿一二三号来信,是由江西拨回之件。

初六日丁未(10月24日)　晨起,两司来会,首府亦来晤,谈许久。

初七日戊申(10月25日)　晨起,首府来会,谈许久。是日,接廿五号家信,发卅七号家信。

初八日己酉(10月26日)　晨起,两司来会,首府、县亦来。是日,补发卅八号家信。

初九日庚戌(10月27日)　晨起,两司送到抚卷数宗。午后,评阅。

初十日辛亥(10月28日) 晨起,阅卷。饭时,阅毕。午后,读东坡先生小品文集,欣然有得,到睡时,犹不忍释卷。

十一日壬子(10月29日) 晨起,首府、县来会。

十二日癸丑(10月30日) 晨起,莱翁来谈。午后,看苏集。

十三日甲寅(10月31日) 晨起,首府、臬司来会。午后,两司汇送公文一封。

十四日乙卯(11月1日) 午后,莱翁来谈。是日,发卅八号家信。

十五日丙辰(11月2日) 晨起,两司、北道来会,谈许久。据陈署臬所查,各件明日可以奉覆。

十六日丁巳(11月3日) 午后,首府来会,据云臬奉当未办齐,明日可覆。是日,接廿六号家信,并廿四号信,由江西转来。

十七日戊午(11月4日) 晨起,藩司来谈。因河工事,大有不满南道之意。

十八日己未(11月5日) 午后,臬司送来公文一件,盖催之已第三次矣。

十九日庚申(11月6日) 晨起,与莱翁商定奏稿。午后,藩司来会。

二十日辛酉(11月7日) 晨起,河督送咨文一件。午后,前件稿定,交随员缮写。是日,接廿七号家信。

廿一日壬戌(11月8日) 晨起,河督来会。午后,署藩来。是日,发卅九号家信。

廿二日癸亥(11月9日) 午后,至莱翁处商办河工奏稿。

廿三日甲子(11月10日) 午后,河工稿成,交供事缮写。前折已缮就,与莱翁校对。

廿四日乙丑(11月11日) 晨起,封折。预备明日午后拜发。

廿五日丙寅(11月12日) 午后,拜折,发折,清理信件。

廿六日丁卯(11月13日) 晨起,饬家人收拾行李。晚,戌刻,又奉廷寄一道,交查汝宁教丞一案。

廿七日戊辰(11月14日) 晨起,随员来谈,拟办札文调取汝宁案卷。是日,发四十号家信。

廿八日己巳(11月15日) 晨起,与莱翁商定覆奏,接奉寄谕日期折子。午后,赶紧缮写。酉刻,拜发。

廿九日庚午(11月16日) 午后,莱翁来谈,拟发急脚,至京取皮衣。

卅日辛未(11月17日) 晨起,与莱翁商定明日并发急脚信一封,到京取皮衣,据信局云:送程准十四日可以来回。午后,写家书。

十月初一日壬申(11月18日) 晨起,司道来,未会。午后,阅汝宁府卷。是日,发四十一号家信。

初二日癸酉(11月19日) 午后,阅汝阳县卷。

初三日甲戌(11月20日) 阅开封府卷。

初四日乙亥(11月21日) 阅府卷。戌刻,接廿五日回折,奉旨:知道了。另有旨两件,均以原拟办理。约随员来恭阅,谈至更深,始散。

初五日丙子(11月22日) 晨起,两司来会。午后,仍阅开封府卷。

初六日丁丑(11月23日) 阅府卷。是日,接廿八号家信。

初七日戊寅(11月24日) 晨起,随员来谈。午后,阅抚卷。

初八日己卯(11月25日) 晨起,阅抚卷。晚饭后,接到廿八日回折。

初九日庚辰(11月26日) 午后,随员来谈,并商约应提案内各犯。

初十日辛巳(11月27日) 是日,为慈禧皇太后万寿圣节。寅刻,恭率随员亲诣大堂前,拜牌,行三跪九叩礼。礼成后,至莱翁处略谈,旋回寓。天尚未明,因复就寝。是日,发四十二号家信,接廿九号家信。

十一日壬午(11月28日) 晨起,随员来谈,商定明日提犯讯供。

十二日癸未(11月29日) 提盛鸿喜、郭振清、陆保太、骈文举过堂供,与开封府供大略相同,惟盛鸿喜不认挟持,与在本县初供相近。

十三日甲申(11月30日) 提田映堂、王履信、张怀松过堂。田供与王觉一见过一面,并未拜师。张供拜王觉一为师,奉无生志毋留末后一善教,实无谋反情事。是日,发四十三号家信。

中间缺页

廿七日戊戌(12月14日) 提吴何氏、苏天爵。吴供拜王先生为师,苏供入教看过邪书。连日犯供较前似有根据。

廿八日己亥(12月15日) 提田映堂过堂供认,王觉一在他家住过一夜。是日接三十四家信。

廿九日庚子(12月16日) 提田、苏、张过堂,供与前略同。

十一月初一日辛丑(12月17日) 提骈文举过堂,郭振清已画细供。据供入教未成,行窃是实。

初二日壬寅(12月18日) 提盛鸿喜、张怀松过堂,均画细供。是日,发四十七号家信。

初三日癸卯(12月19日) 提苏天爵、杨西杰、陈本立、吴何氏过堂,均画细供。

初四日甲辰(12月20日) 骈文举、杨万世、萧黑过堂,均画细供。李宪奉、王履信、王应科亦画细供。

初五日乙巳(12月21日) 午后,随员来谈,商办具奏大概情形折稿。

初六日丙午(12月22日) 汝阳车令来辕,呈递亲供。陆保太是日亦画细供。

初七日丁未(12月23日) 午后,随员来谈,商定折稿。

初八日戊申(12月24日) 午后,随员来谈,并呈拟大概情形奏稿,当即阅看,大致清通。晚饭后,送交莱翁处斟酌。

初九日己酉(12月25日) 午后,莱翁来谈,已将奏稿改妥,又复详加斟酌,拟明日一早即可交供事缮写也。是日,发四十六号家信。

初十日庚戌(12月26日) 晨起,商邱县送函,该县绅耆公保田应堂并未入教,甘结章帖等付。午后鞠守来会,有面商之话。是日,提田应堂过堂,亦画细供。至此,全案人犯、干证等供始全,案情历历,此外实无可究诘矣。是日,接三十五号家信。

十一日辛亥(12月27日) 午后,随员来谈,据云:奏结正折,明日可以脱稿。

十二日壬子(12月28日) 午后,供事所缮大概情形折子业已写完,同莱翁校对。

十三日癸丑(12月29日) 午刻,与莱翁提讯各犯,过堂画供。退堂后,至莱翁处,约随员来谈,并商定奏结正折。

十四日甲寅(12月30日) 午刻,封折,当即拜发。饭后,首府来谈,拟将此案起获各件随供招一并解部,令其向鹿抚商明派员解往。

十五日乙卯(12月31日) 遣家人张喜先行回京。辰刻,由行辕起身。是日,发四十九号家信。

十六日丙辰(1885年1月1日) 午后,唐臬、贾道来会。

十七日丁巳(1月2日) 晨起,令供事包封各卷。午后,随员来谈,呈瑞业将正折缮完。因与莱翁校对,晚留随员共饭,饮甚畅。

十八日戊午(1月3日) 饭后,封折,定于明日拜发。发折,即启行。因命家人将行李停妥,先行发出。首府、县来会,谈许久。

十九日己未(1月4日) 辰刻,拜折。启行,至北门接官厅。鹿抚率司道各员相送,茶叙小坐,旋辞。鹿抚等寄请圣安。礼毕,即行,十五里,至黄河北岸黑岗口祭河神后上船,一帆风顺,即命开船。四刻许,即抵黑岗口南岸,候马匹、行李车至,遂即上坡。申刻,至圣龙宫宿,站属封邱县。卫辉陆守、封邱□令来迓,未会。开封府、县亦送到此。

二十日庚申(1月5日) 巳刻,由圣龙宫启行。宿于延津县。

廿一日辛酉(1月6日) 辰刻,由延津启行,尖于龙王宫。晚宿汲县。

廿二日壬戌(1月7日) 卯刻,由汲县启行,尖于淇县。晚宿宜沟驿。

廿三日癸亥(1月8日) 辰刻,由宜沟启行,尖于汤阴县。晚宿安阳县。

廿四日甲子(1月9日) 卯刻,由安阳启行,属之栾镇尖。晚宿磁州。

廿五日乙丑(1月10日) 卯刻,由磁州启行,尖于邯郸县。晚宿临洺关。

廿六日丙寅(1月11日) 辰刻,由临洺关启行,尖于邢台县。因宿焉。

廿七日丁卯(1月12日) 辰刻,由邢台县启行,尖于内邱县。晚宿柏乡县。

廿八日戊辰(1月13日) 卯刻,由柏乡启行,尖于赵州桥。晚宿栾城县。

廿九日己巳(1月14日) 辰刻,由栾城启行,尖于廿里铺。晚宿正定。

卅日庚午(1月15日) 卯刻,由正定启行,尖于伏城驿。晚宿新乐县。

十二月初一日辛未(1月16日) 卯刻,由新乐尖后启行,宿于定州。

初二日壬申(1月17日) 卯刻,由定州启行,尖于望都。晚宿方顺桥。

初三日癸酉(1月18日) 辰刻,由方顺桥启行。

河南河道总督成字
河南巡抚鹿传霖
署布政使唐盛仰,布政使孙凤翔
本间候道署按察使陈彝
河北道许振祎
粮储道姚近玮
开封府鞠捷昌,前开封府王兆兰、陆襄钺,候补知府陈桂芬
祥符县袁振南
汝宁府(已革)周冠,汝阳县车鸿远,候补县赵东晖,遂平县延怿

安徽巡抚裕禄,前署寿州知州沈庆立
布政使卢世杰,现署寿州知州周辛炳
署按察使丁峻,委员黄传焘
按察使张端卿
安庆道刘传桢
安庆府成善
怀宁县尹起鸾

署湖广总督卞宝第,承审委员邱承灏
湖北巡抚彭祖贤,柳玉麟堂提仵作
湖北布政使蒯德标
湖北按察使黄彭年
湖北武昌府知府王庭桢
湖北江夏县知县罗缃
湖北郧阳府知府承禄
湖北郧西县知县谢翼清
湖北郧县知县彭世瑜
盐道武震

江西巡抚潘霨,广信府董垗奎
布政使刘瑞芬,上饶县胡鸿泽
按察使王崧龄,杜炽勋
前布政使边宝泉
督粮道嵩昆,县丞马永镗
盐法道长禄,委员玮锡镛
南昌府贺良桢,劣幕高隆谦
南昌县刘瑞璋
新建县李曾珂
玉山孟庆云
贺宏勋
洪汝濂
皇城善庆
新喻陈乃机
高隆谦
刘坤一
胡家玉

附三：人名字号音序索引

《蜀游日记》

任恺字乐如,1867.7.27,1867.12.6
荣光,1867.11.26
阮恩光文远公孙,1867.8.4
瑞徵字梦兰,1867.7.16,1867.7.17,1867.12.17
若农,见李文田
若翁,同若农
邵作霖号幼樵,徽州人,1867.8.28,1867.8.29
沈宝昌号鹤樵,行三,安徽甲辰举人,1867.11.12
沈祥年号守之,吴县人,1867.7.26,1867.12.8
师作基,1867.8.14
双凤岩双林,1867.7.17,1867.12.16
孙福,1867.12.28
孙福海号补堂,行五,癸卯举人,山东登州人,1867.8.2
太白,即李白,1867.8.11
谭海观号晓村,行二,广东人,1867.11.2,1867.11.3
唐时雍名协和,湖南人,1867.11.29
田秀栗号子实,行四,茂才,汉中人,沈文忠门下,1867.11.13
廷笠舟桢,满州人,1867.8.31
汪鸣和吴县人,柳门本家,号少庵,行一,1867.7.10,1867.12.24
汪镕字子陶,1867.12.27
王宝臣号石云,1867.11.5
王德固,1867.7.15
王桂山,1867.11.13,1867.12.3
王国江,1867.10.31
王鹤皋名翱,新城人,文简元孙,辛酉举人,1867.8.30,1867.8.31
王际宏号忏生,辛巳举人,1867.8.22
王简,1867.7.16,1867.12.18
王兰广香圃,行二,乙酉拔贡,河南修武人,1867.7.8

《使闽日记》

存葆秀岩,行一,1871.3.11

大兄,1872.2.18

戴元履字子安,1871.3.15

德静山寿,1871.3.25,1871.3.26

邓厚成号小田,1871.11.7,1871.11.13,1871.11.18,1871.11.24,1871.11.25

邓煌,1871.11.17

邓嘉绳号公武,南京人,1871.9.26,1873.2.4

邓金,1871.11.24

邓子久,1871.9.26

邓宗焜,1873.1.6

丁莲甫,1871.3.28

丁上达,1871.9.28

丁绍德号稼轩,扬州人,1871.3.28

东乡,1871.2.28

董炳章,1871.9.28,1873.1.6

董其昌字玄(元)宰,1871.4.5

董司烜,1872.12.16

董锺骥子良,1871.8.31

段廷燮,1873.1.25

樊锡侯,1871.8.6,1872.11.22

范保煜,1871.12.15

范泽民,1872.10.24

方绍卿,1871.11.29

方有龄字云仙,1871.3.15,1871.3.17

方子望名熊祥,壬子同年,1871.5.16,1872.9.23,1872.9.26,1872.10.4,1872.10.7

方子箴,1871.3.16

《湖北纪程》

《中国近现代稀见史料丛刊》已出书目

第一辑

莫友芝日记
汪荣宝日记
翁曾翰日记
邓华熙日记
贺葆真日记
徐兆玮杂著七种
白雨斋诗话
俞樾函札辑证
清民两代金石书画史
扶桑十旬记(外三种)

第二辑

翁斌孙日记
张佩纶日记
吴兔床日记
赵元成日记(外一种)
1934—1935中缅边界调查日记
十八国游历日记
潘德舆家书与日记
翁同爵家书系年考
张祥河奏折
爱日精庐文稿
沈信卿先生文集
联语粹编
近代珍稀集句诗文集

第三辑

孟宪彝日记
潘道根日记
蟫庐日记(外五种)
王癸避难日志　辛卯年日记
嘉业堂藏书日记抄
吴大澂书信四种
赵尊岳集
贺培新集
珠泉草庐师友录　珠泉草庐文录
校辑民权素诗话廿一种

第四辑

江瀚日记
英轺日记两种
胡嗣瑗日记
王振声日记
黄秉义日记
粟奉之日记
王承传日记
唐烜日记
王锺霖日记(外一种)
翁同龢家书
甲午战争汉诗选
达亭老人遗稿